湖南省自然科学基金管理研究

湖南省自然科学基金委员会　编

湖南大學 出版社

2009 年 · 长沙

内容简介

本书以湖南省自然科学基金委员会公布的现行管理条例、规定为基础，结合16年来全省自然科学基金管理实践，对全省自然科学基金项目的申报、管理工作进行了系统梳理和研究。有13所大学的数十位从事自然科学基金工作的管理者、研究者撰写了37篇学术论文和工作经验总结。分别从理论和实践的层面上对自然科学基金管理工作进行了探讨。中南大学、湖南大学和湖南师范大学三位教授分别对3份湖南省自然科学基金项目申请书进行了范例点评。书中还选录了国家自然科学基金委员会相关管理文件和湖南省自然科学管理的一整套工作文件，以供项目申请者查阅。

本书可供高等院校、科研院所和科技企业的项目申请者参阅，同时可为从事自然科学基金管理工作者提供参考。

图书在版编目（CIP）数据

湖南省自然科学基金管理研究/湖南省自然科学基金委员会编.
—长沙：湖南大学出版社. 2009.9
ISBN 978-7-81113-691-3

Ⅰ. ①湖… Ⅱ. ①湖… Ⅲ. ①自然科学—基金—项目—管理—研究—湖南省
Ⅳ. ①N232.64

中国版本图书馆CIP数据核字（2009）第181648号

湖南省自然科学基金管理研究

Hunansheng Ziran Kexue Jijin Guanli Yanjiu

作　　者： 湖南省自然科学基金委员会　**编**
责任编辑： 严小涛
出版发行： 湖南大学出版社
社　　址： 湖南·长沙·岳麓山　　**邮　　编：** 410082
电　　话： 0731-88822559（发行部），88821334（编辑室），88821006（出版部）
传　　真： 0731-88649312（发行部），88822264（总编室）
电子邮箱： yanxiaotao@hnu.cn
网　　址： http://press.hnu.cn
印　　装： 衡阳顺地印务有限公司

开本： 787×1092　16开　　**印张：** 16　　**字数：** 390千
版次： 2009年9月第1版　　**印次：** 2009年9月第1次印刷
书号： ISBN 978-7-81113-691-3/C·101
定价： 35.00元

《湖南省自然科学基金管理研究》

编委会

序

建设创新型国家，增强核心竞争力，科学技术领域的自主创新是基础。党中央提出的“把增强自主创新能力作为科学技术发展的战略基点和调整产业结构、转变增长方式的中心环节”的要求，是我们做好湖南省自然科学基金管理工作的基本出发点。

基础研究既是原始创新的源头，又是集成创新和引进、消化、吸收、再创新的基础。自然科学基金是基础性科学研究的重要支撑。我国改革开放以后实施的科学基金制确立了在国家创新体系中支持基础研究、坚持自由探索、发挥导向作用的战略定位，提出了“尊重科学、发扬民主、提倡竞争、促进合作、激励创新、引领未来”的指导方针。

20 多年的实践证明，科学基金制是深化科技体制改革、优化科技资源配置、推进科学民主管理的一项成功实践，是尊重和保护科学家的首创精神、推动基础研究发展、不断提升国家自主创新能力的战略举措，在中国科学发展史上具有里程碑意义。

湖南省自然科学基金于 1993 年设立并投入运行。10 余年来，省自然科学基金委坚持以增强自主创新能力为主线，以均衡各学科发展和解决全省经济及社会发展中遇到的关键科学技术问题为重点，准确把握自然科学基金工作的定位，支持基础研究和应用基础研究，创新管理思路，大力实施源头创新战略，促进了一批优势学科快速发展，培育了一批中青年科技创新人才，孕育了一批原创性成果。如：南华大学附属第二医院王毅教授主持的“血型不相容肾移植”课题，取得重大突破，完成了我国首例 ABO 血型不相容保留脾脏亲体肾移植手术，它标志着我国已完全突破肾脏移植血型障碍；湖南农业大学陈立云教授承担的“水稻双重机制两用核不育系 C815S 的育性转换机理研究”课题，其不育系 C815S 的培育成功，大大提高了两系法杂交水稻制种的安全性，解决了不育起点温度低的温敏或温敏为主的两用核不育系的繁种难问题，实现了两系杂交水稻生产上急需制种“零风险”不育系选育的重大突破，为我国超级杂交稻的选育奠定了坚实基础。

近几年来，省委、省政府高度重视基础研究工作，加大对基础研究的投入、重视对创新人才的培养，注重营造宽松的学术环境。自然科学基金管理工作也不断规范与完善，省自然科学基金投入产出效应已经显现，我省在国家层面上的科技竞争力不断提高。2006 年至 2008 年，我省共获得国家自然科学基金项目经费 3.56 亿元，其中有三分之二的项目研究曾获得过省自然科学基金的资助。这些项目的实施，成为了承接国家科研开发项目的基础，形成了湖南省“基础—应用基础—开发”研究项目链，解决了一批基础性难题，推动了我省基础科学研究的发展。同时突破了不少技术瓶颈问题，为全省经济社会发展提供了强大的科技支撑。

在当前学习实践科学发展观、着力提升科学技术自主创新能力的重要时期，我省自然科学基金工作应更好地发挥全省学科与人才优势，重点支持具有自主知识产权并能产生较大学术影响的前瞻性、原创性研究；重点支持为全省经济、社会发展提供科学支撑或转化为重大经济和社会效益的研究；加快创新研究群体的培养与支持力度；支持优秀青年科学工作者，特别是青年科技领军人才的科学研究。我们要继续解放思想，以改革、创新的精神做好自然科学基金管理工作。

为努力实现这一目标，在新中国诞生60周年前夕，在多年参与省自然科学基金项目研究的专家和基金管理工作者的支持下，湖南省自然科学基金委经过精心策划和认真组织，编辑、出版了《湖南省自然科学基金管理研究》一书。期待这项基础性工作将对湖南省科技界顺利申报和有效实施自然科学基金项目有所裨益，为高等院校、科研机构等相关单位进一步实现规范、有效的基金管理提供帮助。

湖南省科技厅厅长、湖南省自然科学基金委员会主任　王柯敏

2009年9月8日

前 言

古希腊科学家有句名言：“给我一个支点，我将撬动整个地球。”自然科学基金犹如科学研究的一个支点，帮助科技人员撬动“科学地球”，探寻自然王国的奥秘。

20 世纪 80 年代以来，在改革开放的旗帜下，科学技术在我国社会进步、经济发展等方面的作用越来越突出，“科学技术是第一生产力”的观念不断深入人心，国家自然科学基金应运而生。科学基金作为科技体制改革的重要成果，已走过了 20 多年的不平凡历程。进入 21 世纪，自然科学基金在促进科学技术进步、建设创新型国家的进程中发挥的作用不断凸显，越来越多的科技人员开始申报自然科学基金项目，并以争取到基金项目为荣。

1993 年，湖南省自然科学基金委员会成立。经过 10 多年的努力和发展，省自然科学基金已形成了以创新研究群体基金、杰出青年基金、青年基金为板块的人才资助体系，以重点项目、一般项目、市州联合基金为板块的项目资助体系，成为省自然科学领域研究工作的强大支撑力，推动着全省科技创新进程。

湖南省科技厅党组高度重视自然科学基金工作，特别是近年来，在科技经费相对紧张的情况下，仍然保持省自然科学基金经费的稳步增加，2006 年科技投入经费由以前的 500 万元增加到1 000万元，2008 年又增加了 200 万元，2009 年达到1 400万元。高等院校、科研院所和高科技企业利用自然科学基金开展原始创新研究已有“燎原之势”。

湖南省自然科学基金项目成效显著，取得了一批在国内外有较大影响的基础研究成果。据对 2006 ~ 2008 年结题项目的不完全统计，在 530 个结题项目中，有 31 项取得突破性进展；在国内外科技期刊和学术会议上发表论文2 266篇，其中被 SCI 收录 412 篇，被 EI 收录 327 篇，出版专著 82 部；申请或授权发明专利 672 项。在基金项目的实施过程中，注重拓展项目承担者的学术方向和学术思维，有力地推动了高校学科建设，使其优势学科得以加强，边缘和交叉学科得以发展。通过省自然科学基金项目的资助，我省有 30 多个优势学科已进入国家重点学科行列，各高校产生的新学科、新的研究方向有 22 个，如生物冶金工程、环境友好工程等，使湖南省科技整体实力得以提高。与此同时，省基金委把发现、培养和稳定人才，特别是年轻尖子人才作为重要战略任务，通过科研项目资助，加快了中青年科技创新人才的成长。自然科学基金成为了人才起飞的“翅膀”。

湖南省自然科学基金工作取得的成绩与基金管理工作者的辛勤劳动密不可分。各单位基金管理人员为科学工作者“架桥铺路”，积极组织基金申报，严格履行项目评审制度，充分发挥了其管理职能。与此同时，基金委也不断改进工作方法，丰富工作内容，加强基金管理体制创新。湖南省在全国首先实施基金项目“双盲”评审制，构架了一种“不唯时间、注重产出、鼓励创新、宽容失败”的特色结题模式。

为了更好地总结、交流各单位基金管理的经验，进一步做好湖南省自然科学基金管理工作，2008年8月，湖南省自然科学基金委员会办公室向各大高校和科研机构征集关于自然科学基金管理工作的相关论文，得到各有关单位的积极参与和积极响应。论文从征集、评选、修改到出版，经过了10个月时间。这是我省自然科学基金管理工作的一次有益尝试。以期吸引更多的人才参与自然科学基金的管理工作，推动全省自然科学基金管理工作迈上新台阶。

通过《湖南省自然科学基金管理研究》的出版，期望各高校、科研院所能更好地相互交流、沟通信息、总结经验，提高基金管理水平，提升项目申报能力，促进全省自然科学创新性研究上新台阶、上新层次、上新水平。

湖南省科技厅总工程师、湖南省自然科学基金委员会副主任　姜郁文

2009年9月8日

目 录

第一部分

国家自然科学基金管理

一、国家自然科学基金简介

20 世纪 80 年代初，为推动我国科技体制改革，变革科研经费拨款方式，中国科学院 89 位院士（学部委员）致函党中央、国务院，建议设立面向全国的自然科学基金，得到党中央、国务院的首肯。随后，在邓小平同志的亲切关怀下，国务院于 1986 年 2 月 14 日批准成立国家自然科学基金委员会（简称“自然科学基金委”）。

国家自然科学基金委坚持支持基础研究，逐渐形成和发展为由研究项目、人才项目和环境建设项目三大系列组成的资助格局。研究项目系列包括：面上项目、重点项目、重大项目、重大研究计划和实质性国际合作研究项目等；人才项目系列包括：国家杰出青年科学基金（含外籍）、青年科学基金、地区科学基金、创新研究群体科学基金、海外及港澳学者合作研究基金、国家基础科学人才培养基金等；环境建设项目包括：数学天元基金、科学仪器基础研究专款、优秀国家重点实验室研究项目、科普项目、重点学术期刊专项基金、联合资助基金项目、国际交流合作类项目等。

通过实施科技人才战略，国家自然科学基金架构了以国家基础科学人才培养基金、青年科学基金、地区科学基金、国家杰出青年科学基金、创新研究群体科学基金等较为完整的人才培养资助体系；完善了以科学仪器基础研究、国际合作交流项目、科普项目等专项构成的环境条件项目体系。随着国家财政对基础研究的投入不断增长，自然科学基金从 1986 年的8 000万元起步已增长到 2009 年的 70 亿元，较大地改善了基础研究的资助条件，项目资助强度稳步提高。同时，科学基金工作紧紧围绕实施源头创新战略、科技人才战略、创新环境战略和卓越管理战略，推出了一系列新的举措，在完善和发展科学基金制的实践中又取得了新的成绩。

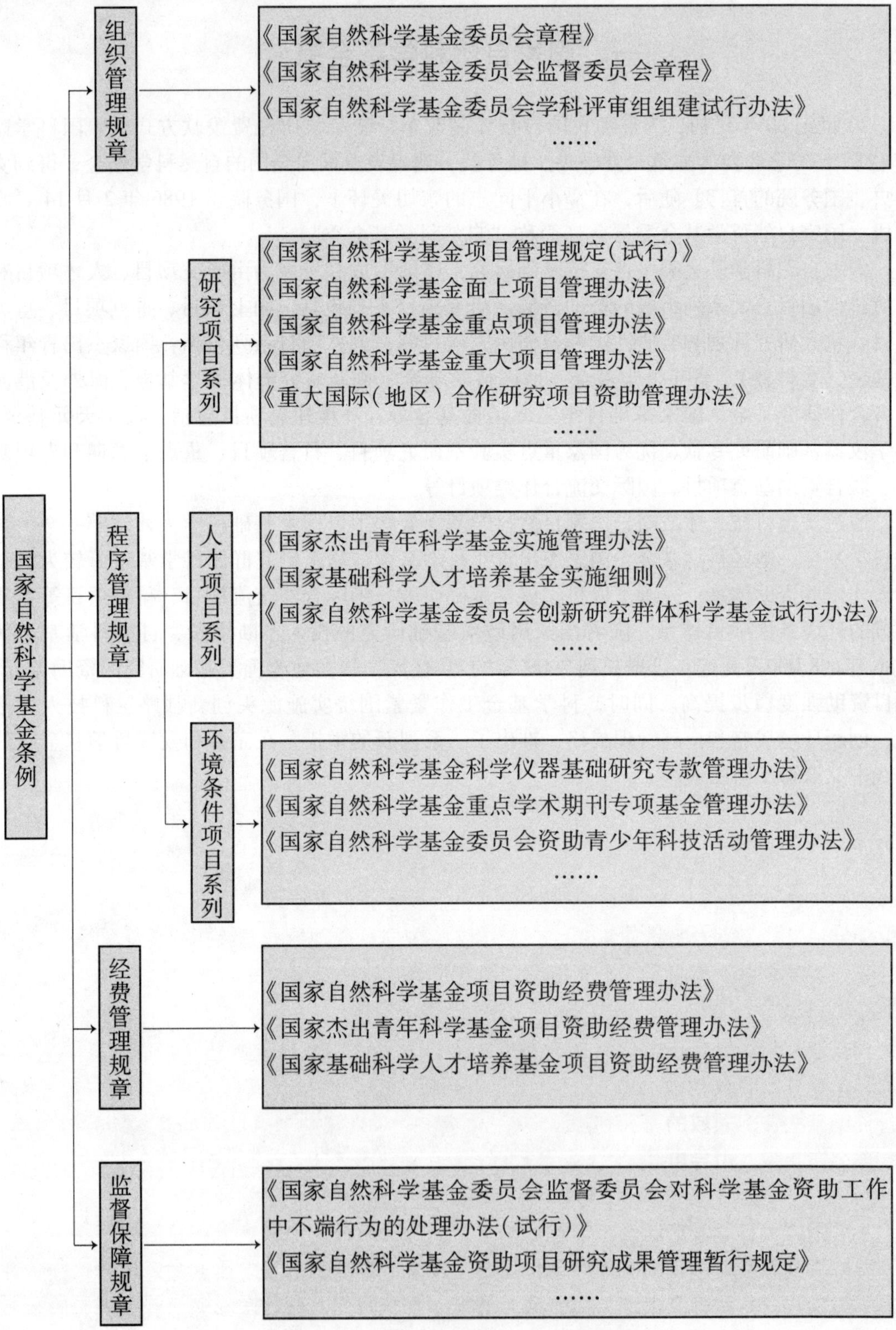

国家自然科学基金委员会规章体系简图

二、国家自然科学基金主要资助体系

自然科学基金委根据科学发展趋势和国家战略需求设立相应的项目类型，从资助定位和管理特点出发，分为研究项目系列、人才项目系列和环境条件项目系列三大资助系列。

（一）研究项目系列

1. 面上项目

面上项目是国家自然科学基金资助项目数最多、学科覆盖面最广的一类项目资助类型，面上项目经费占各类项目资助总经费的45%以上。面上项目支持科技工作者在国家自然科学基金资助范围内自由选题，开展创新性的科学研究。自然科学基金委每年发布《国家自然科学基金项目指南》，提出资助范围及申请注意事项等引导申请。

2. 重点项目

重点项目支持科技工作者结合国家需求，把握世界科学前沿，针对我国已有较好基础和积累的重要研究领域或新学科生长点开展深入、系统的创新性研究工作。重点项目体现有限目标、有限规模和重点突出的原则，给予较高力度的支持。每年确定受理申请的研究领域、发布指南引导申请。

3. 重大项目

重大项目针对国民经济和社会发展中亟待解决的重大科学问题，开展学科交叉和综合性研究，一般由4~5个研究课题构成。重大项目按统一规划，分批立项，指南引导，定向申请，同行评议，逐项论证，动态管理，专家验收的方式组织实施。

4. 重大研究计划

重大研究计划围绕核心科学问题，整合和集成不同学科背景、不同学术思想和不同资助强度的项目，形成具有统一目标的项目群，实施相对长期的支持，促进学科交叉研究。在国家科技发展战略框架体系下，与国家其他科技计划形成衔接与互补关系，促进我国科技持续创新能力的提高。重大研究计划的立项由委务会议在专家建议并充分论证的基础上审定，立项之后设立专家指导组和联合工作组，在分管委领导的直接指导下组织和管理重大研究计划的实施，面向全国公布指南，引导申请。

5. 联合基金项目

为促进知识创新与技术创新的衔接，引导多元投入，推动资源共享，促进多方合作，自然科学基金委与其他政府部门、企业、研究机构共同出资设立联合基金或联合资助项目，资助某些特定领域的基础研究。联合资助按自然科学基金项目管理方式，面向全国，向社会公布指南，引导申请。

6. 国际（地区）合作研究项目

为鼓励广大科学家广泛参与国际合作与竞争，提高科技创新水平，自然科学基金委积极支持双方共同投资进行的实质性合作研究，建立了多层次、多渠道、全方位的国际合作格局。鼓励和支持科学家组织与实施重大的国际合作研究，有选择地参与国际大型研究计划和大科学工程的合作，努力加强双边和多边协议下的合作研究，注重通过合作加快国内人才的培养和国外智力资源的利用，以促进基金项目的高质量完成，提高我国基础研究的水平和在国际科技领域的显示度。主要项目类型有：重大国际（地区）合作研究项目；双边（多边）国际合作研究协议项目；海外及港澳学者合作研究项目。

（二）人才项目系列

1. 青年科学基金

为促进青年科技工作者的成长，培养和造就具有发展潜力的优秀青年科技人才而设立该项基金。其定位是稳定青年科研队伍，培育后继人才，扶持独立科研，激励创新思维，不断增强青年人才勇于创新的能力。申请者的年龄限定在35周岁以下。

2. 国家杰出青年科学基金（包括外籍）

为促进青年科学技术人才的成长，鼓励和吸引海外学者和留学人员回国工作，加速培养造就一批进入世界科技前沿的优秀学术带头人，经国务院批准于1994年设立国家杰出青年科学基金。该项基金资助国内及尚在境外即将回国工作的45周岁以下的优秀青年学者在中国内地从事自然科学基础研究。2005年又启动了国家杰出青年科学基金（外籍）资助工作，其目的是为了充分发挥海外科技人才资源优势，支持45岁以下具有较高学术水平和良好发展潜力的外籍华人青年学者全时全职在中国内地从事自然科学基础研究。

3. 创新研究群体科学基金

为稳定地支持基础科学的前沿研究，营造有利于创新的环境，培养和造就具有创新能力的人才和群体而设立的创新研究群体科学基金。该基金资助国内以优秀科学家为学术带头人、中青年科学家为骨干的研究群体，围绕某一重要研究方向在国内进行基础研究。受资助的创新研究群体应是长期合作中自然形成的研究整体，其学术水平在国内同行中具有一定优势，研究工作取得突出成绩，或活跃在某一基础研究领域的前沿并具有明显的创新潜力。

4. 国家基础科学人才培养基金

国家基础科学人才培养基金主要用于支持国家理科基础科学研究和教学人才培养基地（简称理科基地）的条件建设和本科生研究能力的提高，促进科学研究与教育的结合，培养基础研究后备人才。主要包括：条件建设项目、本科生科研能力提高项目和生物学、地学野外实习基地建设与运行、骨干教师培训等，同时适当资助古生物、植物、动物分类等特殊学科点的人才培养工作。

5. 地区科学基金

地区科学基金主要是为了加强对部分边远地区、少数民族地区等科学研究基础薄弱地区科技工作者的支持，稳定、吸引和培养这些地区的科技人才，扶植和凝聚优秀人才，支持他们潜心探索，为区域协调发展和国家创新体系建设服务。现面向的地区有内蒙古、宁夏、青海、新疆、西藏、广西、海南、贵州、江西、云南10个省、自治区和延边朝鲜族自治州。

（三）环境条件项目系列

1. 国际合作交流项目

国家合作交流项目为已经承担自然科学基金项目的科学家广泛参与国际合作与交流营造良好的环境和条件。目前，已与36个国家和地区的66个科学基金组织和研究机构建立了合作交流关系。努力在拓展合作渠道、合作途径、资助机制等方面创造良好合作环境，主要包括以下类型：一般国际（地区）合作研究项目；在华召开国际学术会议项目；留学人员短期回国工作讲学专项。

另外，2000 年与德意志研究联合会（DFG）联合建立的中德科学中心为促进双方在自然科学领域内开展合作与交流创造了有利条件。

2. 科学仪器基础研究专款项目

科学仪器基础研究专款项目主要资助基础科学前沿研究所急需的重要科学仪器或实验装置的创新性研制和改进，以及创新性科学仪器研制当中的基础性科学问题的研究。

3. 重点学术期刊专项

重点学术期刊专项着眼于建设具有国际品牌的中国学术期刊，提高我国学术期刊在国际上的影响力。该项目每逢偶数年份受理申请。

4. 科普、青少年科技活动等专项

科普项目面向社会普及和传播基础研究成果，进一步增进公众理解，提高科学素养；资助青少年科技活动旨在培养青少年的探索兴趣和创新意识，营造良好的成长环境。

三、国家自然科学基金项目管理流程

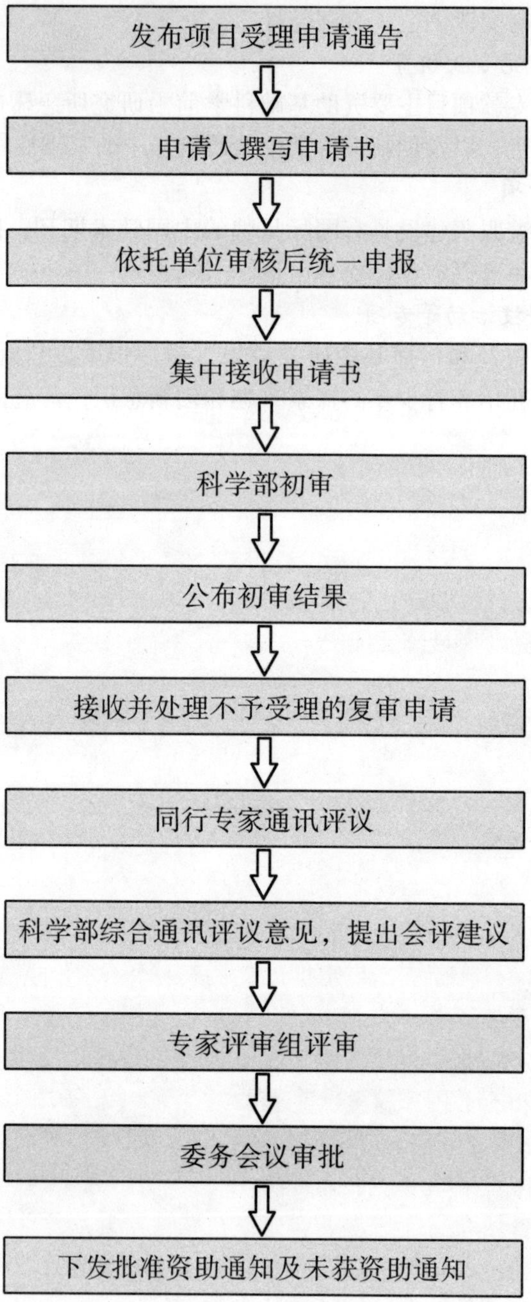

四、国家自然科学基金条例

第一章　总　则

第一条　为了规范国家自然科学基金的使用与管理，提高国家自然科学基金使用效益，促进基础研究，培养科学技术人才，增强自主创新能力，根据《中华人民共和国科学技术进步法》，制定本条例。

第二条　国家设立国家自然科学基金，用于资助《中华人民共和国科学技术进步法》规定的基础研究。

第三条　国家自然科学基金主要来源于中央财政拨款。国家鼓励自然人、法人或者其他组织向国家自然科学基金捐资。

中央财政将国家自然科学基金的经费列入预算。

第四条　国家自然科学基金资助工作遵循公开、公平、公正的原则，实行尊重科学、发扬民主、提倡竞争、促进合作、激励创新、引领未来的方针。

第五条　确定国家自然科学基金资助项目（以下简称基金资助项目），应当充分发挥专家的作用，采取宏观引导、自主申请、平等竞争、同行评审、择优支持的机制。

第六条　国务院自然科学基金管理机构（以下简称基金管理机构）负责管理国家自然科学基金，监督基金资助项目的实施。

国务院科学技术主管部门对国家自然科学基金工作依法进行宏观管理、统筹协调。国务院财政部门依法对国家自然科学基金的预算、财务进行管理和监督。审计机关依法对国家自然科学基金的使用与管理进行监督。

第二章　组织与规划

第七条　基金管理机构应当根据国民经济和社会发展规划、科学技术发展规划以及科学技术发展状况，制定基金发展规划和年度基金项目指南。基金发展规划应当明确优先发展的领域，年度基金项目指南应当规定优先支持的项目范围。国家自然科学基金应当设立专项资金，用于培养青年科学技术人才。

基金管理机构制定基金发展规划和年度基金项目指南，应当广泛听取高等学校、科学研究机构、学术团体和有关国家机关、企业的意见，组织有关专家进行科学论证。年度基金项目指南应当在受理基金资助项目申请起始之日30日前公布。

第八条　中华人民共和国境内的高等学校、科学研究机构和其他具有独立法人资格、开展基础研究的公益性机构，可以在基金管理机构注册为依托单位。

本条例施行前的依托单位要求注册为依托单位的，基金管理机构应当予以注册。

基金管理机构应当公布注册的依托单位名称。

第九条　依托单位在基金资助管理工作中履行下列职责：

（一）组织申请人申请国家自然科学基金资助；

（二）审核申请人或者项目负责人所提交材料的真实性；

（三）提供基金资助项目实施的条件，保障项目负责人和参与者实施基金资助项目的时间；

（四）跟踪基金资助项目的实施，监督基金资助经费的使用；

（五）配合基金管理机构对基金资助项目的实施进行监督、检查。

基金管理机构对依托单位的基金资助管理工作进行指导、监督。

第三章　申请与评审

第十条　依托单位的科学技术人员具备下列条件的，可以申请国家自然科学基金资助：

（一）具有承担基础研究课题或者从事其他基础研究的经历；

（二）具有高级专业技术职务（职称）或者具有博士学位，或者有 2 名与其研究领域相同、具有高级专业技术职务（职称）的科学技术人员推荐。

从事基础研究的科学技术人员具备前款规定的条件、无工作单位或者所在单位不是依托单位的，经与在基金管理机构注册的依托单位协商，并取得该依托单位的同意，可以依照本条例规定申请国家自然科学基金资助。依托单位应当将其视为本单位科学技术人员，依照本条例规定实施有效管理。

申请人应当是申请基金资助项目的负责人。

第十一条　申请人申请国家自然科学基金资助，应当以年度基金项目指南为基础确定研究项目，在规定期限内通过依托单位向基金管理机构提出书面申请。

申请人申请国家自然科学基金资助，应当提交证明申请人符合本条例第十条规定条件的材料；年度基金项目指南对申请人有特殊要求的，申请人还应当提交符合该要求的证明材料。

申请人申请基金资助的项目研究内容已获得其他资助的，应当在申请材料中说明资助情况。申请人应当对所提交申请材料的真实性负责。

第十二条　基金管理机构应当自基金资助项目申请截止之日起 45 日内，完成对申请材料的初步审查。符合本条例规定的，予以受理，并公布申请人基本情况和依托单位名称、申请基金资助项目名称。有下列情形之一的，不予受理，通过依托单位书面通知申请人，并说明理由：

（一）申请人不符合本条例规定条件的；

（二）申请材料不符合年度基金项目指南要求的；

（三）申请人申请基金资助项目超过基金管理机构规定的数量的。

第十三条　基金管理机构应当聘请具有较高的学术水平、良好的职业道德的同行专家，对基金资助项目申请进行评审。聘请评审专家的具体办法由基金管理机构制定。

第十四条　基金管理机构对已受理的基金资助项目申请，应当先从同行专家库中随机选择 3 名以上专家进行通讯评审，再组织专家进行会议评审；对因国家经济、社会发展特殊需要或者其他特殊情况临时提出的基金资助项目申请，可以只进行通讯评审或者会议评审。

评审专家对基金管理机构安排其评审的基金资助项目申请，认为难以作出学术判断或者没有精力评审的，应当及时告知基金管理机构，基金管理机构应当依照本条例规定，选择其他评审专家进行评审。

第十五条　评审专家对基金资助项目申请应当从科学价值、创新性、社会影响以及研究方案的可行性等方面进行独立判断和评价，提出评审意见。

评审专家对基金资助项目申请提出评审意见，还应当考虑申请人和参与者的研究经历、基金资助经费使用计划的合理性、研究内容获得其他资助的情况、申请人实施基金资助项目的情况以及继续予以资助的必要性。

会议评审提出的评审意见应当通过投票表决。

第十六条　对通讯评审中多数评审专家认为不应当予以资助，但创新性强的基金资助项目申请，经2名参加会议评审的评审专家署名推荐，可以进行会议评审。但是，本条例第十四条规定的因特殊需要或者特殊情况临时提出的基金资助项目申请除外。

基金管理机构应当公布评审专家的推荐意见。

第十七条　基金管理机构根据本条例的规定和专家提出的评审意见，决定予以资助的研究项目。基金管理机构不得以与评审专家有不同的学术观点为由否定专家的评审意见。

基金管理机构决定予以资助的，应当及时书面通知申请人和依托单位，并公布申请人基本情况以及依托单位名称、申请基金资助项目名称、拟资助的经费数额等；决定不予资助的，应当及时书面通知申请人和依托单位，并说明理由。

基金管理机构应当整理专家评审意见，并向申请人提供。

第十八条　申请人对基金管理机构作出的不予受理或者不予资助的决定不服的，可以自收到通知之日起15日内，向基金管理机构提出书面复审请求。对评审专家的学术判断有不同意见，不得作为提出复审请求的理由。

基金管理机构对申请人提出的复审请求，应当自收到之日起60日内完成审查。认为原决定符合本条例规定的，予以维持，并书面通知申请人；认为原决定不符合本条例规定的，撤销原决定，重新对申请人的基金资助项目申请组织评审专家进行评审、作出决定，并书面通知申请人和依托单位。

第十九条　在基金资助项目评审工作中，基金管理机构工作人员、评审专家有下列情形之一的，应当申请回避：

（一）基金管理机构工作人员、评审专家是申请人、参与者近亲属，或者与其有其他关系、可能影响公正评审的；

（二）评审专家自己申请的基金资助项目与申请人申请的基金资助项目相同或者相近的；

（三）评审专家与申请人、参与者属于同一法人单位的。基金管理机构根据申请，经审查作出是否回避的决定；也可以不经申请直接作出回避决定。基金资助项目申请人可以向基金管理机构提供3名以内不适宜评审其申请的评审专家名单，基金管理机构在选择评审专家时应当根据实际情况予以考虑。

第二十条　基金管理机构工作人员不得申请或者参与申请国家自然科学基金资助，不得干预评审专家的评审工作。

基金管理机构工作人员和评审专家不得披露未公开的评审专家的基本情况、评审意见、评审结果等与评审有关的信息。

第四章　资助与实施

第二十一条　依托单位和项目负责人自收到基金管理机构基金资助通知之日起20日内，按照评审专家的评审意见、基金管理机构确定的基金资助额度填写项目计划书，报基金管理机构核准。

依托单位和项目负责人填写项目计划书时，除根据评审专家的评审意见和基金管理机构确定的基金资助额度对已提交的申请书内容进行调整外，不得对其他内容进行变更。

第二十二条　基金管理机构对本年度予以资助的研究项目，应当按照《中华人民共和国预算法》和国家有关规定，及时向国务院财政部门申请基金资助项目的预算拨款。但是，本条例第十四条规定的因特殊需要或者特殊情况临时提出的基金资助项目除外。

依托单位自收到基金资助经费之日起 7 日内，通知基金管理机构和项目负责人。

项目负责人应当按照项目计划书的要求使用基金资助经费，依托单位应当对项目负责人使用基金资助经费的情况进行监督。项目负责人、依托单位不得以任何方式侵占、挪用基金资助经费。基金资助经费使用与管理的具体办法由国务院财政部门会同基金管理机构制定。

第二十三条　项目负责人应当按照项目计划书组织开展研究工作，作好基金资助项目实施情况的原始记录，通过依托单位向基金管理机构提交项目年度进展报告。

依托单位应当审核项目年度进展报告，查看基金资助项目实施情况的原始记录，并向基金管理机构提交年度基金资助项目管理报告。

基金管理机构应当对项目年度进展报告和年度基金资助项目管理报告进行审查。

第二十四条　基金资助项目实施中，依托单位不得擅自变更项目负责人。

项目负责人有下列情形之一的，依托单位应当及时提出变更项目负责人或者终止基金资助项目实施的申请，报基金管理机构批准；基金管理机构也可以直接作出终止基金资助项目实施的决定：

（一）不再是依托单位科学技术人员的；

（二）不能继续开展研究工作的；

（三）有剽窃他人科学研究成果或者在科学研究中有弄虚作假等行为的。

项目负责人调入另一依托单位工作的，经所在依托单位与原依托单位协商一致，由原依托单位提出变更依托单位的申请，报基金管理机构批准。协商不一致的，基金管理机构作出终止该项目负责人所负责的基金资助项目实施的决定。

第二十五条　基金资助项目实施中，研究内容或者研究计划需要作出重大调整的，项目负责人应当及时提出申请，经依托单位审核报基金管理机构批准。

第二十六条　自基金资助项目资助期满之日起60日内，项目负责人应当通过依托单位向基金管理机构提交结题报告；基金资助项目取得研究成果的，应当同时提交研究成果报告。

依托单位应当对结题报告进行审核，建立基金资助项目档案。依托单位审核结题报告，应当查看基金资助项目实施情况的原始记录。

第二十七条　基金管理机构应当及时审查结题报告。对不符合结题要求的，应当提出处理意见，并书面通知依托单位和项目负责人。

基金管理机构应当将结题报告、研究成果报告和基金资助项目申请摘要予以公布，并收集公众评论意见。

第二十八条　发表基金资助项目取得的研究成果，应当注明得到国家自然科学基金资助。

第五章　监督与管理

第二十九条　基金管理机构应当对基金资助项目实施情况、依托单位履行职责情况进行抽查，抽查时应当查看基金资助项目实施情况的原始记录。抽查结果应当予以记录并公布，公众可以查阅。

基金管理机构应当建立项目负责人和依托单位的信誉档案。

第三十条　基金管理机构应当定期对评审专家履行评审职责情况进行评估；根据评估结果，建立评审专家信誉档案；对有剽窃他人科学研究成果或者在科学研究中有弄虚作假等行为的评审专家，不再聘请。

第三十一条　基金管理机构应当在每个会计年度结束时，公布本年度基金资助的项目、基金资助经费的拨付情况以及对违反本条例规定行为的处罚情况等。

基金管理机构应当定期对基金资助工作进行评估，公布评估报告，并将评估报告作为制定基金发展规划和年度基金项目指南的依据。

第三十二条　评审专家对申请人的基金资助项目申请提出评审意见后，申请人可以就评审专家的评审工作向基金管理机构提出意见；基金管理机构在对评审专家履行评审职责进行评估时应当参考申请人的意见。

任何单位或者个人发现基金管理机构及其工作人员、评审专家、依托单位及其负责基金资助项目管理工作的人员、申请人或者项目负责人、参与者有违反本条例规定行为的，可以检举或者控告。

基金管理机构应当公布联系电话、通讯地址和电子邮件地址。

第三十三条　基金管理机构依照本条例规定对外公开有关信息，应当遵守国家有关保密规定。

第六章　法律责任

第三十四条　申请人、参与者伪造或者变造申请材料的，由基金管理机构给予警告；其申请项目已决定资助的，撤销原资助决定，追回已拨付的基金资助经费；情节严重的，3至5年不得申请或者参与申请国家自然科学基金资助，不得晋升专业技术职务（职称）。

第三十五条　项目负责人、参与者违反本条例规定，有下列行为之一的，由基金管理机构给予警告，暂缓拨付基金资助经费，并责令限期改正；逾期不改正的，撤销原资助决定，追回已拨付的基金资助经费；情节严重的，5至7年不得申请或者参与申请国家自然科学基金资助：

（一）不按照项目计划书开展研究的；

（二）擅自变更研究内容或者研究计划的；

（三）不依照本条例规定提交项目年度进展报告、结题报告或者研究成果报告的；

（四）提交弄虚作假的报告、原始记录或者相关材料的；

（五）侵占、挪用基金资助经费的。

项目负责人、参与者有前款第（四）项、第（五）项所列行为，情节严重的，5至7年不得晋升专业技术职务（职称）。

第三十六条　依托单位有下列情形之一的，由基金管理机构给予警告，责令限期改正；情节严重的，通报批评，3至5年不得作为依托单位：

（一）不履行保障基金资助项目研究条件的职责的；

（二）不对申请人或者项目负责人提交的材料或者报告的真实性进行审查的；

（三）不依照本条例规定提交项目年度进展报告、年度基金资助项目管理报告、结题报告和研究成果报告的；

（四）纵容、包庇申请人、项目负责人弄虚作假的；

（五）擅自变更项目负责人的；

（六）不配合基金管理机构监督、检查基金资助项目实施的；

（七）截留、挪用基金资助经费的。

第三十七条　评审专家有下列行为之一的，由基金管理机构给予警告，责令限期改正；情节严重的，通报批评，基金管理机构不得再聘请其为评审专家：

（一）不履行基金管理机构规定的评审职责的；

（二）未依照本条例规定申请回避的；

（三）披露未公开的与评审有关的信息的；

（四）对基金资助项目申请不公正评审的；

（五）利用工作便利谋取不正当利益的。

第三十八条　基金管理机构工作人员有下列行为之一的，依法给予处分：

（一）未依照本条例规定申请回避的；

（二）披露未公开的与评审有关的信息的；

（三）干预评审专家评审工作的；

（四）利用工作便利谋取不正当利益的。

第三十九条　违反本条例规定，有下列行为之一，构成犯罪的，依法追究刑事责任：

（一）侵吞、挪用基金资助经费的；

（二）基金管理机构工作人员、评审专家履行本条例规定的职责，索取或者非法收受他人财物或者谋取其他不正当利益的；

（三）申请人或者项目负责人、参与者伪造、变造国家机关公文、证件或者伪造、变造印章的；

（四）申请人或者项目负责人、参与者、依托单位及其负责基金资助项目管理工作的人员为谋取不正当利益，给基金管理机构工作人员、评审专家以财物的；

（五）泄露国家秘密的。

申请人或者项目负责人、参与者因前款规定的行为受到刑事处罚的，终身不得申请或者参与申请国家自然科学基金资助。

第四十条　违反有关财政法律、行政法规规定的，依照有关法律、行政法规的规定予以处罚、处分。

第七章　附　则

第四十一条　本条例施行前已决定资助的研究项目，按照作出决定时国家有关规定执行。

第四十二条　基金管理机构在基金资助工作中，涉及项目组织实施费和与基础研究有关的学术交流活动、基础研究环境建设活动的基金资助经费的使用与管理的，按照国务院财政部门的有关规定执行。

第四十三条　本条例自 2007 年 4 月 1 日起施行。

第二部分

湖南省自然科学基金管理

一、湖南省自然科学基金简介

为支持湖南省基础研究和应用基础研究，在湖南省委、省政府的重视和支持下，1993年，湖南省设立了省自然科学基金，同年成立了湖南省自然科学基金委员会，负责受理项目申请，组织评审申请项目，并对资助项目的研究工作和经费使用情况进行检查、督促和总结。

湖南省自然科学基金根据湖南省科学技术发展战略规划和经济建设的需要，按照与社会主义市场经济体制相适应的自然科学基金制运作方式，运用省财政投入的自然科学基金资助自然科学基础研究和应用基础研究，旨在发现和培养人才，促进科技进步，为湖南省科技产业发展提供技术支撑和人才储备，为国家自然科学基金预研。

湖南省自然科学基金面向全省，资助的学科包括：数理科学、化学科学、生命科学、工程与材料科学、信息科学、地球科学、管理科学；资助的重点学科有：生命科学、工程与材料科学、信息科学。其资助原则是：（1）坚持有所为有所不为：支持以科学前沿开展创新的基础研究，鼓励为湖南经济和科技发展服务的创新，支持基础研究与其他科技计划紧密衔接配合，为湖南科技产业发展提供来源和技术支撑；（2）坚持自主创新：大力支持自主创新科研选题，充分发挥湖南省学科、人才、基础条件优势，依托优势学科和省部级以上重点实验室，鼓励拥有自主知识产权和实用高科技的创新，避免低水平重复和无效模仿，激励科技人才自主创新；（3）坚持与国家自然科学基金项目相衔接：鼓励承担国家自然科学基金项目，鼓励消化国家自然科学基金研究成果，为实现湖南目标服务。

湖南省自然科学基金主要来自湖南省财政拨款，鼓励自然人、法人或其他组织向省自然科学基金捐资。

二、湖南省自然科学基金项目资助体系

湖南省自然科学基金从资助定位和管理特点出发，分为两大资助体系：项目资助体系、人才培养资助体系。

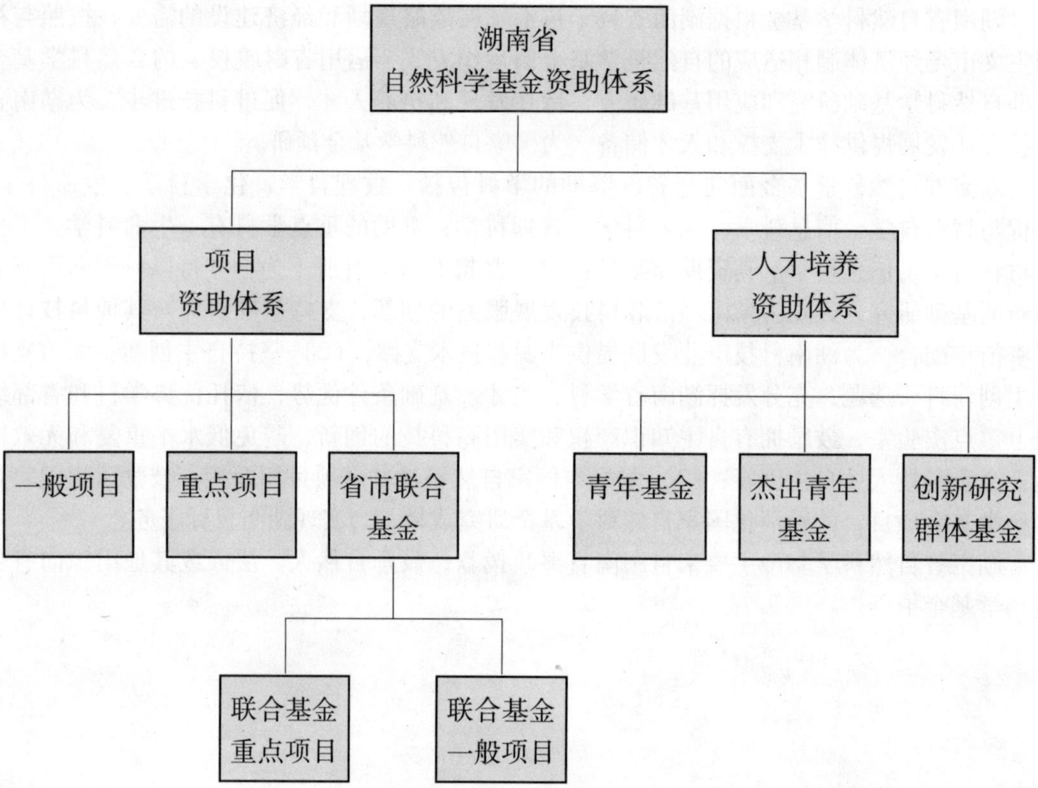

湖南省自然科学基金资助体系简图

三、湖南省自然科学基金项目管理流程

湖南省自然科学基金委员会发布年度《湖南省自然科学基金项目申报指南》和申请通知

↓

撰写《湖南省自然科学基金项目申请书》

↓

项目依托单位对申请书进行审核、推荐

↓

项目受理中心受理申报材料

↓

湖南省自然科学基金委员会办公室组织初审

↓

指派同行专家对初审合格的项目进行通讯评审

↓

根据通讯评审结果选择优秀项目，并按学科组织专家进行会议评审

↓

湖南省自然科学基金委员会召开委员大会，审议批准资助项目

↓

湖南省自然科学基金委员会下达资助计划

↓

湖南省自然科学基金委员会办公室反馈不予资助项目的评审意见

↓

资助项目负责人填写《湖南省自然科学基金项目合同书》

↓

项目执行期间，项目负责人填写《湖南省自然科学基金项目年度进展报告》，经依托单位审核后提交湖南省自然科学基金委员会办公室。

↓

项目结题阶段，项目负责人填写《湖南省自然科学基金项目验收结题报告》，经依托单位审核后提交湖南省自然科学基金委员会办公室。

↓

项目验收结题三年后，项目负责人填写《湖南省自然科学基金项目跟踪调查表》，经依托单位审核后提交湖南省自然科学基金委员会办公室

四、湖南省自然科学基金委员会章程

第一章 总 则

第一条 为确立湖南省自然科学基金委员会工作规范和行为准则，保障湖南省自然科学基金事业健康发展，根据国家有关法律法规并结合我省的实际情况制定本章程。

第二条 湖南省自然科学基金委员会负责管理湖南省自然科学基金。

第三条 湖南省自然科学基金委员会资金主要来自省财政拨款，同时依法接受国内外自然人、法人或者其他组织的捐赠。

第四条 湖南省自然科学基金委员会根据湖南省发展科学技术的方针、政策和规划，有效运用湖南省自然科学基金，支持基础研究，重点资助应用基础研究；坚持自由探索与省级目标相结合，发挥导向作用，发现和培养科学技术人才，促进科学技术进步和经济社会协调发展。其职责是：

（一）营造激励创新的环境，建立有效的配置资源机制，制定支持基础研究和培养人才的资助计划；

（二）制定本省发展基础研究的方针、政策和规划，对湖南省发展科学技术的重大问题提供咨询；

（三）促进学术交流与合作，做好与湖南省科学技术厅攻关计划的衔接，促进研究成果实际应用；

（四）接受湖南省科学技术厅和有关部门委托开展相关工作，联合有关机构开展资助活动。

第五条 湖南省自然科学基金委员会坚持“尊重科学，发扬民主，提倡竞争，促进合作，激励创新，引领未来”的工作方针，倡导“公正、奉献、团结、创新”的工作作风。

第二章 领导体制

第六条 湖南省自然科学基金委员会设主任一人，副主任若干人。

第七条 湖南省自然科学基金委员会设委员若干名。委员由来自大专学校、科研机构、政府部门等方面的科学家、工程技术专家和管理专家担任，实行任期制，每届任期三年。

湖南省自然科学基金委员会设秘书长一人；必要时，可设副秘书长一人。秘书长和副秘书长报湖南省科学技术厅批准。

第八条 全委会由全体委员组成，由主任或主任委托的副主任主持。全委会对湖南省自然科学基金委员会的工作进行审议、监督和咨询。全委会每年至少举行一次，三分之二以上委员出席为有效。提请全委会审议的事项须表决形成决议，由半数以上委员同意通过。遇有重要事项，主任有权召开全委会。

全委会的职责是：

（一）研究贯彻湖南省发展科学技术方针政策的重要举措；

（二）审议湖南省自然科学基金委员会年度工作报告；

（三）审议湖南省自然科学基金发展规划与年度资助计划；

（四）审议湖南省自然科学基金委员会章程及其修正案；

（五）讨论其他重要事项。

第三章　管理机构

第九条　湖南省自然科学基金委员会根据工作需要，下设办公室，负责日常工作。

第十条　办公室主要负责提出与组织实施湖南省自然科学基金发展战略、政策、规划、优先资助领域和项目指南；受理、组织评审和管理湖南省自然科学基金各类项目；组织学术交流与合作；推动研究成果实际应用。

第四章　资助管理

第十一条　湖南省自然科学基金面向全省，主要资助高等学校、研究机构及企业的科技工作者开展基础研究和应用基础研究。

第十二条　湖南省自然科学基金委员会根据科学发展态势，结合湖南经济、社会和科技发展需求，确定资助类型和资助方式。湖南省自然科学基金委员会确定资助类型和资助方式的原则是：

（一）有利于实现湖南省科技和经济社会发展目标；

（二）有利于支持科技工作者创新研究；

（三）有利于培养青年科技人才；

（四）有利于促进基础研究与教育结合；

（五）有利于促进高等学校、研究机构和企业之间的合作；

（六）有利于促进区域科技事业协调发展。

第十三条　湖南省自然科学基金委员会公开发布资助范围、申请条件、受理程序与期限等信息，建立资助信息查询系统，为申请者提供高效和便利的服务。

第十四条　湖南省自然科学基金委员会遵循“公开、公平、公正”的评审原则，制定评审标准和管理办法，组织对申请项目的评议和评审。

第十五条　湖南省自然科学基金委员会一般通过以下程序遴选和确定资助对象：

（一）初审；

（二）同行专家评议；

（三）专家评审组评审；

（四）委员大会批准。

特殊专项类型按特定程序执行；特定程序另行制订。

第十六条　湖南省自然科学基金委员会按照一定的条件，建立评审专家库。评审时按照代表性与多样性相结合、动态调整和专家自愿等原则，在专家库中挑选组成同行专家评议队伍和专家评审组。

评议和评审专家应具有较高的专业知识水平、敏锐的洞察力和较强的判断能力，有良好的资信和品德，热心科学基金事业，公道正派。

第十七条　同行评议专家对申请项目的研究价值、研究方案、研究条件以及申请者的创新能力等做出独立判断和评价。学科评审组在同行评议基础上重点讨论、评议非共识创新项目，结合总体资助战略提出资助建议。委员大会审定批准资助项目。

第十八条　建立评议和评审专家的评价与信用制度。

第十九条　湖南省自然科学基金评议和评审工作实行回避和保密制度，保障申请者和评议者的权益，维护评议和评审工作的公正性。

湖南省自然科学基金委员会工作人员不得申请或参加申请湖南省自然科学基金项目。湖南省自然科学基金委员会委员申请了省自然科学基金项目的，当年不能选为学科组评审评委。

第二十条　湖南省自然科学基金委员会要加强资助项目管理与监督，重点审核获资助项目的工作计划与经费预算，检查工作进展，核准结题或组织验收，管理资助成果，推动成果共享和应用等。

第二十一条　湖南省自然科学基金委员会实行年度报告制度，公布资助情况，宣传资助成果。

第五章　人员管理

第二十二条　湖南省自然科学基金委员会坚持以人为本，营造有利于发挥工作人员的积极性和创造性的和谐环境，以能力建设为重点，加强科学基金管理队伍建设。

第二十三条　湖南省自然科学基金委员会结合工作需要，有计划地开展岗位培训和继续教育，不断提高工作人员素质。

第二十四条　湖南省自然科学基金委员会工作人员须恪守职业道德，密切联系科学家，真心依靠科学家，热情为科学家服务，自觉维护湖南省自然科学基金的声誉。

第六章　监　督

第二十五条　湖南省自然科学基金委员会接受湖南省财政、审计、监察、科技等行政主管部门的监督检查，接受科技界和社会公众的监督。

第二十六条　湖南省自然科学基金委员会建立健全内部监督制约机制和责任追究制度，加强对工作人员履行职责的监督。

第七章　附　则

第二十七条　湖南省自然科学基金委员会印章为圆形，周围环绕“湖南省自然科学基金委员会”字样。

第二十八条　湖南省自然科学基金委员会简称省科学基金委。英文名称为 Hunan Provincial Natural Science Foundation of China，缩写为 HNNSF。

第二十九条　湖南省自然科学基金委员会依据本章程制定管理制度和工作规则。

第三十条　本章程经全委会审议，湖南省科学技术厅批准后生效。

第三十一条　本章程由湖南省自然科学基金委员会负责解释。

五、湖南省自然科学基金项目管理办法

第一章　总　则

第一条　为了进一步加强湖南省自然科学基金（以下简称省自科基金）的管理，提高自主创新能力，培养科技人才，促进科学技术进步和经济、社会发展，根据《国家自然科学基金条例》、《湖南省自然科学基金委员会章程》和《湖南省科技计划项目管理办法》，制订本办法。

第二条　省自科基金面向全省，主要资助自然科学方面的基础研究和应用基础研究。

第三条　省自科基金经费主要来源于省财政拨款，鼓励自然人、法人或其他组织向省自科基金捐资。

第四条　湖南省自然科学基金委员会（以下简称省基金委）负责省自科基金项目的实施与管理；省基金委的日常工作机构——湖南省自然科学基金委员会办公室（以下简称省基金办）负责具体的日常管理工作。

第五条　省自科基金项目是指省自科基金资助的各类项目，包括：一般项目、重点项目、青年基金项目、杰出青年基金项目、创新研究群体基金项目、省市联合基金项目（一般项目、重点项目）。省基金办可根据需要对项目类型进行调整。

第六条　省自科基金管理工作遵循“尊重科学、激励创新、促进合作、平等竞争”的原则。

第七条　省自科基金项目的经费使用与管理按照《湖南省自然科学基金项目经费管理办法》执行。

第二章　申请与受理

第八条　省基金办根据国家科学技术发展方针、政策和湖南省科技发展规划，制定并发布年度项目指南和申请通知，提出省自科基金优先资助领域和重点研究方向，指导科技人员申请。年度指南在受理申请起始之日30日前公开发布。

第九条　申请人应按照年度项目指南和当年申请通知的要求，通过依托单位提出书面申请。省基金办每年集中受理一次省自科基金项目，具体申请时间与受理方式按当年申请、受理要求执行。

申请人应对所提交的申请材料的真实性负责。同时可向省基金办提供3名以内不适宜评审其项目的评审专家名单。

依托单位须具备开展省自科基金项目研究所必要的条件，并设有专门的科研管理机构，有健全的管理制度。在组织省自科基金项目申报过程中应对申请材料的真实性和完整性进行审核，按申请通知的要求将申请材料统一报送指定的科技计划项目受理机构。

第十条　凡在省基金委注册的依托单位的在职在岗的科技人员均可申请省自科基金。申请者（项目负责人）应具备下列条件：

（一）申请者必须是项目的实际主持人，正式受聘于依托单位，每年在依托单位工作时间应大于六个月，有足够的时间和精力从事申请项目的研究；

（二）申请者曾主持（含在研）的省自科基金项目均已按计划实施且通过了验收或结题；

（三）申请者当年申请（含参加）省自科基金各类项目总数不超过 3 项（其中 1 项为省市联合基金项目）；

（四）参与者与申请者不是同一单位的，参与者所在单位视为合作研究单位，合作研究单位的数目不超过 2 个；

（五）所有申请项目的研究内容，必须符合项目指南的资助范围。

第十一条　省自科基金一般项目、重点项目（不含省市联合基金重点项目）、青年基金项目申请者须符合第十条规定并具备以下条件：

（一）一般项目、重点项目申请者年龄不超过 55 周岁，具有高级专业技术职务或博士学位。不具有高级专业技术职务或博士学位的申请者，必须由两名具有高级专业技术职务的同行专家推荐；

（二）青年基金项目申请者年龄不超过 35 周岁，要求已获博士学位或具有高级专业技术职务。

第十二条　省市联合基金项目申请者须符合第十条规定并具备以下条件：

（一）申请者年龄不超过 55 周岁，具有高级专业技术职务。

（二）依托单位原则上是该市州所在地的基金注册依托单位。

第十三条　杰出青年基金项目申请者须符合第十条规定并具备以下条件：

（一）申请者主持过国家级科研项目。

（二）有高级专业技术职务、年龄在 40 周岁以下；项目组 2/3 以上成员的年龄在 45 周岁以下、须两名正教授（或相当专业技术职务者）推荐。

（三）申请者还需具备以下条件之一：

1. 获国务院津贴的有突出贡献的专家；

2. 获国家科技进步奖（排名在前五位），或省部级科技进步一等奖（排名在前二位）者；

3. 博士学位获得者或在国外学习或访问一年以上归国人员，须提供留学就读学校出具的学位或学历证书，中国驻外使馆、领事馆教育处或省级以上的留学人员服务中心出具的有效证明文件。

第十四条　创新研究群体基金项目申请者须符合第十条规定并具备以下条件：

（一）研究群体各成员学科专业具有关联性，具有相对集中的研究方向和共同研究的科学问题，在长期合作的基础上自然形成研究群体（10～15 人）。

（二）研究群体的学术水平在国内同行中具有一定的优势。研究工作已经取得突出成绩，或在某基础研究领域具有明显的创新潜力。

（三）研究群体的学术带头人应具有较高的学术造诣和把握研究方向、凝练重大科学问题的能力；具有较好的组织协调能力；在研究群体中有较强的凝聚力。学术带头人应具有教授级专业技术职务，年龄不超过 50 周岁，已入选国家级或省部级的学术人才支撑计划。

（四）研究群体应有 3～5 位研究骨干，具有高级专业技术职务或具有博士学位；勇于探索，敢于创新，有团结协作精神；具有合理的专业结构和年龄结构，研究骨干平均年龄应小于45周岁，院士不纳入平均年龄的计算范畴。

（五）学术带头人和研究骨干承担省自科基金项目期间每年在研究群体所在依托单位从事研究工作六个月以上。

（六）研究群体的依托单位具有良好的支撑环境和研究条件。

第三章　评审与审批

第十五条　省自科基金项目的评审，按照“依靠专家、发扬民主、择优支持、公正合理”的评审原则，采用初审、同行专家评审、学科专家组评审、省基金委审批的程序进行。省基金办负责组织省自科基金项目的初审、同行评审、学科专家组评审。凡初审不合格的申请项目不送同行专家评审。杰出青年基金项目、创新研究群体基金项目、省市联合基金重点项目学科专家组评审时要求项目申请者到会答辩。进入答辩程序不参加答辩者，视为自动放弃。

第十六条　省基金办应自项目申请截止之日起45日内完成对申请项目初审。有下列情况之一者，视为初审不合格：

（一）申请者不符合本办法规定条件；

（二）申请材料不符合年度项目指南要求；

（三）手续不完备或申请书填写不符合要求；

（四）承担省自科基金项目两次后未承担国家级科技项目或省部级重点以上项目（省市联合基金项目除外）。

第十七条　对于初审合格的项目，省基金办应从同行专家中随机选择至少3名专家进行评审。

同行专家评审一般采取通讯或网络“双盲”评审方式。同行评审专家应本着科学、客观、公正、负责的精神，从申请项目的科学价值、创新性、社会影响以及研究方案的可行性等方面进行独立的判断和评价，提出评审意见。内容过于空泛或明显有失公正的评审，视为无效评审。

对于申请人提出的不适宜评审其项目的评审专家名单，省基金办在选择专家时应根据实际情况予以考虑。

每份申请书的有效评审不得少于3份。

第十八条　同行专家评审后，省基金办应组织专家对项目进行学科专家组会议评审。学科专家组评审专家由部分处在任期内的省基金委委员和学术造诣深、知识面广、办事公正、热心自科基金工作、有一定名望的专家组成。必要时可以特邀其他专家参加学科专家组评审。

省基金办根据同行评审的意见、学科申报数、优先资助学科及资助经费与项数的控制指标，选择优秀项目提请学科专家组评审。提请评审的项目数一般不低于计划批准项目数的120%。学科专家组评审提出的评审意见应以记名投票方式表决通过，拟资助的项目应以出席会议评审专家的半数以上同意推荐为通过。

第十九条　省基金办根据学科专家组评审专家提出的会议评审意见和票数，确定拟资助项目。省基金委根据学科专家组的建议项目，召开省基金委全体委员大会审议，省基金办根据大会审议结果，编制省基金年度项目计划，经省基金委主任审批同意后下达。

第二十条　对确有重要科学意义、创新性很强的探索性项目（非共识项目），由省基金办进一步征求同行专家意见后报省基金委主任审批同意后予以小额资助。

第二十一条　同一项目、同一申请者、同一年申请国家和省自科基金，已获得国家自科基金资助，又通过省自科基金学科专家组会议评审的，省基金委给予立项但不予经费资助。

第二十二条　资助计划批准后，由省基金办书面通知申请者依托单位，对未获资助的申请项目反馈不资助的原因。

第二十三条　为保证省自科基金工作的公正性和公平性，评审工作须执行以下回避制度：

（一）专家和省基金办工作人员均须回避其直系亲属申请项目的评审；

（二）专家须回避本人所在单位及本人参加的申请项目的评审；

（三）省基金办专职和兼聘工作人员不得申请或参加申请项目。

第二十四条　参加评审及相关工作的所有人员应切实保护申请者和评审者的权益，遵守以下保密规定：

（一）不得剽窃申请书内容；

（二）不得泄露同行评审专家姓名和单位；

（三）不得泄露未经审批的评审结果。

第四章　资助与实施

第二十五条　依托单位应组织项目负责人按照资助计划文件的要求填写《湖南省自然科学基金项目合同书》（以下简称合同书），并在收到资助通知之日起 20 日内完成审核，提交省基金办。

项目负责人除根据资助计划文件要求对申请书内容和经费进行调整外，不得对其他内容进行变更。

省基金办应自收到项目合同书之日起 30 日内审核项目合同书，并在核准后将其中 2 份返还依托单位。核准后的项目合同书作为项目实施、经费拨付、检查和结题的依据。

逾期未提交项目合同书且在规定期限内未说明理由的，视为自动放弃接受资助。

第二十六条　项目负责人应按照项目合同书开展研究工作，做好资助项目实施情况的原始记录，填写《湖南省自然科学基金项目年度进展报告》（以下简称进展报告）。依托单位应审核项目进展报告并于次年 1 月 15 日前提交省基金办。

第二十七条　省基金办应审查提交的项目年度进展报告。对未按时提交的，责令其在 30 日内改正，若不按要求者，按本办法第四十四条规定办理。

第二十八条　省自科基金项目中的非共识项目的执行期为两年，其他类型的项目均为三年，省基金办应对项目的实施情况进行检查。重点项目、杰出青年基金项目、创新研究群体基金项目、省市联合基金重点项目实施的第一年度提交年度进展报告，第二年度到现场进行检查，第三年度分学科进行会议验收。其他项目第二年提交年度进展报告，第三年提交结题报告。

第二十九条　省自科基金项目实施中，依托单位不得擅自变更项目负责人。

项目负责人有下列情形之一的，依托单位应及时提出变更项目负责人或者终止项目实施的申请，报省基金办批准；省基金办也可根据实际情况直接作出终止项目实施的决定：

（一）不再是依托单位科学技术人员；

（二）不能继续开展研究工作；

（三）有剽窃他人科学研究成果或者在科学研究中有弄虚作假等行为；

（四）项目资助经费的使用不符合省财政有关财务制度或违反《湖南省自然科学基金项目经费管理办法》的；

（五）项目负责人调入另一依托单位工作的，经所在依托单位与原依托单位协商一致，由原依托单位提出变更依托单位的申请，报省基金办批准。协商不一致的，省基金办可作出终止该项目负责人所负责项目实施的决定。

第三十条　依托单位和项目负责人应保证参与者的稳定。

参与者不得擅自变更、增加或者退出。由于客观原因确实需要变更、增加或者退出的，由项目负责人提出申请，经依托单位审核后报省基金办批准。新增加的参与者应符合本办法第十条第三款的规定。

第三十一条　增加的参与者、项目负责人和参与者变更依托单位的，合作研究单位的数目应符合本办法第十条第四款的要求。

第三十二条　省自科基金项目实施过程中，研究内容或研究计划需要作出重大调整的，项目负责人应及时提出申请，经依托单位审核后报省基金办批准。

第三十三条　省自科基金项目研究成果除经省基金办或有关部门审定需要保密的外，一般予以公开。

项目在实施过程中，对能形成自主知识产权的发明创造、科学发现应及时以申请专利等形式进行保护。

项目完成后，项目负责人应积极开展后续研究，省基金办、项目依托单位和项目负责人有责任宣传、展示基金项目研究成果，积极推进成果的应用与推广。

第三十四条　资助项目的研究成果，包括专著、论文、软件、数据库、专利以及成果报道等，均应标注“湖南省自然科学基金资助项目”（英文：supported by Hunan Provincial Natural Science Foundation of China）和项目编号。联合资助项目的研究成果可同时标注联合资助单位名称。标注位置应在学术论著、证书、技术资料及其他材料的封面或书前扉页或论文首页等醒目处。未按规定进行标注的研究成果，不得以省基金资助的成果形式参与项目结题、成果汇报、登记与宣传。

项目研究成果管理按照国家有关规定执行。项目研究形成的知识产权的归属、使用和转移，按照国家有关法律、法规执行。

国内刊物上发表论文的影响因子以省基金办当年在湖南省自然科学基金网（http://jj.hnst.gov.cn）上公布的数据为依据。

第三十五条　省自科基金资助项目均要求结题或验收。重点项目、杰出青年基金项目、创新研究群体基金项目、省市联合基金重点项目须按合同书要求，采用组织专家分学科进行会议验收。省市联合基金一般项目完成合同书确定的目标可申请结题。其他类型项目在实施期间取得的成果符合下列条件之一者可申请结题：

（一）申请并授权了发明专利、实用新型专利；

（二）获国家自然科学基金资助；

（三）获国家“973”、“863”计划（含子课题）、国家基础研究计划、国家攻关计划、省级重大计划项目之一资助的；

（四）在国内刊物发表的论文，其刊物的影响因子累计至少达到0.6；

（五）在国外刊物上发表论文至少1篇；

（六）在国内外刊物上发表论文被SCI、EI、ISTP收录至少1篇；

（七）撰写专著1部；

（八）未完成预期研究成果，说明原因，写出分析报告。

第三十六条　自项目资助期满之日起60日内，项目负责人应填写结题报告，经依托单位审核后提交省基金办，取得研究成果的，应同时提交研究成果附件材料。

项目负责人应对结题报告和研究成果附件的真实性负责。

第三十七条　省基金办应自收到结题报告之日起40日内审查结题报告，对符合结题要求的，准予结题并书面通知依托单位；对不符合结题要求的，应提出处理意见，并书面通知依托单位。

对未按时提交结题报告的，责令其在30日内改正，不按要求者，按本办法第四十四条规定办理。

第三十八条　由于客观原因不能按期完成研究计划的，项目负责人可以申请延期一次，申请延长的期限不得超过一年。

项目负责人应于项目资助期限届满40日前提出延期申请，经依托单位审核后报省基金办批准。

批准延期的项目在项目结题验收前应按时提交项目年度进展报告。

第三十九条　对于未取得预期研究成果或整个研究以失败告终的省自科基金资助强度在2万元以下的项目，申请人也可按期结题，但必须在结题报告中写明项目失败的原因，认真总结经验教训，并以适当的形式予以公开。

第四十条　研究计划结束后，项目负责人均应在结题三年后填写《湖南省自然科学基金项目结题后追踪调查表》，由依托单位报送省基金办。

第四十一条　项目依托单位对本单位基金项目负有监督、管理和保证的责任，主要包括：保证项目的人员稳定、条件落实；监督项目的实施；严格按照《湖南省自然科学基金项目经费管理办法》对受资助的项目单独建账，专款专用，不得截留或挪用项目经费，在经费上予以配套。凡涉及项目研究计划、研究队伍、经费使用及项目依托单位等确需作重要变更的，项目依托单位应及时按规定报省基金办核准审批。

第五章　监督与管理

第四十二条　省基金办应对省自科基金项目进行监督检查，对资助经费使用情况进行审计。项目负责人和依托单位必须配合监督和审计工作。

第四十三条　任何单位和个人有权对省自科基金申请、评审、审批和实施过程中存在的违背科学道德和违反省自科基金管理有关规定的行为，向省基金委署名举报。

第四十四条　省基金委对弄虚作假、违背科学道德、违反省自科基金管理有关规定，不按要求上报项目进展、结题报告且不说明理由，无故不接受省基金办对项目实施情况的检查、监督与审计的项目负责人和依托单位可采取缓拨资助经费、停止拨款、追回已拨经费、书面警告、通报批评、中止项目、撤销资助项目、取消申请资格等处理措施直至追究其法律责任。

第四十五条　资助经费的管理和使用应接受财政、审计和省基金委等有关部门的检查与监督。项目负责人和依托单位必须积极配合并提供有关资料。

第六章　附　则

第四十六条　本办法自公布之日起30日后实施，2006年公布的《湖南省自然科学基金项目管理规定》、《湖南省杰出青年基金管理办法》、《湖南省自然科学基金面上项目管理办法》、《湖南省自然科学基金联合基金项目管理办法》等同时废止。

六、湖南省自然科学基金项目经费管理办法

第一章 总 则

第一条 为了加强和规范湖南省自然科学基金（以下简称省自科基金）项目经费的管理，提高资金的使用效益，根据《国家自然科学基金资助项目经费管理办法》、《湖南省自然科学基金项目管理办法》和《湖南省省级科技计划项目经费管理办法》，结合省自科基金管理的特点，制定本办法。

第二条 湖南省自然科学基金委员会（以下简称省基金委）负责省自科基金项目经费的管理。省基金委的日常工作机构——湖南省自然科学基金委员会办公室（以下简称省基金办）具体负责项目经费管理工作。

第三条 省自科基金项目依托单位负责管理、监督本单位基金项目的经费使用，保障项目的组织实施。

省自科基金项目经费应纳入依托单位财务统一管理，单独核算，确保专款专用，并建立经费管理和使用的问责机制。

第四条 省自科基金项目经费的管理和使用，必须符合省财政有关财务规章制度和本办法。

第二章 经费开支范围

第五条 省自科基金项目经费支出是指在项目组织实施过程中与研究活动直接相关的、由省自科基金项目经费支付的各项费用支出。

第六条 省自科基金项目经费的开支范围一般包括研究经费、国际合作与交流经费、劳务费和管理费。具体如下：

（一）研究经费：是指直接用于科学研究的费用。包括：

1. 科研业务费：测试、计算、分析费，动力、能源费，差旅费，调研和学术会议费，资料、论文版面费和印刷费，文献检索、入网等信息通讯费，学术刊物订阅费等。

2. 实验材料费：原材料、试剂、药品等消耗性物品购置费，实验动物与植物的购置、种植、养殖费，标本、样品采集加工费和包装运输费等。

3. 仪器设备费：专用仪器设备的购置、运输、安装费和修理费，自制专用仪器设备的材料、配件购置和加工费等。

4. 实验室改装费：为改善项目研究的实验条件，对实验室进行改装所开支的费用等。实验室改装费不得用于实验室扩建、土建、房屋维修等费用的开支。

（二）国际合作与交流费：是指在项目研究过程中，研究人员出国及外国专家来湘工作的费用。国际合作与交流费应严格执行国家外事经费管理的有关规定。

（三）劳务费：是指在项目研究过程中支付给直接参加项目研究的人员中没有工资收入的相关人员和项目组临时聘用人员等的劳务性费用。

（四）管理费：是指依托单位为组织和支持项目研究而支出的费用，包括项目执行中公用仪器设备，房屋占用费，日常水、电、气、暖消耗，以及其他相关管理费用等。管理

费不得超过基金项目经费总额的5%。

第三章　预算的编制与审批

第七条　创新研究群体、杰出青年基金、重点项目和省市联合基金重点项目的申请人应在申请立项、编制项目申报材料的同时，编制基金项目经费预算。依托单位应按照省财政有关财务规章制度和本办法，严格审查其经费预算，签署意见后报省基金办，作为项目评审、立项的参考。

第八条　省基金办组织专家对基金项目进行评审时，须按要求对项目的经费预算进行审核。

第九条　省自科基金项目立项后，申请人应根据批准项目资助额度和本办法修订项目经费预算，经依托单位审核同意后，附在合同书后报省基金办核准，作为预算执行、监督检查和财务检查的依据。

第十条　预算编制的要求：

（一）应根据项目研究的合理需要，坚持目标的相关性、政策的相符性和经费的合理性原则。

（二）应同时编制收入预算与支出预算。

收入预算包括用于项目研究的、从各种不同渠道获得的货币资金。即除省自科基金资助经费外，还包括从依托单位获得的配套资金和从其他渠道获得的自筹经费。

支出预算应按照经费开支范围确定的支出科目和不同经费来源编制，并对各项支出的主要用途和测算理由等作出说明。

（三）有多个单位共同承担一个项目的，各承担单位的项目负责人应同时编制各单位承担的主要任务和经费预算，统一交依托单位项目负责人汇总审核与编制预算。

（四）项目预算书应由项目负责人负责编制，依托单位财务部门应予以协助并审核把关。

第四章　拨　款

第十一条　省自科基金项目的拨款，以《湖南省自然科学基金项目合同书》为凭证，按规定拨给项目依托单位：创新研究群体项目按项目一次性核定，分两年滚动拨付；杰出青年基金项目和重点项目按项目一次性核定，分三年滚动拨付；其他类别的项目一次性核定一次拨付。

省市联合基金由省基金委和联合资助方的市州科技局按比例共同拨付：重点项目按项目一次性核定，分三年滚动拨付；一般项目一次性核定一次拨付。

省基金办会同项目依托单位将不定期检查项目的进展情况，工作进展不正常或经费使用不当的，将减少或暂停拨款，以至撤销资助。不按规定提交项目研究进展报告的，暂不拨款。因故中止计划实施和撤销的资助项目，停止拨款。

第十二条　有多个合作单位的资助项目，由项目依托单位依据与项目合作单位签订的合作协议转拨，合作单位不得再收取管理费。

第五章　管理与监督

第十三条　项目依托单位须指定专门账号，按项目单独建账，专款专用，按照本办法进行管理核算。

第十四条　项目依托单位原则上应按一定比例对资助项目给予配套经费。

第十五条　省自科基金项目经费的使用、管理，要方便科研，有利于发挥科研人员的积极性、主动性。项目负责人在依托单位财务和自科基金项目管理部门的指导下，按计划自主支配使用资助经费，任何单位、个人无权截留、挪用。计划内的支出，均由项目负责人审签。

第十六条　项目依托单位应指定专人负责省自科基金财务工作。对不按要求进行财务管理的单位，省基金委将视情况给予必要的处理。合作者所在单位，应按规定向项目依托单位提供财务报表。

第十七条　项目一经批准，不得无故中止。承担省自科基金项目负责人必须相对稳定，因特殊原因调动工作，又需把资助项目带到省内新单位继续开展研究的，应写出书面报告，征得调出、调入单位同意并签署意见，经省基金办同意后，可将结余经费划拨到新单位继续使用。

第十八条　项目验收、结题或因故中止或撤销后，项目负责人应会同财务部门及时清理账目与资产，如实编制项目经费决算。项目经费决算经依托单位科研管理部门、财务部门、审计部门审核并签署意见后，报省基金办。

有多个单位共同承担一个项目的，各承担单位的项目负责人应及时编制项目经费决算。项目经费决算经依托单位科研管理部门、财务部门、审计部门审核并签署意见后，报依托单位项目负责人。依托单位项目负责人应汇总决算报省基金办。

第十九条　依托单位应将编制的年度省自科基金项目经费收支决算，于每年 1 月 15 日前，与项目年度进展报告一并报送省基金办。

第二十条　在研项目的年度经费结余，结转下一年度按规定继续使用。项目验收、结题后的经费结余，原则上由依托单位留用，继续用于支持基础研究支出。

省自科基金项目因故终止实施，依托单位应在接到通知后三个月内，将经费结余退回省基金委。因故被撤销原资助的项目，依托单位应在接到通知后三个月内，将已收到的基金项目经费全部退回省基金办。

第二十一条　省自科基金项目经费形成的固定资产，一般由依托单位进行管理和使用，省基金委有权调配用于相关科学研究。省自科基金项目形成的知识产权等无形资产的管理，按国家有关规定执行。

第二十二条　省自科基金项目经费的管理和使用应接受财政、审计部门和省基金委的审计与监督。项目负责人和依托单位应积极配合并提供有关资料。编报的《湖南省自然科学基金项目经费决算表》，应经项目依托单位审计部门签署审计意见方可上报。

第二十三条　省自科基金项目经费管理建立信用承诺机制。依托单位法定代表人、项目负责人在编制预算时应共同签署承诺书，保证提供信息的真实性，对信息虚假导致的后果承担责任。

第二十四条　对于预算执行过程中，不按规定管理和使用项目经费、不及时编报决算、不按规定进行会计核算的依托单位和项目负责人，省基金委将予以通报批评或缓拨经费，情节严重的可以终止、撤销项目，收缴部分或全部经费。对于存在弄虚作假，截留、挪用、挤占基金项目经费等违反财经纪律的行为，按照《国家自然科学基金条例》和有关法律法规的规定予以处理，并向社会公告。同时建议有关部门给予单位和个人纪律处分。涉嫌犯罪的，依法追究刑事责任。

第六章　附　则

第二十五条　本办法适用于省自科基金各类项目经费管理。

第二十六条　本办法自发布之日起30日后实行。2006年发布的《湖南省自然科学基金资助项目经费管理办法》同时废止。

七、湖南省自然科学基金管理相关表格

附件 1　湖南省自然科学基金项目申请书（表一、表二）

附件 2　湖南省自然科学杰出青年基金项目申请书

附件 3　湖南省自然科学创新研究群体基金项目申请书（表一、表二）

附件 4　湖南省自然科学省市联合基金项目申请书

附件 5　湖南省自然科学基金项目合同书

附件 6　湖南省自然科学基金滚动项目合同书

附件 7　湖南省自然科学创新研究群体基金项目合同书

附件 8　湖南省自然科学创新研究群体基金滚动项目合同书

附件 9　湖南省自然科学省市联合基金项目合同书

附件 10　湖南省自然科学省市联合基金滚动项目合同书

附件 11　湖南省自然科学基金项目年度进展报告

附件 12　湖南省自然科学创新研究群体基金项目年度进展报告

附件 13　湖南省自然科学省市联合基金项目年度进展报告

附件 14　湖南省自然科学基金项目结题报告

附件 15　湖南省自然科学省市联合基金一般项目结题报告

附件 16　湖南省自然科学基金（重点/杰青）项目验收评议报告

附件 17　湖南省自然科学创新研究群体基金项目验收评议报告

附件 18　湖南省自然科学省市联合基金重点项目验收评议报告

附件 19　湖南省自然科学基金项目结题后追踪调查表

【附件1】

项目类别	所属学科	学科代码1	相关学科	学科代码2	项目号

湖南省自然科学基金项目

申 请 书

（表一）

项目名称：

申 请 者：

依托单位：

邮政编码：

通讯地址：

E - mail：

电　　话：

传　　真：

申请日期：

湖南省自然科学基金委员会

二〇〇九年制

1

填 写 要 求

一、本申请表为湖南省自然科学基金一般项目、重点项目、青年基金申报用。所有内容采用国家公布的标准简化汉字。简表中所有代码以最新发布的《湖南省自然科学基金学科分类目录及代码》为准填写。

二、凡选择性栏目，将相应提示符A、B等之一填入该栏的右下角。

三、部分栏目填写要求：

项目类别——分为一般项目、重点项目、青年基金。

所属学科——按照数学、物理、力学、化学、农林、医学、地球、工程、材料、信息、管理科学11类。

项目号——由省自然科学基金办统一编号填写。

项目名称——应确切反映某学科领域具体方向的研究内容和范围。

基础研究——指认识自然现象、探索自然规律，不直接考虑应用目标的研究活动。

应用基础研究——指有广泛应用前景，以获得新原理、新技术、新方法为主要目的的研究。

学科代码——按《湖南省自然科学基金学科分类目录及代码》二、三级学科填写，有三级学科的必须填到三级学科，交叉学科可以填两个学科代码。

申请金额——以万元为单位，用阿拉伯数字表示。

起止年限——一般为3年。

依托单位名称——按单位盖章填写全称。

单位代码——指依托单位代码。

项目组主要成员——指在项目组内对学术思想、技术路线的制订与理论分析及对项目完成起重要作用的人员，项目组主要成员本人应在申请书上亲自签字以示同意合作。

2

一、简表

项目基本信息	名称 中文						
	名称 英文						
	类型	A. 一般项目 B. 重点项目 C. 青年基金				所属学科	
	申报学科	学科名称1		学科代码1		A. 基础研究	
		学科名称2		学科代码2		B. 应用基础	
	申请金额	万元		起止年限	年至　年		
申请者信息	姓名		性别 A. 男 B. 女	身份证号（军官证号）		民族	
	专业技术职务		学位 A. 博士 B. 硕士 C. 学士	博士学位授予国别或地区		A. 博士生导师 B. 博士后	
	联系电话			E-mail			
	依托单位信息 名称			系（所）			
	依托单位信息 性质	A. 高等院校 B. 科研机构 C. 其他		单位代码		邮政编码	
				科技处电话			

总人数	高级	中级	初级	博士后	博士生	硕士生	参加单位数

项目组 主要成员（不含申请者） 姓名	身份证号	学历	技术职称	单位名称	现从事专业	项目中的分工	签字

3

二、研究基础

1. 申请者与本项目有关的研究工作积累和已取得的研究工作成绩（可加附页）

2. 项目组成员与本项目有关的研究工作积累和已取得的研究工作成绩（可加附页）

3. 申请者和项目组主要成员的研究工作简历，近期已发表与本项目有关的主要论著目录和获得学术奖励情况及在本项目中承担的任务（可加附页）。（论著目录要求详细列出所有作者、论著题目、期刊名或出版社名、年、卷（期）、起止页码等；奖励情况也须详细列出全部受奖人员、奖励名称等级、授奖年等）

4. 具备实验条件，尚缺少的实验条件和拟解决的途径

三、申请者和项目组主要参与者承担的国家或省级研究项目情况

项目批准号	项目来源	项目名称	起止年月	参与人	负责内容	进展情况	与本项目关系

注：此表包括自然科学基金的项目。

四、申请者完成湖南省自然科学基金项目情况

（对申请者负责的前一个已结题省自然科学基金项目〈项目名称及批准号〉完成情况、后续研究进展及与本申请项目的关系加以详细说明。另附该已结题项目研究工作总结摘要〈限500字〉和相关成果的详细目录）

4

五、申请者承诺

我保证申请书内容的真实性。如果获得基金资助,我将严格遵守湖南省自然科学基金委员会的有关规定,切实保证研究工作时间,按计划认真开展研究工作,按时报送有关材料。若填报失实和违反规定,本人将承担全部责任。

申请者(签字):
年　月　日

六、推荐意见

(不具备高级专业技术职务的申请者,须有两名具有高级专业技术职务的同行专家推荐。推荐时,请认真负责地介绍申请者及其项目组成员的业务基础、研究能力、科研态度及研究条件等。注:项目组成员不能做推荐者)

推荐者(签字)	专业技术职务 依托单位:	现从事专业
推荐者(签字)	专业技术职务 依托单位:	现从事专业

七、依托单位及合作单位承诺

已按填报说明对申请人的资格和申请书的内容进行了审核。申请项目如获资助,我单位保证对研究计划实施所需要的人力、物力和工作时间等条件给予保障,严格遵守湖南省自然科学基金委员会有关规定,督促项目负责人和项目组主要参与者以及本单位项目管理部门按照湖南省自然科学基金委员会的规定及时报送有关材料。

依托单位(盖章)	合作单位1(盖章)	合作单位2(盖章)

5

项目类别	所属学科	学科代码1	相关学科	学科代码2	项目号

湖南省自然科学基金项目

申　请　书

(表二)

项目名称:______________________

湖南省自然科学基金委员会
二〇〇九年制

6

注意:湖南省自然科学基金申请书(表二)所填写全部内容不得出现申请者及项目组成员的姓名、工作单位及相关信息,否则,将视为形式审查不合格。

项目研究内容和意义简介(限400字)

一、立论依据

(包括项目的研究意义、国内外研究现状分析,并附主要参考文献及出处,可加附页)

对基础研究,着重结合学科发展趋势,论述项目的科学意义;
对应用基础研究,着重结合学科前沿、围绕国民经济和社会发展中的重要科技问题,论述其应用前景。(可加附页)

二、研究方案

1. 研究目标、研究内容和拟解决的关键问题(可加附页)
2. 本项目的特色与创新之处
3. 拟采取的研究方法、技术路线、实验方案及可行性分析(可加附页)
4. 年度研究计划及预期进展
5. 预期研究成果(能否形成自有知识产权成果)

7

三、经费预算

支出科目	金额(万元)	用途及理由
①研究经费		
其中:科研业务费		
实验材料费		
仪器设备费		
实验室改装费		
②国际合作与交流费		
③劳务费		
④管理费		
⑤其他		
说　明		

注:预算支出科目参见《湖南省自然科学基金项目经费管理办法》第二章:经费开支范围。

8

【附件2】

所属学科	学科代码1	相关学科	学科代码2	项目号

湖南省自然科学杰出青年基金项目

申　请　书

项目名称：____________________
申 请 者：____________________
依托单位：____________________
邮政编码：____________________
通讯地址：____________________
E - mail：____________________
电　　话：____________________
传　　真：____________________
申请日期：____________________

湖南省自然科学基金委员会
二〇〇九年制

1

填 写 说 明

一、本申请表为湖南省自然科学杰出青年基金申报用表。所有内容采用国家公布的标准简化汉字。所有代码以最新发布的《湖南省自然科学基金学科分类目录及代码》为准填写。

二、凡选择性栏目，将相应提示符A、B等之一填入该栏的右下角。

三、部分栏目填写要求：

所属学科——按照数学、物理、力学、化学、农林、医学、地球、工程、材料、信息、管理科学11类；

项目号——由自然科学基金办统一编号填写；

项目名称——应确切反映研究内容和范围；

基础研究——指认识自然现象、探索自然规律，不直接考虑应用目标的研究活动；

应用基础研究——指有广泛应用前景，以获得新原理、新技术、新方法为主要目的研究；

学科代码——按《湖南省自然科学基金学科分类目录及代码》二、三级学科填写，有三级学科的必须填到三级学科，交叉学科可以填两个学科代码；

申请金额——以万元为单位，用阿拉伯数字表示；

起止年限——一般为3年；

依托单位名称——按单位盖章填写全称；

单位代码——指依托单位代码；

项目组主要成员——指在项目组内对学术思想、技术路线的制订与理论分析及对项目完成起重要作用的人员，项目组主要成员本人应在申请书上亲自签字以示同意合作。

2

一、简表

项目基本信息	名称	中文						
		英文						
	类型	A. 一般项目 B. 重点项目 C. 青年基金				所属学科		
	申报学科	学科名称1		学科代码1		A. 基础研究		
		学科名称2		学科代码2		B. 应用基础		
	申请金额	万元		起止年限	年至　年			
申请者信息	姓名		性别	A. 男 B. 女	身份证号（军官证号）		民族	
	专业技术职务		学位	A. 博士 B. 硕士 C. 学士	博士学位授予国别或地区		A. 博士生导师 B. 博士后	
	联系电话				E-mail			
	依托单位信息	名称			系（所）			
		性质	A. 高等院校 B. 科研机构 C. 其他		单位代码		邮政编码	
					科技处电话			

项目组	总人数	高级	中级	初级	博士后	博士生	硕士生	参加单位数

项目组主要成员（不含申请者）	姓名	身份证号	学历	技术职称	单位名称	现从事专业	项目中的分工	签字

3

项目研究意义和内容简介（限400字）

二、立论依据

（包括项目的研究意义、国内外研究现状分析，并附主要参考文献及出处，可加附页）

对基础研究，着重结合学科发展趋势，论述项目的科学意义； 对应用基础研究，着重围绕国民经济和社会发展中的重要科技问题，论述其应用前景。（可加附页）

三、研究方案

1. 研究目标、研究内容和拟解决的关键问题、预期目标（可加附页）
2. 拟采取的研究方法、技术路线、实验方案及可行性分析（可加附页）
3. 本项目的特色与创新点
4. 年度研究计划安排
5. 完成的技术水平及直接经济效益与社会效益分析
6. 预期研究成果及推广应用前景（能否形成自有知识产权成果）

4

四、研究基础

1. 申请者与本项目有关的研究工作积累和已取得的研究工作成绩(可加附页)
2. 项目组成员与本项目有关的研究工作积累和已取得的研究工作成绩(可加附页)
3. 申请者和项目组主要成员的研究工作简历,近期已发表与本项目有关的主要论著目录和获得学术奖励情况及在本项目中承担的任务(可加附页)(论著目录要求详细列出所有作者、论著题目、期刊名或出版社名、年、卷(期)、起止页码等;奖励情况也须详细列出全部受奖人员、奖励名称等级、授奖年等)
4. 具备实验条件,尚缺少的实验条件和拟解决的途径

五、申请者和项目组成员承担的国家或省级研究项目情况

项目文号	项目来源	项目名称	起止年月	参与人	主要内容	完成情况	与本项目关系

注:此表包括自然科学基金的项目。

六、申请者完成湖南省自然科学基金项目情况

(对申请者负责的前一个已结题省科学基金项目〈项目名称及批准号〉完成情况、后续研究进展及与本申请项目的关系加以详细说明。另附该已结题项目研究工作总结摘要〈限500字〉和相关成果的详细目录)

5

七、经费预算

支出科目	金额(万元)	用途及理由
①研究经费		
其中:科研业务费		
实验材料费		
仪器设备费		
实验室改装费		
②国际合作与交流费		
③劳务费		
④管理费		
⑤其他		
说　明		

注:预算支出科目参见《湖南省自然科学基金项目经费管理办法》第二章:经费开支范围。

八、申请者承诺

我保证申请书内容的真实性。如果获得基金资助,我将严格遵守湖南省自然科学基金委员会的有关规定,切实保证研究工作时间,按计划认真开展研究工作,按时报送有关材料。若填报失实和违反规定,本人将承担全部责任。

申请者(签字):

年　月　日

6

九、推荐意见

由两名具有正高级专业技术职务的同行专家推荐。推荐时,请认真负责地介绍申请者及其项目组成员的业务基础、研究能力、科研态度及研究条件等。注:项目组成员不能做推荐者。
推荐者(签字): 工作单位:　　专业技术职务:　　现从事专业: 依托单位:
推荐者(签字): 工作单位:　　专业技术职务:　　现从事专业 依托单位:

十、依托单位及合作单位承诺

已按填报说明对申请人的资格和申请书的内容进行了审核。申请项目如获资助,我单位保证对研究计划实施所需要的人力、物力和工作时间等条件给予保障,严格遵守湖南省自然科学基金委员会有关规定,督促项目负责人和项目组主要参与者以及本单位项目管理部门按照湖南省自然科学基金委员会的规定及时报送有关材料。

依托单位(盖章)	合作单位1(盖章)	合作单位2(盖章)

十一、相关附件材料清单(附件材料复印后随纸质《申请书》一并上交)

1. 须提供1~5篇代表性论著复印件;
2. 如曾获科技奖励,仅填报国家级科技奖励(国家自然科学奖、国家发明奖、国家科学技术进步奖)、省部级奖励(二等以上)和国际学术性奖励,包括奖励名称、等级、获奖者(按顺序全部列出)、年份,并提供证书的复印件。
3. 如获专利或其他公认突出的创造性成果或成绩,应提供证明材料的复印件;
4. 在国际学术会议上作大会报告、特邀报告,应提供邀请信或通知的复印件。

7

【附件3】

所属学科	学科代码1	相关学科	学科代码2	项目号

湖南省自然科学创新研究群体基金项目

申　请　书

项目名称：________________

申 请 者：________________

依托单位：________________

邮政编码：________________

通讯地址：________________

E - mail：________________

电　　话：________________

传　　真：________________

申请日期：________________

湖南省自然科学基金委员会

二〇〇九年制

1

填 写 要 求

一、本申请表为湖南省自然科学杰出青年基金申报用表。所有内容采用国家公布的标准简化汉字。所有代码以最新发布的《湖南省自然科学基金学科分类目录及代码》为准填写。

二、凡选择性栏目，将相应提示符A、B等之一填入该栏的右下角。

三、部分栏目填写要求：

所属学科——按照数学、物理、力学、化学、农林、医学、地球、工程、材料、信息、管理科学11类；

项目号——由自然科学基金办统一编号填写；

项目名称——应确切反映研究内容和范围；

基础研究——指认识自然现象、探索自然规律，不直接考虑应用目标的研究活动；

应用基础研究——指有广泛应用前景，以获得新原理、新技术、新方法为主要目的研究；

学科代码——按《湖南省自然科学基金学科分类目录及代码》二、三级学科填写，有三级学科的必须填到三级学科，交叉学科可以填两个学科代码；

申请金额——以万元为单位，用阿拉伯数字表示；

起止年限——一般为3年；

依托单位名称——按单位盖章填写全称；

单位代码——指依托单位代码；

项目组主要成员——指在项目组内对学术思想、技术路线的制订与理论分析及对项目完成起重要作用的人员，项目组主要成员本人应在申请书上亲自签字以示同意合作。

2

一、简表

项目基本信息	名称 中文						
	名称 英文						
	类型	A. 一般项目 B. 重点项目 C. 青年基金			所属学科		
	申报学科	学科名称1		学科代码1		A. 基础研究 B. 应用基础	
		学科名称2		学科代码2			
	申请金额	万元	起止年限	年至　　年			
申请者信息	姓名		性别 A. 男 B. 女	身份证号（军官证号）		民族	
	专业技术职务		学位 A. 博士 B. 硕士 C. 学士	博士学位授予国别或地区		A. 博士生导师 B. 博士后	
	联系电话			E-mail			
	依托单位信息 名称			系（所）			
	依托单位信息 性质	A. 高等院校 B. 科研机构 C. 其他		单位代码		邮政编码	
				科技处电话			

研究群体	总人数	高级	中级	初级	博士后	博士生	硕士生	参加单位数

研究群体 主要成员（不含申请者）	姓名	身份证号	学历	技术职称	单位名称	现从事专业	项目中的分工	签字

3

二、创新研究群体情况

1. 研究群体的构成

①（简述研究群体专业、年龄、学历结构特点，主要研究方向，群体形成的背景。（限600字））

②（群体远期(10年)、中期(3～5年)和近期(1年)希望达到的目标，目标与湖南省社会经济发展的关系以及远、中、近期目标之间的关系。可加附页）

2. 主要学术成绩及其科学意义

（着重阐述近几年来在基础研究方面所取得的创新性研究成果，在国内外同行中处于何种水平，有哪些优势(5000字以内)）

3. 研究群体的管理、运作机制

（围绕实现群体目标阐述研究群体管理、运作的机制，包括项目组织、团队的运行和人员、设备、经费使用的管理。可加附页）

4. 学术带头人简介

（简述本科以上学历、主要学术任职、主要科研工作经历，包括主持或参加的各类科研项目以及所获人才基金项目等研究工作。可加附页）

5. 研究骨干(3～5人)简介

（简述研究骨干的本科以上学历、主要学术任职、主要科研工作经历等。分别说明研究骨干的专长、在实现团队目标过程中的关键作用、在团队中的具体分工和职责及时间保障。可加附页）

6. 研究群体的主要论文、论著目录

（研究群体成员近5年内发表的主要论著，用"＊"号标明10篇以内代表性论著列在最前面，其余按年份降序排列；要求详细列出所有作者、论著题目、期刊名或出版社名、年、卷(期)、起止页码等））

4

7. 研究条件 （已具备的实验研究条件，尚缺少的实验条件和拟解决的途径（包括利用国家重点实验室和部门开放实验室的计划与落实情况））
8. 本团队的主要研究内容、任务、目标及创新点

三、经费预算

支出科目	金额（万元）	用途及理由
①研究经费		
其中：科研业务费		
实验材料费		
仪器设备费		
实验室改装费		
②国际合作与交流费		
③劳务费		
④管理费		
⑤其他		
说　明		

注：预算支出科目参见《湖南省自然科学基金项目经费管理办法》第二章：经费开支范围。

5

四、申请者承诺

我保证申请书内容的真实性。如果获得基金资助，我将严格遵守湖南省自然科学基金委员会的有关规定，切实保证研究工作时间，按计划认真开展研究工作，按时报送有关材料。若填报失实和违反规定，本人将承担全部责任。

申请者（签字）：

年　月　日

五、申请者依托单位及合作单位审核意见

已按填报说明对申请人的资格和申请书的内容进行了审核。申请项目如获资助，我单位保证对研究计划实施所需要的人力、物力和工作时间等条件给予保障，严格遵守湖南省自然科学基金委员会有关规定，督促项目负责人和项目组主要参与者以及本单位项目管理部门按照湖南省自然科学基金委员会的规定及时报送有关材料。		
依托单位（盖章）	合作单位1（盖章）	合作单位2（盖章）

六、相关附件材料

1. 须提供1~5篇代表性论著复印件；
2. 如曾获科技奖励，仅填报国家级科技奖励（国家自然科学奖、国家发明奖、国家科学技术进步奖）、省部级奖励（二等以上）和国际学术性奖励，包括奖励名称、等级、获奖者（按顺序全部列出）、年份，并提供证书的复印件。
3. 如获专利或其他公认突出的创造性成果或成绩，应提供证明材料复印件；
4. 在国际学术会议上作大会报告、特邀报告，应提供邀请信或通知复印件。

6

【附件4】

项目类别	所属学科	学科代码1	相关学科	学科代码2	项目号

湖南省自然科学省市联合基金
项 目 申 请 书

申 请 书
（表一）

项目名称：＿＿＿＿＿＿＿＿＿＿＿＿＿＿＿

申 请 者：＿＿＿＿＿＿＿＿＿＿＿＿＿＿＿

依托单位：＿＿＿＿＿＿＿＿＿＿＿＿＿＿＿

邮政编码：＿＿＿＿＿＿＿＿＿＿＿＿＿＿＿

通讯地址：＿＿＿＿＿＿＿＿＿＿＿＿＿＿＿

E - mail：＿＿＿＿＿＿＿＿＿＿＿＿＿＿＿

电　　话：＿＿＿＿＿＿＿＿＿＿＿＿＿＿＿

传　　真：＿＿＿＿＿＿＿＿＿＿＿＿＿＿＿

申请日期：＿＿＿＿＿＿＿＿＿＿＿＿＿＿＿

湖南省自然科学基金委员会

二〇〇九年制

1

填 写 要 求

一、本表为湖南省自然科学市、州联合基金项目申报用表。所填写内容必须采用国家公布的标准简化汉字。简表中所有代码以最新发布的《湖南省自然科学基金学科分类目录及代码》为准填写。

二、凡选择性栏目，将相应提示符A、B等之一填入该栏的右下角。

三、部分栏目填写要求：

项目类别——填写"一般项目"或"重点项目"；

所属学科——按照数学、力学、物理、化学、农林、医学、地球、工程、材料、信息、管理科学11类；

项目号——由湖南省自然科学基金委员会办公室统一填写。

项目名称——应确切反映某学科领域具体方向的研究内容和范围。

基础研究——指以认识自然现象、探索自然规律为目的，不直接考虑应用目标的研究活动。

应用基础研究——指有广泛应用前景，但以获得新原理、新技术、新方法为主要目的的研究。

学科代码——（按《湖南省自然科学基金学科分类目录及代码》）所属二、三级学科填写，有三级学科的必须填到三级学科，交叉学科可以填两个学科代码。

申请金额——以万元为单位，用阿拉伯数字表示。

起止年限——一般为3年。

依托单位名称——按单位盖章填写全称。

单位代码——指依托单位代码。

项目组主要成员——指在项目组内对学术思想、技术路线的制订与理论分析及对项目完成起重要作用的人员，包括相关高校、科研院所和企业主要负责人等。项目组主要成员本人应在申请书上亲自签字以示同意合作。项目申报原则上以大学、科研院所为第一申报单位，企业人员可以作为成员参加项目。

2

一、简表

项目基本信息	名称	中文							
		英文							
	类型	A. 一般项目 B. 重点项目 C. 青年基金					所属学科		
	申报学科	学科名称1		学科代码1			A. 基础研究 B. 应用基础		
		学科名称2		学科代码2					
	申请金额	万元		起止年限	年至　　年				
申请者信息	姓名		性别	A. 男 B. 女	身份证号 （军官证号）		民族		
	专业技术职务		学位	A. 博士 B. 硕士 C. 学士	博士学位授予国别或地区		A. 博士生导师 B. 博士后		
	联系电话				E-mail				
	依托单位信息	名称			系（所）				
		性质	A. 高等院校 B. 科研机构 C. 其他		单位代码		邮政编码		
					科技处电话				
项目组	总人数	高级	中级	初级	博士后	博士生	硕士生	参加单位数	
	主要成员（不含申请者）	姓名	身份证号	学历	技术职称	单位名称	现从事专业	项目中的分工	签字

3

二、研究基础

1. 申请者与本项目有关的研究工作积累和已取得的研究工作成绩（可加附页）

2. 项目组成员与本项目有关的研究工作积累和已取得的研究工作成绩（可加附页）

3. 申请者和项目组主要成员的研究工作简历，近期已发表与本项目有关的主要论著目录和获得学术奖励情况及在本项目中承担的任务（可加附页）。（论著目录要求详细列出所有作者、论著题目、期刊名或出版社名、年、卷（期）、起止页码等；奖励情况也须详细列出全部受奖人员、奖励名称等级、授奖年等）

4. 具备实验条件，尚缺少的实验条件和拟解决的途径

三、申请者和项目组主要参与者承担的国家或省级研究项目情况

项目批准号	项目来源	项目名称	起止年月	参与人	负责内容	进展或完成情况	与本项目关系

注：此表包括自然科学基金的项目。

四、申请者完成湖南省自然科学基金项目情况

（对申请者负责的前一个已结题省自然科学基金项目（项目名称及批准号）完成情况、后续研究进展及与本申请项目的关系加以详细说明。另附该已结题项目研究工作总结摘要（限500字）和相关成果的详细目录）

4

五、申请者承诺

我保证申请书内容的真实性。如果获得基金资助,我将严格遵守湖南省自然科学基金委员会的有关规定,切实保证研究工作时间,按计划认真开展研究工作,按时报送有关材料。若填报失实和违反规定,本人将承担全部责任。

申请者(签字):
年 月 日

六、依托单位及合作单位承诺

已按填报说明对申请人的资格和申请书的内容进行了审核。申请项目如获资助,我单位保证对研究计划实施所需要的人力、物力和工作时间等条件给予保障,严格遵守湖南省自然科学基金委员会有关规定,督促项目负责人和项目组主要参与者以及本单位项目管理部门按照湖南省自然科学基金委员会的规定及时报送有关材料。

依托单位(盖章)	合作单位1(盖章)	合作单位2(盖章)

七、市州科技局审核意见

市州科技局(盖章)
年 月 日

5

项目类别	所属学科	学科代码1	相关学科	学科代码2	项目号

湖南省自然科学省市联合基金
项 目 申 请 书

(表二)

项目名称:________________

湖南省自然科学基金委员会
二○○九年制

6

注意:湖南省自然科学省市联合基金申请书(表二)所填写全部内容不得出现申请者及项目组成员的姓名、工作单位及相关信息,否则,将视为形式审查不合格。

项目研究内容和意义简介(限400字)

一、立论依据

(包括项目的研究意义、国内外研究现状分析,并附主要参考文献及出处,可加附页)

二、研究方案

1. 研究目标、研究内容和拟解决的关键问题(可加附页)
2. 本项目的特色与创新之处
3. 拟采取的研究方法、技术路线、实验方案及可行性分析(可加附页)
4. 年度研究计划及预期进展
5. 预期研究成果(能否形成自有知识产权成果)

7

三、经费预算

支出科目	金额(万元)	用途及理由
①研究经费		
其中:科研业务费		
实验材料费		
仪器设备费		
实验室改装费		
②国际合作与交流费		
③劳务费		
④管理费		
⑤其他		
说 明		

注:预算支出科目参见《湖南省自然科学基金项目经费管理办法》第二章:经费开支范围。

8

【附件5】

项目编号	
所属学科	

湖南省自然科学基金项目合同书

项目类别：

项目名称：

执行年限：

资助总金额：　　　　本年资助金额：

项目依托单位(乙方)：

联合资助单位(丙方)：

项目负责人：

通讯地址：　　　　邮　编：

联 系 人：　　　　电　话：

填报日期：

湖南省自然科学基金委员会

二〇〇九年制

1

填报说明

一、本《项目合同书》是一般、重点、青年基金项目、杰出青年项目填写用表作为此类项目计划执行和检查、评价的依据。

二、项目负责人每年均应按规定向省自然科学基金委员会汇报研究工作进展、取得成果、学术交流和国际合作等情况。

三、项目计划执行期间所取得的有关研究成果、专著、论文、研究报告、总结、评价书及成果报道，均须标注“湖南省自然科学基金资助项目”和项目编号。

四、项目合同书内容参照项目申请书，表达要明确、严谨，字迹要清晰，外来词语同时用原文和中文表达(合同书统一用A4纸张，复印件用A4复印纸，于左侧装订成册)。

五、项目组中具有高级专业技术职务的主要成员未经省基金办批准，不得自行调整。

六、表格中内容较多的，请自行添加附页。

2

一、项目研究背景及意义(包括国内外研究现状、项目研究的意义)

二、研究内容与研究方案

三、研究进度安排及预期目标(包括总体进度及目标、年度进度及目标)

四、研究团队情况(主要研究人员及研究条件情况)

五、项目组成员

姓名	性别	年龄	职称	专长	工作单位	在本项目中的分工	每年用于本项目工作的月数	签字

3

六、经费开支预算计划　　总计　　　　万元

支出科目	金额(万元)	用途说明
①研究经费		
其中：科研业务费		
实验材料费		
仪器设备费		
实验室改装费		
②国际合作与交流费		
③劳务费		
④管理费		
⑤其他		

七、项目负责人与依托单位承诺

我接受湖南省自然科学基金的资助，将根据申请书提出的研究方案及批准意见，负责实施下列湖南省自然科学基金项目：

____

我与项目组成员将严格遵守湖南省自然科学基金委员会关于资助项目管理、财务等各项规定，切实保证研究工作时间，按计划认真开展研究工作，按时报送有关资料，及时报告重大情况变动，对资助项目的研究成果，包括专著、论文、软件、数据库、专利以及成果报道等，均标注“湖南省自然科学基金资助项目”(英文：Supported by Hunan Provincial Natural Science Foundation of China)和项目编号。

项目负责人(签字)：

年　月　日

我单位同意承担上述湖南省自然科学基金项目，将保证项目负责人及其研究队伍的稳定和研究项目实施所需的条件，并按规定给予配套经费。严格遵守湖南省自然科学基金委员会与有关资助项目管理、财务等各项规定，并督促实施。

单位(盖章)：

年　月　日

4

八、杰出青年基金项目负责人承诺

我接受湖南省杰出青年基金的资助，在符合申报条件的情况下，连续三年申请国家杰出青年基金项目。

项目负责人(签字)：

年　月　日

九、项目签批审核情况(本栏目由基金办填写)

基金办审查意见：

(单位盖章)

年　月　日

5

十、合同条款

第一条　根据湘　字(　)　号文，甲方委托乙方承担湖南省自然科学基金资助项目____________课题，无偿资助_____万元。乙方愿出配套资金_____万元。

第二条　乙方同意接受该研究课题，并按本合同的研究内容和计划进度等组织实施。项目与经费的管理严格按照《湖南省自然科学基金项目管理办法》有关规定执行，如有违反，无条件接受甲方处理。

第三条　乙方应努力创造多种有利条件，对课题承担者的工作给予大力支持，给予资金配套支持，使该课题能按计划完成。

第四条　乙方承担上述课题的研究成果若转让或技术转移而取得经济利益，甲方视情况可从乙方取得的经济利益中提取10%作为省自然科学基金的发展基金。

本合同一式四份，存甲方二份，乙方二份，(属于联合基金资助项目，另增加二份存丙方)经签字、盖章后即生效。

签订合同单位：

甲方：湖南省自然科学基金委员会　(盖章)

负责人：　(签字)

代　表：　(签字)

开户银行：

账　号：

乙方：　(盖章)

科技主管：　(签字)

项目负责人：　(签字)

开户银行：

账　号：

二00　年　月　日

6

【附件6】

项目编号	
所属学科	

湖南省自然科学基金

滚动项目合同书

项目类别：

项目名称：

执行年限：

资助总金额：　　　本年资助金额：

项目依托单位（乙方）：

联合资助单位（丙方）：

项目负责人：

通讯地址：　　　邮　编：

联系人：　　　电　话：

填报日期：

湖南省自然科学基金委员会

二〇〇九年制

1

填报说明

一、本《合同书》是为重点、杰出青年项目滚动资助年度填写用表作为计划执行和检查、评价、拨款的依据。

二、项目负责人每年均应按规定向省自然科学基金委员会汇报研究工作进展、取得成果、学术交流和国际合作等情况。

三、项目计划执行期间所取得的有关研究成果、专著、论文、研究报告、总结、评价书及成果报道，均须标注"湖南省自然科学基金资助项目"和项目编号。

四、项目合同书内容参照项目申请书与年度进展报告，表达要明确、严谨，字迹要清晰，外来词语同时用原文和中文表达（合同书统一用A4纸张，复印件用A4复印纸，于左侧装订成册）。

五、项目组中具有高级专业技术职务的主要成员未经省基金办批准，不得自行调整。

六、表格中内容较多的，请自行添加附页。

2

一、本年度研究内容与研究方案：

二、上年度研究工作主要进展和阶段性主要成果

三、本年度研究进度安排及预期目标（包括总体进度及目标、年度进度及目标）

四、经费已支出情况：　总计　　万元

支出科目	金额（万元）	用途说明
①研究经费		
其中：科研业务费		
实验材料费		
仪器设备费		
实验室改装费		
②国际合作与交流费		
③劳务费		
④管理费		
⑤其他		

五、本年度经费开支预算计划：　总计　　万元

支出科目	金额（万元）	用途说明
①研究经费		
其中：科研业务费		
实验材料费		
仪器设备费		
实验室改装费		
②国际合作与交流费		
③劳务费		
④管理费		
⑤其他		

3

六、项目负责人与依托单位承诺

我与项目组成员将严格遵守湖南省自然科学基金委员会关于资助项目管理、财务等各项规定，切实保证研究工作时间，按计划认真开展研究工作，按时报送有关资料，及时报告重大情况变动，对资助项目的研究成果，包括专著、论文、软件、数据库、专利以及成果报道等，均标注"湖南省自然科学基金资助项目"（英文：Supported by Hunan Provincial Natural Science Foundation of China）和项目批准号。

项目负责人（签字）：

年　月　日

我单位同意承担上述湖南省自然科学基金项目，将保证项目负责人及其研究队伍的稳定和研究项目实施所需的条件，并按规定给予配套经费。严格遵守湖南省自然科学基金委员会与有关资助项目管理、财务等各项规定，并督促实施。

依托单位（盖章）：

年　月　日

七、项目签批审核情况

本栏目由基金办填写

基金办审查意见：

单位（盖章）：

年　月　日

4

八、合同条款

第一条　根据湘　字(　)　号文,甲方委托乙方承担湖南省自然科学基金资助项目______________课题,本年度无偿资助______万元。乙方愿出配套资金______万元。

第二条　乙方同意接受该研究课题,并按本合同的研究内容和计划进度等组织实施。项目与经费的管理严格按照《湖南省自然科学基金项目管理办法》有关规定执行,如有违反,无条件接受甲方处理。

第三条　乙方应努力创造多种有利条件,对课题承担者的工作给予大力支持,给予资金配套支持,使该课题能按计划完成。

第四条　乙方承担上述课题的研究成果若转让或技术转移而取得经济利益,甲方视情况可从乙方取得的经济利益中提取10%作为省自然科学基金的发展基金。

本合同一式四份,存甲方二份,乙方二份,经签字、盖章后即生效。

签订合同单位:

甲方:湖南省自然科学基金委员会　　　　(盖章)
负责人:　　　　(签字)
代　　表:　　　　(签字)
开户银行:
账　　号:
乙方:　　　　(盖章)
科技主管:　　　　(签字)
项目负责人:　　　　(签字)
开户银行:
账　　号:

二00　年　月　日

5

【附件7】

项目编号	
所属学科	

湖南省自然科学创新研究群体基金
项 目 合 同 书

项 目 名 称:____________________

执 行 年 限:____________________

资助总金额:__________本年资助金额:__________

项目依托单位(乙方):____________________

联合资助单位(丙方):____________________

项目负责人:____________________

通 讯 地 址:__________ 邮　编:__________

联　系　人:__________ 电　话:__________

填 报 日 期:____________________

湖南省自然科学基金委员会
二〇〇九年制

1

填 报 说 明

一、本《项目合同书》是项目计划执行和检查、评价的依据。

二、项目负责人每年均应按规定向省自然科学基金委员会汇报研究工作进展、取得成果、学术交流和国际合作等情况。

三、项目计划执行期间所取得的有关研究成果、专著、论文、研究报告、总结、评价书及成果报道,均须标注"湖南省自然科学基金资助项目"和项目编号。

四、项目合同书内容参照项目申请书,表达要明确、严谨,字迹要清晰,外来词语同时用原文和中文表达(合同书统一用A4纸张,复印件用A4复印纸,于左侧装订成册)。

五、项目组中具有高级专业技术职务的主要成员未经省基金办批准,不得自行调整。

六、表格中内容较多的,请自行添加附页。

2

一、项目研究背景及意义(包括国内外研究现状、项目研究的意义)

二、研究内容与研究方案:

三、研究进度安排及预期目标(包括总体进度及目标、年度进度及目标)

四、研究团队情况(主要研究人员及研究条件情况)

五、项目组成员

姓名	性别	年龄	职称	专长	工作单位	在本项目中的分工	每年用于本项目工作的月数	签字

3

七、项目负责人与依托单位承诺

我接受湖南省自然科学基金的资助,将根据申请书提出的研究方案及批准意见,负责实施下列湖南省自然科学基金项目:

____

我与项目组成员将严格遵守湖南省自然科学基金委员会关于资助项目管理、财务等各项规定,切实保证研究工作时间,按计划认真开展研究工作,按时报送有关资料,及时报告重大情况变动,对资助项目的研究成果,包括专著、论文、软件、数据库、专利以及成果报道等,均标注"湖南省自然科学基金资助项目"(英文:Supported by Hunan Provincial Natural Science Foundation of China)和项目编号。

项目负责人(签字):

年　月　日

我单位同意承担上述湖南省自然科学基金项目,将保证项目负责人及其研究队伍的稳定和研究项目实施所需的条件,并按规定给予配套经费。严格遵守湖南省自然科学基金委员会与有关资助项目管理、财务等各项规定,并督促实施。

单位(盖章):

年　月　日

4

八、项目签批审核情况(本栏目由基金办填写)

基金办审查意见: (盖章) 年　月　日

5

九、合同条款

第一条　根据湘字（　）号文,甲方委托乙方承担湖南省自然科学基金资助项目__________课题,无偿资助______万元。乙方愿出配套资金______万元。

第二条　乙方同意接受该研究课题,并按本合同的研究内容和计划进度等组织实施。项目与经费的管理严格按照《湖南省自然科学基金项目管理办法》有关规定执行,如有违反,无条件接受甲方处理。

第三条　乙方应努力创造多种有利条件,对课题承担者的工作给予大力支持,给予资金配套支持,使该课题能按计划完成。

第四条　乙方承担上述课题的研究成果若转让或技术转移而取得经济利益,甲方视情况可从乙方取得的经济利益中提取10%作为省自然科学基金的发展基金。

本合同一式四份,存甲方二份,乙方二份,经签字、盖章后即生效。

签订合同单位:

甲方:湖南省自然科学基金委员会　　(盖章)

负责人:　　(签字)

代　　表:　　(签字)

开户银行:

账　　号:

乙方:　　(盖章)

科技主管:　　(签字)

项目负责人:　　(签字)

开户银行:

账　　号:

二00　年　月　日

6

【附件8】

项目编号	
所属学科	

湖南省自然科学创新研究群体基金
滚动项目合同书

项目名称：

执行年限：

资助总金额：　　　本年资助金额：

项目依托单位(乙方)：

联合资助单位(丙方)：

项目负责人：

通讯地址：　　　邮编：

联系人：　　　电话：

填报日期：

湖南省自然科学基金委员会
二〇〇九年制

1

填报说明

一、本《滚动项目合同书》是项目计划执行和检查、评价、拨款的依据。

二、项目负责人每年均应按规定向省自然科学基金委员会汇报研究工作进展、取得成果、学术交流和国际合作等情况。

三、项目计划执行期间所取得的有关研究成果、专著、论文、研究报告、总结、评价书及成果报道，均须标注"湖南省自然科学基金委员会与×××政府自然科学联合基金资助"和项目批准号。

四、项目合同书内容参照项目申请书与年度进展报告，表达要明确、严谨，字迹要清晰，外来词语同时用原文和中文表达(合同书统一用A4纸张，复印件用A4复印纸，于左侧装订成册)。

五、项目组中具有高级专业技术职务的主要成员未经省基金办批准，不得自行调整。

六、表格中内容较多的，请自行添加附页。

2

一、本年度研究内容与研究方案：

二、上年度研究工作主要进展和阶段性主要成果

三、本年度研究进度安排及预期目标(包括总体进度及目标、年度进度及目标)

四、经费已支出情况：　总计　　万元

支出科目	金额(万元)	用途说明
①研究经费		
其中：科研业务费		
实验材料费		
仪器设备费		
实验室改装费		
②国际合作与交流费		
③劳务费		
④管理费		
⑤其他		

五、本年度经费开支预算计划：　总计　　万元

支出科目	金额(万元)	用途说明
①研究经费		
其中：科研业务费		
实验材料费		
仪器设备费		
实验室改装费		
②国际合作与交流费		
③劳务费		
④管理费		
⑤其他		

3

六、项目负责人与依托单位承诺

我与项目组成员将严格遵守湖南省自然科学基金委员会关于资助项目管理、财务等各项规定，切实保证研究工作时间，按计划认真开展研究工作，按时报送有关资料，及时报告重大情况变动，对资助项目的研究成果，包括专著、论文、软件、数据库、专利以及成果报道等，均标注"湖南省自然科学基金资助项目"(英文：Supported by Hunan Provincial Natural Science Foundation of China)和项目批准号。

项目负责人(签字)：
年　月　日

我单位同意承担上述湖南省自然科学基金项目，将保证项目负责人及其研究队伍的稳定和研究项目实施所需的条件，并按规定给予配套经费。严格遵守湖南省自然科学基金委员会与有关资助项目管理、财务等各项规定，并督促实施。

依托单位(盖章)：
年　月　日

七、项目签批审核情况

本栏目由基金办填写

基金办审查意见：

单位(盖章)：
年　月　日

4

八、合同条款

第一条　根据湘　字(　)　号文，甲方委托乙方承担湖南省自然科学基金资助项目＿＿＿＿＿＿＿课题，本年度无偿资助＿＿＿万元。乙方愿出配套资金＿＿＿万元。

第二条　乙方同意接受该研究课题，并按本合同的研究内容和计划进度等组织实施。项目与经费的管理严格按照《湖南省自然科学基金项目管理办法》有关规定执行，如有违反，无条件接受甲方处理。

第三条　乙方应努力创造多种有利条件，对课题承担者的工作给予大力支持，给予资金配套支持，使该课题能按计划完成。

第四条　乙方承担上述课题的研究成果若转让或技术转移而取得经济利益，甲方视情况可从乙方取得的经济利益中提取10%作为省自然科学基金的发展基金。

本合同一式四份，存甲方二份，乙方二份，经签字、盖章后即生效。

签订合同单位：

甲方：湖南省自然科学基金委员会　　　　　　　　　　　　　　(盖章)

负责人：　　　　　　　　　　　　　　　　　　　　　　　　　(签字)

代　　表：　　　　　　　　　　　　　　　　　　　　　　　　(签字)

开户银行：

账　　号：

乙方：　　　　　　　　　　　　　　　　　　　　　　　　　　(盖章)

科技主管：　　　　　　　　　　　　　　　　　　　　　　　　(签字)

项目负责人：　　　　　　　　　　　　　　　　　　　　　　　(签字)

开户银行：

账　　号：

二00　年　月　日

5

【附件9】

项目编号	
所属学科	

湖南省自然科学省市联合基金
项 目 合 同 书

项 目 名 称：________________

执 行 年 限：________________

资助总金额：________本年资助金额：________

项目依托单位(乙方)：________________

联合资助单位(丙方)：________________

项目负责人：________________

通 讯 地 址：________ 邮　编：________

联　系　人：________ 电　话：________

填 报 日 期：________________

湖南省自然科学基金委员会
二〇〇九年制

1

填 报 说 明

一、本《项目合同书》是项目计划执行和检查、评价的依据。

二、项目负责人每年均应按规定向省自然科学基金委员会汇报研究工作进展、取得成果、学术交流和国际合作等情况。

三、项目计划执行期间所取得的有关研究成果、专著、论文、研究报告、总结、评价书及成果报道，均须标注“湖南省自然科学基金委员会与＊＊＊政府自然科学联合基金资助”和项目批准号。

四、项目合同书内容参照项目申请书，表达要明确、严谨，字迹要清晰，外来词语同时用原文和中文表达(合同书统一用A4纸张，复印件用A4复印纸，于左侧装订成册)。

五、项目组中具有高级专业技术职务的主要成员未经省基金办批准，不得自行调整。

六、表格中内容较多的，请自行添加附页。

2

一、项目研究背景及意义(包括国内外研究现状、项目研究的意义)

二、研究内容与研究方案：

三、研究进度安排及预期目标(包括总体进度及目标、年度进度及目标)

四、研究团队情况(主要研究人员及研究条件情况)

五、研究项目组成员

姓名	性别	年龄	职称	专长	工作单位	分工	工作月数	签字

六、经费开支预算计划：　总计　　　万元

支出科目	金额(万元)	用途说明
①研究经费		
其中：科研业务费		
实验材料费		
仪器设备费		
实验室改装费		
②国际合作与交流费		
③劳务费		
④管理费		
⑤其他		

3

七、项目负责人与依托单位承诺

我与项目组成员将严格遵守湖南省自然科学基金委员会关于资助项目管理、财务等各项规定，切实保证研究工作时间，按计划认真开展研究工作，按时报送有关资料，及时报告重大情况变动，对资助项目的研究成果，包括专著、论文、软件、数据库、专利以及成果报道等，均标注“湖南省自然科学基金资助项目”(英文：Supported by Hunan Provincial Natural Science Foundation of China)和项目批准号。联合资助项目的研究成果同时标注联合资助单位名称。

项目负责人(签字)：

年　月　日

我单位同意承担上述湖南省自然科学基金项目，将保证项目负责人及其研究队伍的稳定和研究项目实施所需的条件，并按规定给予配套经费。严格遵守湖南省自然科学基金委员会与有关资助项目管理、财务等各项规定，并督促实施。

依托单位(盖章)：

年　月　日

八、项目签批审核情况(本栏目由基金办填写)

基金办审查意见：

(单位盖章)

年　月　日

4

九、合同条款

第一条　根据湘　字(　)　号文,甲方委托乙方承担湖南省自然科学基金资助项目____________课题,无偿资助_____万元。乙方愿出配套资金_____万元。

第二条　丙方同意按____________规定,无偿资助______万元,并保证按计划下达研究经费。(如有需要,可另订附加条款)

第三条　乙方同意接受该研究课题,并按本合同的研究内容和计划进度等组织实施。项目与经费的管理严格按照《湖南省自然科学基金项目管理办法》有关规定执行,如有违反,无条件接受甲方处理。

第四条　乙方应努力创造多种有利条件,对课题承担者的工作给予大力支持,给予资金配套支持,使该课题能按计划完成。

第五条　乙方承担上述课题的研究成果若转让或技术转移而取得经济利益,甲方视情况可从乙方取得的经济利益中提取10%作为省自然科学基金的发展基金。

本合同一式五份,存甲方二份,乙方二份,丙方一份,经签字、盖章后即生效。

签订合同单位:

甲方:湖南省自然科学基金委员会　(盖章)
负责人:　(签字)
代　　表:　(签字)
开户银行:
账　　号:
乙方:　(盖章)
科技主管:　(签字)
项目负责人:　(签字)
开户银行:
账　　号:
丙方:　(盖章)
负责人:　(签字)
代　　表:　(签字)
开户银行:
账　　号:

二00　年　月　日

5

【附件10】

项目编号	
所属学科	

湖南省自然科学省市联合基金
滚动项目合同书

项目名称：________________
执行年限：________________
资助总金额：________本年资助金额：________
项目依托单位(乙方)：________________
联合资助单位(丙方)：________________
项目负责人：________________
通讯地址：________ 邮　编：________
联　系　人：________ 电　话：________
填报日期：________________

湖南省自然科学基金委员会
二○○九年制

1

填报说明

一、本《滚动项目合同书》是项目计划执行和检查、评价、拨款的依据。

二、项目负责人每年均应按规定向省自然科学基金委员会汇报研究工作进展、取得成果、学术交流和国际合作等情况。

三、项目计划执行期间所取得的有关研究成果、专著、论文、研究报告、总结、评价书及成果报道，均须标注"湖南省自然科学基金委员会与＊＊＊政府自然科学联合基金资助"和项目批准号。

四、项目合同书内容参照项目申请书与年度进展报告，表达要明确、严谨，字迹要清晰，外来词语同时用原文和中文表达(合同书统一用A4纸张，复印件用A4复印纸，于左侧装订成册)。

五、项目组中具有高级专业技术职务的主要成员未经省基金办批准，不得自行调整。

六、表格中内容较多的，请自行添加附页。

2

一、本年度研究内容与研究方案：

二、上年度研究工作主要进展和阶段性主要成果

三、本年度研究进度安排及预期目标(包括总体进度及目标、年度进度及目标)

四、经费已支出情况：　总计　　万元

支出科目	金额(万元)	用途说明
①研究经费		
其中：科研业务费		
实验材料费		
仪器设备费		
实验室改装费		
②国际合作与交流费		
③劳务费		
④管理费		
⑤其他		

五、本年度经费开支预算计划：　总计　　万元

支出科目	金额(万元)	用途说明
①研究经费		
其中：科研业务费		
实验材料费		
仪器设备费		
实验室改装费		
②国际合作与交流费		
③劳务费		
④管理费		
⑤其他		

3

六、项目负责人与依托单位承诺

我与项目组成员将严格遵守湖南省自然科学基金委员会关于资助项目管理、财务等各项规定，切实保证研究工作时间，按计划认真开展研究工作，按时报送有关资料，及时报告重大情况变动，对资助项目的研究成果，包括专著、论文、软件、数据库、专利以及成果报道等，均标注"湖南省自然科学基金资助项目"(英文：Supported by Hunan Provincial Natural Science Foundation of China)和项目批准号。联合资助项目的研究成果同时标注联合资助单位名称。

项目负责人(签字)：
年　月　日

我单位同意承担上述湖南省自然科学基金项目，将保证项目负责人及其研究队伍的稳定和研究项目实施所需的条件，并按规定给予配套经费。严格遵守湖南省自然科学基金委员会与有关资助项目管理、财务等各项规定，并督促实施。

依托单位(盖章)：
年　月　日

七、项目签批审核情况

本栏目由基金办填写	基金办审查意见： 单位(盖章)： 年　月　日

4

八、合同条款

第一条 根据湘 字( ) 号文,甲方委托乙方承担湖南省自然科学基金资助项目____________课题,无偿资助_____万元。乙方愿出配套资金_____万元。

第二条 丙方同意按____________规定,无偿资助_____万元,并保证按计划下达研究经费。(如有需要,可另订附加条款)

第三条 乙方同意接受该研究课题,并按本合同的研究内容和计划进度等组织实施。项目与经费的管理严格按照《湖南省自然科学基金项目管理办法》有关规定执行,如有违反,无条件接受甲方处理。

第四条 乙方应努力创造多种有利条件,对课题承担者的工作给予大力支持,给予资金配套支持,使该课题能按计划完成。

第五条 乙方承担上述课题的研究成果若转让或技术转移而取得经济利益,甲方视情况可从乙方取得的经济利益中提取10%作为省自然科学基金的发展基金。

本合同一式五份,存甲方二份,乙方二份,丙方一份,经签字,盖章后即生效。

签订合同单位:

甲方:湖南省自然科学基金委员会 (盖章)

负责人: (签字)

代　　表: (签字)

开户银行:

账　　号:

乙方: (盖章)

科技主管: (签字)

项目负责人: (签字)

开户银行:

账　　号:

丙方: (盖章)

负责人: (签字)

代　　表: (签字)

开户银行:

账　　号:

二０　年　月　日

5

【附件 11】

湖南省自然科学基金项目年度进展报告

（　　年度）

项目编号：＿＿＿＿＿＿＿＿＿＿＿＿＿＿＿＿

项目名称：＿＿＿＿＿＿＿＿＿＿＿＿＿＿＿＿

项目负责人：＿＿＿＿＿＿＿＿＿＿＿＿＿＿＿

依托单位：＿＿＿＿＿＿＿＿＿＿＿＿＿＿＿＿

邮政编码：＿＿＿＿＿＿＿＿＿＿＿＿＿＿＿＿

通讯地址：＿＿＿＿＿＿＿＿＿＿＿＿＿＿＿＿

电　　话：＿＿＿＿＿＿＿＿＿＿＿＿＿＿＿＿

传　　真：＿＿＿＿＿＿＿＿＿＿＿＿＿＿＿＿

电子邮箱：＿＿＿＿＿＿＿＿＿＿＿＿＿＿＿＿

资助金额：＿＿＿＿＿＿＿＿＿＿＿＿＿＿＿＿

累计拨款金额：＿＿＿＿＿＿＿＿＿＿＿＿＿＿

起止年月：＿＿＿＿＿＿＿＿＿＿＿＿＿＿＿＿

湖南省自然科学基金委员会

二〇〇九年制

1

请按照下列提纲填报（可根据需要另加页）：

一、研究工作主要进展和阶段性主要成果（附主要研究成果有关材料复印件）。

二、完成情况自我评价

A. 取得突破性结果　　B. 进展和质量均优

C. 基本按计划进行　　D. 完成计划不好

三、根据国内外研究新发展及项目进展情况对哪些研究内容作了必要调整和变动。

填表说明：尚未结束研究工作的项目负责人均需填报此表，由所在单位于次年1月1日前报送湖南省自然科学基金委员会办公室一份。当年结束项目只填报《结题报告》。

四、哪些研究内容未能按计划完成，原因何在；如果没有按期结题，计划何时结题。

五、存在问题、建议及需要说明的情况。

项目负责人（签字）：

年　月　日

2

依托单位科研管理部门审查意见：

（单位盖章）

年　月　日

基金办审核意见：

（单位盖章）

年　月　日

3

湖南省自然科学基金项目经费收支（20　）年度报表

拨款计划	资助总额	万元	资助项目起止年月	年　月～　年　月		
	第一年度（200　年）	万元	第二年（200　年）	万元	第三年度（200　年）	万元

基金经费拨入数：本年度拨入＿＿＿万元；累计拨入＿＿＿万元

基金经费支出数：本年度支出＿＿＿万元；累计支出＿＿＿万元

支出科目	本年度支出	累计支出	支出内容及计算依据
1. 研究经费：	＿＿＿万元	＿＿＿万元	
2. 国际合作与交流费：	＿＿＿万元	＿＿＿万元	
3. 劳务费：	＿＿＿万元	＿＿＿万元	
4. 管理费：	＿＿＿万元	＿＿＿万元	
5. 其他：	＿＿＿万元	＿＿＿万元	

年终经费结存：＿＿＿万元

自筹与其他来源经费：累计拨入＿＿＿万元；累计支出＿＿＿万元

支出主要内容说明：

项目负责人（签字）：　　　单位财务部门（盖章）：

4

【附件 12】

湖南省自然科学创新研究群体基金项目年度进展报告

资助期限:　　年　月至　　年　月

项目编号:________________

学术带头人:________________

单位名称:________________

通讯地址:________________

邮政编码:________ 联系电话:________

报送日期:________________

湖南省自然科学基金委员会
二〇〇九年制

1

说　明

一、创新研究群体应按要求撰写《湖南省自然科学创新研究群体基金项目年度进展报告》(简称《年度进展报告》),一式两份,经依托单位审查后报省基金办。本《年度进度报告》为年度考核和验收的重要依据,于每年年初和项目结题时提交。

二、《年度进展报告》用 A4 纸打印,标明页码,于左侧装订。

2

研究方向	中文		是否申请延续	
	英文			

请按下列提纲撰写《年度进展报告》:

1. 研究群体科学目标的实现情况;
2. 本年度(或三年来)取得的创新性成绩或实质性进展;
3. 研究队伍的建设与团队的合作情况;
4. 实地考核过程中专家的意见和建议落实情况
5. 创新研究群体基金项目实施过程中的经验和不足;
6. 如申请延续资助,拟开展的工作及奋斗目标。

(上述第一、第二、第六项应附英文摘要)(可加页)

3

创新研究群体成员情况(如有人员变动应予说明)	总人数	高级	中级	初级	博士后	博士生	硕士生
	姓名	学位	专业技术职务	专业	对年度进展报告的意见	签字	

依托单位审核意见:

(单位盖章)

年　月　日

4

【附件13】

湖南省自然科学省市联合基金
项目年度进展报告

（　　年度）

项 目 编 号：
项 目 名 称：
联合资助单位：
项目负责人：
依 托 单 位：
邮 政 编 码：
通 讯 地 址：
电　　　话：
传　　　真：
电 子 邮 箱：
资 助 金 额：
累计拨款金额：
起 止 年 月：

湖南省自然科学基金委员会
二〇〇九年制

1

请按照下列提纲填报（可根据需要另加页）：

一、研究工作主要进展和阶段性主要成果（附主要研究成果有关材料复印件）。

二、完成情况自我评价

A. 取得突破性结果　　B. 进展和质量均优

C. 基本按计划进行　　D. 完成计划不好

三、根据国内外研究新发展及项目进展情况对哪些研究内容作了必要调整和变动。

填表说明：尚未结束研究工作的项目负责人均需填报此表，由所在单位于次年1月1日前报送湖南省自然科学基金委员会办公室一份。当年结束项目只填报《结题报告》。

四、哪些研究内容未能按计划完成，原因何在；如果没有按期结题，计划何时结题。

五、存在问题、建议及需要说明的情况。

项目负责人（签字）：
年　月　日

2

依托单位科研管理部门审查意见：

（单位盖章）
年　月　日

市州科技局审核意见：

（单位盖章）
年　月　日

基金办审核意见：

（单位盖章）
年　月　日

3

湖南省自然科学省市联合基金项目
经费收支（20　）年度报表

拨款计划	资助总额	万元		资助项目起止年月	年　月～　年　月	
	第一年度（200　年）	万元	第二年度（200　年）	万元	第三年度（200　年）	万元

基金经费拨入数：本年度拨入______万元；累计拨入______万元

基金经费支出数：本年度支出______万元；累计支出______万元

支出科目	本年度支出	累计支出	支出内容及计算依据
1. 研究经费：	______万元	______万元	
2. 国际合作与交流费：	______万元	______万元	
3. 劳务费：	______万元	______万元	
4. 管理费：	______万元	______万元	
5. 其他：	______万元	______万元	

年终经费结存：______万元

自筹与其他来源经费：累计拨入______万元；累计支出______万元

支出主要内容说明：

项目负责人（签字）：　　　　单位财务部门（盖章）：

4

【附件 14】

湖南省自然科学基金项目结题报告

项 目 编 号:________________

项 目 名 称:________________

资 助 金 额:________________

项目负责人:________________

依 托 单 位:________________

起 止 年 月:________________

通 讯 地 址:________________

邮 政 编 码:________________

电　　　话:________________

传　　　真:________________

电 子 邮 箱:________________

湖南省自然科学基金委员会

二〇〇九年制

1

表 1　湖南省自然科学基金项目结题简表

项目编号		项目名称					
项目负责人		专业技术职务		参加月数			
依托单位			代码	单位性质	A. 高等院校 B. 科研单位 C. 其他		
实际参加人数	高级	中级	初级	博士后	博士生	硕士生	
研究经费	资助总额	万元	研究期限	计划完成年月			
	实际支出金额	万元		实际完成年月			

结题方式:(项目在实施期间取得的成果符合下列条件之一者可结题,在符合条件的序号□中画"√")

1□,2□,3□,4□,5□,6□,7□,8□

1. 申请并授权了发明专利、实用新型专利(附专利证书复印件);
2. 获国家自然科学基金资助(附批准通知或项目计划书复印件);
3. 获国家973、863计划(含子课题),国家基础研究计划,国家攻关计划,省级重大项目计划资助(附批准通知或项目合同书复印件);
4. 在国内刊物发表的论文,其刊物的影响因子(刊物的学术水平和影响力)累计至少达到0.6(附刊物封面、目录、论文复印件);
5. 在国外刊物上发表论文至少1篇(附刊物封面、目录、论文复印件);
6. 在国内外刊物上发表论文被《SCI》、《EI》、《ISTP》收录至少1篇(附检索证明);
7. 撰写专著1部(附专著封面和目录复印件)。
8. 其他(未完成预期研究成果,说明原因,写出分析报告,可另加附页)。

2

表 2　湖南省自然科学基金项目完成情况表

项目批准号				
项目名称				
项目负责人				
项目组成员				
获国家自然科学基金资助	时间	基金号	资助金额	
获国家973、863计划(含子课题),国家基础研究计划,国家攻关计划,省级重大项目计划资助	时间	获何种计划	计划编号	资助金额
申请发明、实用新型专利	获准专利国别、类别及专利号			
研究成果情况	组织评议、鉴定单位及日期(附科学技术成果鉴定证明书复印件)		授奖单位、奖励名称、等级及日期(附科学技术奖励证书复印件)	
培养人才情况	博士		硕士	其他

3

表 3　湖南省自然科学基金项目完成论文、论著目录

主要作者	发表时间	论文、论著名称	论文:刊物名称及其影响因子,时间,卷(期),起止页码,被《SCI》、《EI》、《ISTP》收录及引用情况(含学术会议交流) 著作:时间,出版社,社址

表 4　项目成果汇总表

论文发表情况		影响因子	专利		专著	获国家级项目	经费	省部重点项目	经费	学术奖励	成果推广应用情况	论文收录情况			人才培养情况	
国外	国内		发明	实用								SCI	EI	ISTP	博士	硕士

4

5. 项目研究工作总结

研究工作总结是全面反映本项目研究工作的学术性总结报告。按下列提纲编写，要求简明扼要，实事求是，以学术内容为主，一般字数控制在3000字左右。如需要，可加页。

1. 主要内容及研究方法。

2. 主要研究成果，特别要说明主要的科学发现和创新之处，并列出具体内容和主要数据。

3. 研究成果的科学意义和应用前景（对于基础研究，着重阐明其科学意义和可能的应用方向；对于应用基础研究和高新技术的技术基础研究，着重阐明其比较具体的应用前景）；学术界的反映和引用；着重论述对湖南应用技术的研发可能做出的贡献；国际合作与交流的情况；转入其他科技计划的情况等。

4. 预期计划（如有变动，必须说明）的完成情况与存在的问题。

5. 下一步研究计划和打算。

项目负责人（签字）
年　月　日

5

6. 项目经费决算表

结题种类（正常、中止、撤销、提前结题）：　　单位：万元

批准经费

类　别	预算数	决算数	说　明
①研究经费			
其中：科研业务费			
实验材料费			
仪器设备费			
实验室改装费			
②国际合作与交流费			
③劳务费			
④管理费			
⑤其他			

说明：(1)经费支出按本表所列顺序填写，仪器设备费须逐项填报（单价万元以上的专用仪器设备应逐项填报名称、型号、规格及制造单位）。

(2)此表由项目负责人填报，报所在单位财务部门审核，审计部门审计签署意见。

(3)结题种类请在相应项下打"√"。

项目负责人：（签字）　　财务部门：（盖章）
年　月　日　　年　月　日

审计部门：（盖章）　　基金管理部门：（盖章）
年　月　日　　年　月　日

6

依托单位学术委员会对项目完成质量、学术水平的评价：

学术委员会负责人（签字）：
年　月　日

依托单位审核意见

（单位盖章）
年　月　日

合作单位审核意见

合作单位（盖章）
年　月　日

基金办审核意见

（单位盖章）
年　月　日

综合评价	特优		优		良		一般	

7

结题注意事项

1. 项目结题前，项目主持人在湖南省自然科学基金网站上下载"湖南省自然科学基金资助项目结题报告"新版本，按要求填写结题报告。
2. 结题手续的办理必须在每年项目申报前，申报期间不受理结题手续的办理。
3. 所有成果的附件材料，单位科技处应核对原件，在复印件上注明"原件已核"并加盖单位公章。
4. 出版的专著和发表的文章均应标注"湖南省自然科学基金资助"，没有标注的，不能作为此项目结题成果。并请在标注处用彩色笔作好醒目提示。
5. 没有正式发表的文章不能作为结题成果。
6. 国内期刊的影响因子请在湖南省自然科学基金网站上核实准确。
7. 发表的文章（应已标注）被三大检索收录的须提供由科技部或教育部授权的科技查新检索机构出具的核心版本收录证明。
8. 项目依托单位上报结题材料时，请同时作好汇总（参考结题报告的附表四）。
9. 项目依托单位应做好初审工作，不符合结题条件的材料恕不受理。

8

【附件15】

湖南省自然科学省市联合基金
一般项目结题报告

项 目 编 号：________________

项 目 名 称：________________

联合资助单位：________________

资 助 金 额：________________

项目负责人：________________

依 托 单 位：________________

起 止 年 月：________________

通 讯 地 址：________________

邮 政 编 码：________________

电　　　话：________________

电 子 邮 箱：________________

湖南省自然科学基金委员会

二〇〇九年制

1

一、基本情况

项目编号		项目名称					
项目负责人		专业技术职务			参加月数		
依托单位			代码		单位性质	A. 高等院校 B. 科研单位 C. 其他	
实际参加人数	高级	中级	初级		博士后	博士生	硕士生
研究经费	资助总额	万元	研究期限		计划完成年月		
	实际支出金额	万元			实际完成年月		

二、研究工作总结：

1. 研究主要内容及合同执行情况。（叙述项目研究的主要内容并对照项目立项合同列表阐述研究内容的完成情况；是否按计划进行，哪些内容作了必要的调整和变动，哪些研究内容未按计划进行，原因何在。）
2. 项目创新点和所取得的成果。（描述项目在其研究领域的创新之处，如新学术思想、新理论、新技术和研究手段等；介绍代表性研究成果及水平，重点论述成果应用对行业技术及地方经济发展的影响力和作用。）

2

表1 项目主要成员名单

序号	姓名	年龄	文化程度	所学专业	职务/职称	工作单位	对项目的创造性贡献

3

表2 项目成果目录

项目执行期内获国家自然科学基金资助情况	时间	计划类别	项目编号	资助额
项目执行期内获国家973、863计划（含子课题），国家基础研究计划，国家攻关计划，省部级重大或重点项目计划资助情况	时间	计划类别	项目编号	资助额
组织或参与国内外学术活动情况				
序号	活动主题	内容	时间	地点
1				
2				
3				
4				
…				
专利情况	国内	实用新型____项	申请____项	授权____项
		发　明____项	申请____项	授权____项
	国外	实用新型____项	申请____项	授权____项
		发　明____项	申请____项	授权____项

4

获奖情况	国际	项数：	名称：				
	国家级	项数：	名称：				
	省部级	项数：	名称：				
其他成果	软件/数据库			图表/图集			
	新仪器/新方法			其他			
成果推广应用情况							
人才培养情况		博士后		博士		硕士	
	攻读学位	在站	出站	在读	毕业	在读	毕业
	中青年学术带头人	35岁以下		35～40岁		40～45岁	
	晋升职称	正高____人　副高____人　中级____人					

5

论文、论著名称	主要作者	发表时间	论文：列出刊物名称及其影响因子，时间，卷（期），起止页码，被《SCI》、《EI》、《ISTP》收录及引用情况（含学术会议交流）；著作：列出出版社名称。

表3　项目成果汇总表

论文发表情况		影响因子	专利		专著	获国家级项目	经费	省部重点项目	经费	学术奖励	成果推广应用情况	论文收录情况			人才培养情况	
国外	国内		发明	实用								SCI	EI	ISTP	博士	硕士

6

三、项目经费决算表

结题种类（正常、中止、撤销、提前结题）：　　　　单位：万元

批准经费			
类　别	预算数	决算数	说　明
①研究经费			
其中：科研业务费			
实验材料费			
仪器设备费			
实验室改装费			
②国际合作与交流费			
③劳务费			
④管理费			
⑤其他			

项目负责人：（签字）　　　　财务部门：（盖章）
年　月　日　　　　年　月　日

审计部门：（盖章）　　　　基金管理部门：（盖章）
年　月　日　　　　年　月　日

说明：（1）经费支出按本表所列顺序填写，仪器设备费须逐项填报（单价万元以上的专用仪器设备应逐项填报名称、型号、规格及制造单位）。

（2）此表由项目负责人填报，报所在单位财务部门审核，审计部门审计签署意见。

（3）结题种类请在相应项下打"√"。

7

依托单位学术委员会对项目完成质量、学术水平的评价：

学术委员会负责人（签字）：
年　月　日

依托单位审核意见

（单位盖章）
年　月　日

合作单位审核意见

合作单位（盖章）
年　月　日

基金办审核意见

（单位盖章）
年　月　日

综合评价	特优		优		良		一般

8

【附件16】

湖南省自然科学基金
（重点/杰青）项目验收评议报告

项 目 编 号：______________________

项 目 名 称：______________________

资 助 金 额：______________________

项目负责人：______________________

依 托 单 位：______________________

起 止 年 月：______________________

通 讯 地 址：______________________

邮 政 编 码：______________________

电　　　话：______________________

传　　　真：______________________

电 子 邮 箱：______________________

湖南省自然科学基金委员会

二〇〇九年制

1

填 表 说 明

1. 本报告是湖南省自然科学基金项目课题实施完成后的全面回顾与总结。项目负责人须认真填写，填写内容必须真实、准确、齐全。
2. 项目编号与省自然科学基金项目合同书项目编号相同。
3. 填入表中的各项内容和数据，必须是省自然科学基金项目研究所取得的结果。
4. 所填研究成果均须附复印件。

2

一、基本情况

项目编号		项目名称				
项目负责人		专业技术职务				
依托单位			单位性质	A. 高等院校 B. 科研单位 C. 其他		
项目成员结构(人)	学历	博士后	博士	硕士	本科	其他
	职称	正高级	副高级	中级	初级	其他
研究期限	计划完成年月			实际完成年月		

二、研究工作总结：

1. 项目研究的背景及意义。

2. 研究主要内容及合同执行情况。（叙述项目研究的主要内容并对照项目立项合同列表阐述研究内容的完成情况；是否按计划进行，哪些内容做了必要的调整和变动，哪些研究内容未按计划进行，原因何在。）

3. 项目创新点和所取得的成果。（描述项目在其研究领域的创新之处，如新学术思想、新理论、新技术和研究手段等；介绍代表性研究成果，说明其水平和影响，并简要阐述其科学意义及应用情况。）

3

表1 项目主要成员名单

序号	姓名	年龄	文化程度	所学专业	职务/职称	工作单位	对项目的创造性贡献

4

表 2 项目成果目录

项目执行期内获国家自然科学基金资助情况	时间	计划类别	项目编号	资助额
项目执行期内获国家 973、863 计划（含子课题），国家基础研究计划，国家攻关计划，省部级重大或重点项目计划资助情况	时间	计划类别	项目编号	资助额

组织或参与国内外学术活动情况

序号	活动主题	内容	时间	地点
1				
2				
3				
4				
…				

专利情况		
专利情况	国内	实用新型______项 申请______项 授权______项
		发 明______项 申请______项 授权______项
	国外	实用新型______项 申请______项 授权______项
		发 明______项 申请______项 授权______项

5

获奖情况			
获奖情况	国际	项数：	名称：
	国家级	项数：	名称：
	省部级	项数：	名称：

其他成果				
其他成果	软件/数据库		图表/图集	
	新仪器/新方法		其他	
成果推广应用情况				

人才培养情况							
攻读学位	博士后		博士		硕士		
	在站	出站	在读	毕业	在读	毕业	
中青年学术带头人	35 岁以下		35～40 岁		40～45 岁		
晋升职称	正高______人 副高______人 中级______人						

6

论文、论著名称	主要作者	发表时间	论文：列出刊物名称及其影响因子，时间，卷（期），起止页码，被《SCI》、《EI》、《ISTP》收录及引用情况（含学术会议交流）；著作：列出出版社名称。

表 3 项目成果汇总表

论文发表情况		影响因子	专利		专著	获国家级项目	经费	省部重点项目	经费	学术奖励	成果推广应用情况	论文收录情况			人才培养情况	
国外	国内		发明	实用								SCI	EI	ISTP	博士	硕士

7

三、项目经费决算表

结题种类（正常、中止、撤销、提前结题）： 单位：万元

批准经费			
类 别	预算数	决算数	说 明
①研究经费			
其中：科研业务费			
实验材料费			
仪器设备费			
实验室改装费			
②国际合作与交流费			
③劳务费			
④管理费			
⑤其他			

项目负责人：（签字） 财务部门：（盖章）
年 月 日 年 月 日

审计部门：（盖章） 基金管理部门：（盖章）
年 月 日 年 月 日

说明：（1）经费支出按本表所列顺序填写，仪器设备费须逐项填报（单价万元以上的专用仪器设备应逐项填报名称、型号、规格及制造单位）。

（2）此表由项目负责人填报，报所在单位财务部门审核，审计部门审计签署意见。

（3）结题种类请在相应项下打"√"。

8

四、依托单位对课题研究进展和完成情况、学术水平的评价

单位负责人签字：　　　　　　单位盖章： 年　月　日　　　　　　年　月　日

五、专家评审意见

评审意见（包括项目的完成情况、科学意义、研究水平与创新性、人才培养、成果应用前景，尤其是对湖南省经济建设和社会发展可能做出的贡献，存在问题与建议等） 专家组组长签字： 年　月　日

9

表4　项目验收专家名单

序号	验收会职务	姓名	工作单位	所学专业	现从事专业	职务/职称	签名

10

表5　湖南省自然科学基金项目完成情况评议表

项目编号：　　　　　项目名称：

评议地点：

评议内容	评议标准	分值
1. 目标实现度	1. 完全实现目标（20～18分） 2. 基本实现目标（16～12分） 3. 部分实现目标（10～0分）	
2. 主要成果水平	1. 国际领先水平（20～18分） 2. 国际水平或国内领先水平（16～12分） 3. 国内先进水平（10～0分）	
3. 成果应用前景	1. 具有重大应用前景（20～18分） 2. 具有较大应用前景（16～12分） 3. 具有一定应用前景（10～0分）	
4. 人才培养	1. 培养3名以上博（硕）士毕业（20～18分） 2. 培养1名以上博（硕）士毕业（16～12分） 3. 没有培养博（硕）士毕业（10～0分）	
5. 经费使用情况	1. 按计划合理使用（20～18分） 2. 按计划比较合理的使用（16～12分） 3. 使用不合理使用（10～0分）	
★额外加分	请评审专家根据项目完成情况（超额或获奖）给予额外加分	
总　分		
★综合定性评价	特优，优，良，中，差	

注：①额外加分主要指超额完成预定计划、目标，获得不同级别奖励等；

②综合定性评价指对项目完成情况的总评价，同时参考各个指标评议，并考虑加分情况：特优 >100分；优：100～85分；良：84～75分；中：74～60分；差：<60分。

评议人签字：＿＿＿＿＿＿

评议时间：　年　月　日

11

六、湖南省自然科学基金委员会办公室意见

负责人签名：　　　　　　单位盖章： 年　月　日

12

【附件17】

湖南省自然科学
创新研究群体基金项目验收评议报告

项 目 编 号：________________

项 目 名 称：________________

资 助 金 额：________________

项目负责人：________________

依 托 单 位：________________

起 止 年 月：________________

通 讯 地 址：________________

邮 政 编 码：________________

电　　　话：________________

传　　　真：________________

电 子 邮 箱：________________

湖南省自然科学基金委员会

二〇〇九年制

1

填 表 说 明

1. 本报告是湖南省自然科学基金项目课题实施完成后的全面回顾与总结。项目负责人须认真填写，填写内容必须真实、准确、齐全。
2. 项目编号与省自然科学基金项目合同书项目编号相同。
3. 填入表中的各项内容和数据，必须是省自然科学基金项目研究所取得的结果。
4. 所填研究成果均须附复印件。

2

一、基本情况

项目编号		项目名称				
项目负责人		专业技术职务				
依托单位			单位性质	A. 高等院校 B. 科研单位 C. 其他		
项目成员结构(人)	学历	博士后	博士	硕士	本科	其他
	职称	正高级	副高级	中级	初级	其他
研究期限	计划完成年月		实际完成年月			

二、研究工作总结：

1. 项目研究的背景及意义。
2. 研究主要内容及合同执行情况。(叙述项目研究的主要内容并对照项目立项合同列表阐述研究内容的完成情况；是否按计划进行，哪些内容做了必要的调整和变动，哪些研究内容未按计划进行，原因何在。)
3. 项目创新点和所取得的成果。(描述项目在其研究领域的创新之处，如新学术思想、新理论、新技术和研究手段等；介绍代表性研究成果，说明其水平和影响，并简要阐述其科学意义及应用情况。)

3

表1　项目主要成员名单

序号	姓名	年龄	文化程度	所学专业	职务/职称	工作单位	对项目的创造性贡献

4

表 2 项目成果目录

项目执行期内获国家自然科学基金资助情况	时间	计划类别	项目编号	资助额
项目执行期内获国家973、863计划(含子课题),国家基础研究计划,国家攻关计划,省部级重大或重点项目计划资助情况	时间	计划类别	项目编号	资助额

组织或参与国内外学术活动情况

序号	活动主题	内容	时间	地点
1				
2				
3				
4				
…				

专利情况				
专利情况	国内	实用新型____项	申请____项	授权____项
		发　明____项	申请____项	授权____项
	国外	实用新型____项	申请____项	授权____项
		发　明____项	申请____项	授权____项

5

获奖情况	国际	项数:	名称:			
	国家级	项数:	名称:			
	省部级	项数:	名称:			
其他成果	软件/数据库			图表/图集		
	新仪器/新方法			其他		
成果推广应用情况						
人才培养情况	攻读学位	博士后		博士		硕士	
		在站	出站	在读	毕业	在读	毕业
	中青年学术带头人	35岁以下		35～40岁		40～45岁	
	晋升职称	正高____人	副高____人	中级____人			

6

论文、论著名称	主要作者	发表时间	论文:列出刊物名称及其影响因子,时间,卷(期),起止页码,被《SCI》、《EI》、《ISTP》收录及引用情况(含学术会议交流);著作:列出出版社名称。

表 3 项目成果汇总表

论文发表情况		影响因子	专利		专著	获国家级项目	经费	省部重点项目	经费	学术奖励	成果推广应用情况	论文收录情况			人才培养情况	
国外	国内		发明	实用								SCI	EI	ISTP	博士	硕士

7

三、项目经费决算表

结题种类(正常、中止、撤销、提前结题):			单位:万元
批准经费			
类　别	预算数	决算数	说　明
①研究经费			
其中:科研业务费			
实验材料费			
仪器设备费			
实验室改装费			
②国际合作与交流费			
③劳务费			
④管理费			
⑤其他			

项目负责人:(签字)　　　　财务部门:(盖章)
年　月　日　　　　年　月　日

审计部门:(盖章)　　　　基金管理部门:(盖章)
年　月　日　　　　年　月　日

说明:(1)经费支出按本表所列顺序填写,仪器设备费须逐项填报(单价万元以上的专用仪器设备应逐项填报名称、型号、规格及制造单位)。

(2)此表由项目负责人填报,报所在单位财务部门审核,审计部门审计签署意见。

(3)结题种类请在相应项下打"√"。

8

四、依托单位对课题研究进展和完成情况、学术水平的评价

单位负责人签字：　　　　　　　　单位盖章： 年　月　日　　　　　　　　　　年　月　日

五、专家评审意见

评审意见（包括项目的完成情况、科学意义、研究水平与创新性、人才培养、成果应用前景，尤其是对湖南省经济建设和社会发展可能做出的贡献，存在问题与建议等） 专家组组长签字： 年　月　日

9

表4　项目验收专家名单

序号	验收会职务	姓名	工作单位	所学专业	现从事专业	职务/职称	签名

10

表5　湖南省自然科学基金项目完成情况评议表

项目编号：　　　　　　项目名称：

评议地点：

评议内容	评议标准	分值
1. 目标实现度	1. 完全实现目标（20～18分） 2. 基本实现目标（16～12分） 3. 部分实现目标（10～0分）	
2. 主要成果水平	1. 国际领先水平（20～18分） 2. 国际水平或国内领先水平（16～12分） 3. 国内先进水平（10～0分）	
3. 成果应用前景	1. 具有重大应用前景（20～18分） 2. 具有较大应用前景（16～12分） 3. 具有一定应用前景（10～0分）	
4. 人才培养	1. 培养3名以上博（硕）士毕业（20～18分） 2. 培养1名以上博（硕）士毕业（16～12分） 3. 没有培养博（硕）士毕业（10～0分）	
5. 经费使用情况	1. 按计划合理使用（20～18分） 2. 按计划比较合理的使用（16～12分） 3. 使用不合理使用（10～0分）	
★额外加分	请评审专家根据项目完成情况（超额或获奖）给予额外加分	
总　分		
★综合定性评价	特优，优，良，中，差	

注：①额外加分主要指超额完成预定计划、目标，获得不同级别奖励等；

②综合定性评价指对项目完成情况的总评价，同时参考各个指标评议，并考虑加分情况：特优>100分；优：100～85分；良：84～75分；中：74～60分；差：<60分。

评议人签字：＿＿＿＿＿＿

评议时间：　年　月　日

11

六、湖南省自然科学基金委员会办公室意见

负责人签名：　　　　　　　　单位盖章： 年　月　日

12

【附件18】

湖南省自然科学省市联合基金
重点项目验收评议报告

项 目 编 号：______________________
项 目 名 称：______________________
资 助 金 额：______________________
项目负责人：______________________
依 托 单 位：______________________
起 止 年 月：______________________
通 讯 地 址：______________________
邮 政 编 码：______________________
电　　　话：______________________
传　　　真：______________________
电 子 邮 箱：______________________

湖南省自然科学基金委员会
二〇〇九年制

1

填 表 说 明

1. 本报告是湖南省自然科学基金项目课题实施完成后的全面回顾与总结。项目负责人须认真填写，填写内容必须真实、准确、齐全。
2. 项目编号与省自然科学基金项目合同书项目编号相同。
3. 填入表中的各项内容和数据，必须是省自然科学基金项目研究所取得的结果。
4. 所填研究成果均须附复印件。

2

一、基本情况

<table>
<tr><td>项目编号</td><td></td><td>项目名称</td><td colspan="5"></td></tr>
<tr><td>项目负责人</td><td></td><td>专业技术职务</td><td colspan="5"></td></tr>
<tr><td>依托单位</td><td colspan="2"></td><td>单位性质</td><td colspan="4">A. 高等院校
B. 科研单位
C. 其他</td></tr>
<tr><td rowspan="4">项目成员结构(人)</td><td rowspan="2">学历</td><td>博士后</td><td>博士</td><td>硕士</td><td>本科</td><td>其他</td><td></td></tr>
<tr><td></td><td></td><td></td><td></td><td></td><td></td></tr>
<tr><td rowspan="2">职称</td><td>正高级</td><td>副高级</td><td>中级</td><td>初级</td><td>其他</td><td></td></tr>
<tr><td></td><td></td><td></td><td></td><td></td><td></td></tr>
<tr><td>研究期限</td><td colspan="2">计划完成年月</td><td></td><td colspan="2">实际完成年月</td><td colspan="2"></td></tr>
</table>

二、研究工作总结：

1. 项目研究的背景及意义。

2. 研究主要内容及合同执行情况。（叙述项目研究的主要内容并对照项目立项合同列表阐述研究内容的完成情况；是否按计划进行，哪些内容做了必要的调整和变动，哪些研究内容未按计划进行，原因何在。）

3. 项目创新点和所取得的成果。（描述项目在其研究领域的创新之处，如新学术思想、新理论、新技术和研究手段等；介绍代表性研究成果，重点论述成果应用对行业技术及地方经济发展的影响力和作用。）

3

表1　项目主要成员名单

序号	姓名	年龄	文化程度	所学专业	职务/职称	工作单位	对项目的创造性贡献

4

表2　项目成果目录

<table>
<tr><td colspan="2">项目执行期内获
国家自然科学基金资助情况</td><td>时间</td><td>计划类别</td><td>项目编号</td><td colspan="2">资助额</td></tr>
<tr><td colspan="2"></td><td></td><td></td><td></td><td colspan="2"></td></tr>
<tr><td colspan="2" rowspan="6">项目执行期内获国家973、863计划(含子课题),国家基础研究计划,国家攻关计划,省部级重大或重点项目计划资助情况</td><td>时间</td><td>计划类别</td><td>项目编号</td><td colspan="2">资助额</td></tr>
<tr><td></td><td></td><td></td><td colspan="2"></td></tr>
<tr><td></td><td></td><td></td><td colspan="2"></td></tr>
<tr><td></td><td></td><td></td><td colspan="2"></td></tr>
<tr><td></td><td></td><td></td><td colspan="2"></td></tr>
<tr><td></td><td></td><td></td><td colspan="2"></td></tr>
<tr><td colspan="7">组织或参与国内外学术活动情况</td></tr>
<tr><td>序号</td><td>活动主题</td><td colspan="2">内容</td><td>时间</td><td colspan="2">地点</td></tr>
<tr><td>1</td><td></td><td colspan="2"></td><td></td><td colspan="2"></td></tr>
<tr><td>2</td><td></td><td colspan="2"></td><td></td><td colspan="2"></td></tr>
<tr><td>3</td><td></td><td colspan="2"></td><td></td><td colspan="2"></td></tr>
<tr><td>4</td><td></td><td colspan="2"></td><td></td><td colspan="2"></td></tr>
<tr><td>…</td><td></td><td colspan="2"></td><td></td><td colspan="2"></td></tr>
<tr><td colspan="2" rowspan="4">专利情况</td><td rowspan="2">国内</td><td>实用新型____项</td><td>申请____项</td><td colspan="2">授权____项</td></tr>
<tr><td>发　明____项</td><td>申请____项</td><td colspan="2">授权____项</td></tr>
<tr><td rowspan="2">国外</td><td>实用新型____项</td><td>申请____项</td><td colspan="2">授权____项</td></tr>
<tr><td>发　明____项</td><td>申请____项</td><td colspan="2">授权____项</td></tr>
</table>

5

<table>
<tr><td rowspan="3">获奖情况</td><td>国际</td><td colspan="6">项数：　　　　名称：</td></tr>
<tr><td>国家级</td><td colspan="6">项数：　　　　名称：</td></tr>
<tr><td>省部级</td><td colspan="6">项数：　　　　名称：</td></tr>
<tr><td rowspan="2">其他成果</td><td colspan="2">软件/数据库</td><td></td><td colspan="2">图表/图集</td><td></td></tr>
<tr><td colspan="2">新仪器/新方法</td><td></td><td colspan="2">其他</td><td></td></tr>
<tr><td>成果推广应用情况</td><td colspan="7"></td></tr>
<tr><td rowspan="6">人才培养情况</td><td rowspan="3">攻读学位</td><td colspan="2">博士后</td><td colspan="2">博士</td><td colspan="2">硕士</td></tr>
<tr><td>在站</td><td>出站</td><td>在读</td><td>毕业</td><td>在读</td><td>毕业</td></tr>
<tr><td></td><td></td><td></td><td></td><td></td><td></td></tr>
<tr><td rowspan="2">中青年
学术带头人</td><td colspan="2">35岁以下</td><td colspan="2">35~40岁</td><td colspan="2">40~45岁</td></tr>
<tr><td colspan="2"></td><td colspan="2"></td><td colspan="2"></td></tr>
<tr><td>晋升职称</td><td colspan="6">正高____人　　副高____人　　中级____人</td></tr>
</table>

6

论文、论著名称	主要作者	发表时间	论文:列出刊物名称及其影响因子,时间,卷(期),起止页码,被《SCI》、《EI》、《ISTP》收录及引用情况(含学术会议交流); 著作:列出出版社名称。

表3　项目成果汇总表

<table>
<tr><td colspan="2">论文发表情况</td><td rowspan="2">影响因子</td><td colspan="2">专利</td><td rowspan="2">专著</td><td rowspan="2">获国家级项目</td><td rowspan="2">经费</td><td rowspan="2">省部重点项目</td><td rowspan="2">经费</td><td rowspan="2">学术奖励</td><td rowspan="2">成果推广应用情况</td><td colspan="3">论文收录情况</td><td colspan="2">人才培养情况</td></tr>
<tr><td>国外</td><td>国内</td><td>发明</td><td>实用</td><td>SCI</td><td>EI</td><td>ISTP</td><td>博士</td><td>硕士</td></tr>
<tr><td></td><td></td><td></td><td></td><td></td><td></td><td></td><td></td><td></td><td></td><td></td><td></td><td></td><td></td><td></td><td></td><td></td></tr>
</table>

7

三、项目经费决算表

<table>
<tr><td colspan="3">结题种类(正常、中止、撤销、提前结题)：</td><td>单位:万元</td></tr>
<tr><td>批准经费
类　别</td><td>预算数</td><td>决算数</td><td>说　明</td></tr>
<tr><td>①研究经费</td><td></td><td></td><td></td></tr>
<tr><td>其中:科研业务费</td><td></td><td></td><td></td></tr>
<tr><td>实验材料费</td><td></td><td></td><td></td></tr>
<tr><td>仪器设备费</td><td></td><td></td><td></td></tr>
<tr><td>实验室改装费</td><td></td><td></td><td></td></tr>
<tr><td>②国际合作与交流费</td><td></td><td></td><td></td></tr>
<tr><td>③劳务费</td><td></td><td></td><td></td></tr>
<tr><td>④管理费</td><td></td><td></td><td></td></tr>
<tr><td>⑤其他</td><td></td><td></td><td></td></tr>
<tr><td></td><td></td><td></td><td></td></tr>
<tr><td></td><td></td><td></td><td></td></tr>
<tr><td colspan="4">项目负责人:(签字)　　　　　　　　财务部门:(盖章)
年　月　日　　　　　　　　　　　年　月　日</td></tr>
<tr><td colspan="4">审计部门:(盖章)　　　　　　　　基金管理部门:(盖章)
年　月　日　　　　　　　　　　　年　月　日</td></tr>
<tr><td colspan="4">说明:(1)经费支出按本表所列顺序填写,仪器设备费须逐项填报(单价万元以上的专用仪器设备应逐项填报名称、型号、规格及制造单位)。
(2)此表由项目负责人填报,报所在单位财务部门审核,审计部门审计签署意见。
(3)结题种类请在相应项下打"√"。</td></tr>
</table>

8

四、依托单位对课题研究进展和完成情况、学术水平的评价

单位负责人签字：　　　　　　单位盖章： 年　月　日　　　　　　　　年　月　日

五、专家评审意见

评审意见（包括项目的完成情况、科学意义、研究水平与创新性、人才培养、成果应用前景，尤其是对湖南省经济建设和社会发展可能做出的贡献，存在问题与建议等） 专家组组长签字： 年　月　日

9

表4　项目验收专家名单

序号	验收会职务	姓名	工作单位	所学专业	现从事专业	职务/职称	签名

10

表5　湖南省自然科学省市联合基金项目完成情况评议表

项目编号：　　　　　　项目名称：

评议地点：

评议内容	评议标准	分值
1. 目标实现度	1. 完全实现目标（20～18分） 2. 基本实现目标（16～12分） 3. 部分实现目标（10～0分）	
2. 主要成果水平	1. 国际领先水平（20～18分） 2. 国际水平或国内领先水平（16～12分） 3. 国内先进水平（10～0分）	
3. 成果应用前景	1. 具有重大应用前景（20～18分） 2. 具有较大应用前景（16～12分） 3. 具有一定应用前景（10～0分）	
4. 人才培养	1. 培养3名以上博（硕）士毕业（20～18分） 2. 培养1名以上博（硕）士毕业（16～12分） 3. 没有培养博（硕）士毕业（10～0分）	
5. 经费使用情况	1. 按计划合理使用（20～18分） 2. 按计划比较合理的使用（16～12分） 3. 使用不合理使用（10～0分）	
★额外加分	请评审专家根据项目完成情况（超额或获奖）给予额外加分	
总　分		
★综合定性评价	特优，优，良，中，差	

注：①额外加分主要指超额完成预定计划、目标，获得不同级别奖励等；
②综合定性评价指对项目完成情况的总评价，同时参考各个指标评议，并考虑加分情况：特优＞100分；优：100～85分；良：84～75分；中：74～60分；差：＜60分。

评议人签字：__________

评议时间：　年　月　日

11

六、湖南省自然科学基金委员会办公室意见

负责人签名：　　　　　　单位盖章： 年　月　日

12

【附件 19】

湖南省自然科学基金项目结题后追踪调查表

（20　年填制）

<table>
<tr><td>项目名称</td><td colspan="4"></td><td colspan="2">承担单位</td><td></td></tr>
<tr><td>基金类别</td><td colspan="6">1. 自然科学基金一般项目　5. 创新群体
2. 自然科学基金重点项目　6. 联合基金一般项目
3. 杰出青年基金　7. 联合基金重点项目
4. 青年基金　8. 其他</td><td></td></tr>
<tr><td rowspan="2">获奖情况（项数）</td><td>国家科技奖励</td><td colspan="2">省部级科技奖励</td><td colspan="4">其他奖励</td></tr>
<tr><td></td><td colspan="2"></td><td colspan="4"></td></tr>
<tr><td rowspan="2">专利情况</td><td>授权专利数</td><td colspan="2">授权发明专利数</td><td colspan="2">申请专利数</td><td colspan="2">申请发明专利数</td></tr>
<tr><td></td><td colspan="2"></td><td colspan="2"></td><td colspan="2"></td></tr>
<tr><td rowspan="2">论文著作数（第一作者）</td><td>SCI 收录</td><td>国内核心刊物</td><td>其他刊物</td><td>国外会议论文</td><td>国内会议论文</td><td colspan="2">学术专著</td></tr>
<tr><td></td><td></td><td></td><td></td><td></td><td colspan="2"></td></tr>
<tr><td>论文引用</td><td>国际同行引用次数</td><td colspan="2"></td><td colspan="2">国内同行引用次数</td><td colspan="2"></td></tr>
<tr><td rowspan="2">产业化与成果转化情况</td><td>已在湖南产业化项数</td><td colspan="2">项</td><td colspan="2">已转化成果数</td><td colspan="2">项</td></tr>
<tr><td>产业化的产值</td><td colspan="2">万元</td><td colspan="2">已转化成果效益</td><td colspan="2">万元</td></tr>
<tr><td rowspan="2">国内外合作与交流</td><td>举办国际会议</td><td>次</td><td>参加国际会议</td><td>次</td><td>国际合作研究</td><td colspan="2">项</td></tr>
<tr><td>举办国内会议</td><td>次</td><td>参加国内会议</td><td>次</td><td>国内合作研究</td><td colspan="2">项</td></tr>
<tr><td>人才培养</td><td colspan="7"></td></tr>
<tr><td>其他成果</td><td colspan="7"></td></tr>
</table>

1

第三部分

湖南省自然科学基金项目
典型申请书范例点评

杰出青年基金项目申请书范例点评：

湖南省自然科学杰出青年基金项目申请书

《ataxin-3 蛋白的苏素化修饰在 SCA3/MJD 转录抑制发生机制中的作用研究》

点评/唐北沙

唐北沙，男，中南大学湘雅医院主任医师，教授，博士生导师

说明：①因湖南省自然科学杰出青年基金项目的通讯评审不是盲审，所以申请书中可出现申请者及其单位的相关信息，特此说明。

②所有点评的申请书范例均为2006年制，其中某些内容与2009年新版申请书略有不同，特此说明。

申报学科	学科代码		项目编号
神经病学 医学遗传学	C030307	C011005	

湖南省杰出青年科学基金

申　请　书

项目名称：ataxin-3 蛋白的苏素化修饰在 SCA3/MJD 转录抑制发生机制中的作用研究

申 请 者：×××

所在单位：×××

邮政编码：×××

通讯地址：×××

E - mail：×××

电　　话：×××

传　　真：×××

申请日期：2006 年 12 月 12 日

湖南省自然科学基金委员会

二〇〇六年制

填写要求

一、简表内容必须逐项认真填写，采用国家公布的标准简化汉字。简表中所有代码以最新发布的《湖南省自然科学基金学科分类目录及代码》为准填写。

二、申报学科代码应与简表中申报学科代码一致。项目编号由湖南省科技厅基金办公室统一填写。

三、凡选择性栏目，将相应提示符 A、B 等之一填入该栏的右下角。

四、部分栏目填写要求：

项目名称——应确切反映研究内容和范围。

基础研究——指以认识自然现象、探索自然规律为目的，不直接考虑应用目标的研究活动。

应用基础研究——指有广泛应用前景，但以获得新原理、新技术、新方法为主要目的的研究。

申报学科——申请项目所属二、三级学科（按《湖南省自然科学基金学科分类目录及代码》）；有三级学科的必须填到三级学科，交叉学科可以填两个学科代码。

申请金额——以万元为单位，用阿拉伯数字表示，申请金额为 30 万元。

起止年限——一般为三年。

所在单位名称——按单位公章填写全称。全称中的数字，一律写中文。

项目组主要成员——指在项目组内对学术思想、技术路线的制订与理论分析及对项目完成起重要作用的人员，项目组主要成员本人应在申请书上亲自签名以示同意合作。

简表

项目基本信息	名称	中文	ataxin-3 蛋白的苏素化修饰在 SCA3/MJD 转录抑制发生机制中的作用研究
		英文	Research on the function of sumoylation of ataxin-3 in transcriptional repression mechanism of SCA3/MJD
	类型		杰出青年基金项目

申报学科	所属学科	神经病学	学科代码 1	C030307	A. 基础研究 B. 应用基础 C. 应用研究	A
	相关学科	医学遗传学	学科代码 2	C011005		
申请金额	30 万元	起止年限	2007 年 1 月至 2009 年 12 月			

申请者信息	姓名	×××	性别	A. 男 B. 女	B	身份证号	430104197301292020	民族：汉族
	专业技术职务	副主任医师	学位	A. 博士 B. 硕士 C. 学士	A	博士学位授予国别或地区	国（地区）名：中国；代码：	A. 博士生导师 B. 博士后
	联系电话	×××	E-mail	×××				
	所在单位信息	名称	×××	系（所）	×××			
		性质	A. 高等院校 B. 科研机构 C. 其他	A	邮政编码	×××		

总人数	高级	中级	初级	博士后	博士生	硕士生	参加单位数
7	2	1	0	0	4	0	1

项目组 主要成员（不含申请者）

姓名	身份证号	学历	专业技术职务	所在单位	现从事专业	项目中分工	签字
×××	×××	博士	副主任医师	×××	神经病学	免疫共沉淀	
×××	×××	博士	主治医师	×××	神经病学	转基因动物	
×××	×××	硕士	在读博士	×××	神经病学	免疫荧光转录活性分析	
×××	×××	硕士	在读博士	×××	神经病学	转基因果蝇	
×××	×××	硕士	在读博士	×××	神经病学	质粒构建	
×××	×××	硕士	在读博士	×××	神经病学	体处蛋白结合实验	

项目研究内容和意义简介（限 400 字）
小泛素样修饰蛋白 1（small ubiquitin-like modifier 1，SUMO-1）是我们利用酵母双杂交技术筛选到的遗传性脊髓小脑型共济失调 SCA3/MJD 致病蛋白 ataxin-3 的相互作用蛋白，通过前期工作已确定 K166 位氨基酸为 ataxin-3 苏素化（sumoylation）的关键氨基酸，且 ataxin-3 突变蛋白被 SUMO-1 修饰后细胞毒性加强、蛋白聚合体增多、转录活性改变，提示 ataxin-3 蛋白的苏素化修饰可能在 SCA3/MJD 转录抑制发生机制中发挥重要作用。本项目拟通过体外培养的神经元细胞及转基因动物模型，从体外和体内两条途径进一步明确苏素化修饰对正常及突变 ataxin-3 蛋白与转录辅激活因子 CBP、p300、PCAF 和辅抑制因子 HDAC3 的结合能力及转录活性的影响，深入探讨 ataxin-3 蛋白的苏素化修饰在 SCA3/MJD 转录抑制发生机制中的作用。批注1

批注 1：先从前期工作基础出发提出科学问题，再用非常简洁的文字高度提炼本项目的研究内容和意义。

说明申请者不仅有很好的研究背景，而且有非常科学合理的研究计划，令人信服。

一、立论依据

（包括项目的研究意义、国内外研究现状分析，并附主要参考文献及出处，可加附页）

对基础研究，着重结合学科发展趋势，论述项目的科学意义；对应用基础研究，着重结合学科前沿、围绕国民经济和社会发展中的重要科技问题，论述其应用前景。（可加附页）

遗传性脊髓小脑型共济失调（Spinocerebellar ataxia，SCAs）是常见的神经系统变性疾病，多呈常染色体显性遗传，目前通过遗传连锁定位已发现 30 余种基因型。其中，对不同地域、人种的研究均发现 SCA3/MJD 型为最常见亚型，在中国人群中该型几乎占显性遗传 SCAs 的 50%[1]。在 SCA3/MJD 的疾病基因 MJD1 的 3' 端蛋白编码区内含有 CAG 三核苷酸重复序列，正常人重复次数在 13～36 之间，而 SCA3/MJD 患者可达 62～82 次[2]。MJD1 基因编码产物——ataxin-3 蛋白的羧基端含一段多聚谷氨酰胺（polyglutamine，polyQ）肽链，含有异常扩展 polyQ 肽链的 ataxin-3 蛋白可在神经系统特定区域（小脑、脑干、脊髓等）形成核内包涵体和引起细胞死亡，在这种包涵体中发现有含异常扩展 polyQ 残基的 ataxin-3 蛋白沉积。迄今为止，至少已发现九种由于异常 polyQ 残基蛋白聚集引起的遗传性神经系统变性病，包括 SCA1、SCA2、SCA3/MJD、SCA6、SCA7、SCA17、亨廷顿舞蹈病（HD）、齿状核红核苍白球路易氏体萎缩症（DRPLA）和延脊肌萎缩症（SBMA）等，又称之为 polyQ 疾病[3～4]。目前已明确是这些 polyQ 突变蛋白促发了整个病变过程，虽然它们引起神经元损害的准确机制还不清楚，但许多研究均发现 polyQ 疾病中存在转录异常[5]，多种 polyQ 突变蛋白具有转录抑制作用[6,7]，**提示转录抑制机制可能是 polyQ 疾病共同的发生机制之一。**批注2

批注 2：第一段引入基本概念：从 SCA→polyQ→转录抑制可能是 polyQ 疾病共同的发生机制，环环相扣，直切主题。

批注3：第二段继续深入，介绍polyQ疾病转录抑制的可能发生机制及密切相关的转录辅因子——CBP、p300、PCAF，为后续科学问题的提出及研究内容埋下伏笔。

批注4：第三段先介绍与研究内容密切相关的另一概念——SUMO，然后从SUMO与基因转录调控有关及CBP、p300、PCAF均为SUMO-1的底物蛋白出发，提出“苏素化修饰可能在polyQ疾病发生机制中发挥作用”，从而将两个看似无关的东西紧密联系起来。

批注5：第四段很自然的过渡到介绍申请者在这一领域已完成的具有原始创新的前期工作基础，从而提出科学假设——“ataxin-3蛋白的苏素化修饰可能在SCA3/MJD转录抑制发生机制中发挥重要作用”。

CBP［（cAMP response element-binding protein）CREB binding protein］、p300和PCAF（p300/CBP-associated factor）是CRE通路的转录辅激活因子，具有组蛋白乙酰转移酶（histone acetyltransferase，HAT）活性，能通过乙酰化组蛋白参与基因的转录调控，与神经元生存密切相关，在多种神经退行性疾病中，其转录功能抑制可能是引起细胞毒性的根本原因[8,9]。目前已知多种polyQ突变蛋白（包括雄激素受体、ataxin-3、atrophin-1及huntingtin）形成的核包涵体中CBP、p300免疫染色阳性[10]；免疫共沉淀证实某些polyQ蛋白（ataxin-3[11]和huntingtin[6]）与CBP、p300和PCAF存在相互作用，并通过这种相互作用抑制后者的转录调控活性，且突变蛋白的抑制作用更强；另外，某些polyQ蛋白本身也可直接作为转录辅抑制因子下调特定基因的表达（如ataxin-3通过与组蛋白去乙酰化酶3（histone deacetylase，HDAC3）、核受体辅抑制因子等结合增加组蛋白去乙酰化酶活性，负性调控下游基因的表达[12]）。由此可见**CBP、p300和PCAF作为重要的转录辅激活因子在polyQ疾病的发生机制中起着重要作用，而组蛋白乙酰化与去乙酰化失衡则可能是促发polyQ疾病转录异常的关键步骤。**批注3

小泛素样修饰蛋白1（small ubiquitin-like modifier 1，SUMO-1）是泛素蛋白家族成员之一，由101个氨基酸多肽构成，类似于泛素，在全身组织中均有表达。SUMO-1修饰的底物蛋白均含有ΨKxE模块（Ψ代表疏水氨基酸，K代表赖氨酸，x代表任意氨基酸，E代表谷氨酸），它通过对底物蛋白的共价修饰——苏素化（sumoylation）参与了体内蛋白质的翻译后修饰过程。与泛素化（ubiquitination）主要参与蛋白质的降解不同，苏素化主要是调控蛋白特别是核内蛋白的分布、代谢及功能，如影响底物蛋白的亚细胞定位、与泛素化拮抗抑制蛋白质的降解、调节转录因子的转录活性等[13,14]。目前已知的苏素化的底物蛋白中，大部分都与基因转录调控有关，包括转录激活因子、抑制因子、辅激活因子以及辅抑制因子等。大部分底物转录因子的苏素化均与转录抑制相关：其中与polyQ疾病密切相关的转录因子雄激素受体[15]以及辅激活因子CBP[16]、p300[17]、辅抑制因子HDAC[18]等都是苏素-1的底物蛋白，除HDAC苏素化后组蛋白去乙酰化的活性增加从而转录抑制功能增强外，其他均使相应的下游基因转录受到抑制，而突变掉它们的苏素化位点却可使相应的启动子转录活性上调。**苏素化修饰对这些转录调控蛋白转录功能的影响与它们在polyQ疾病中的改变高度一致，提示苏素化修饰可能在这类疾病的转录抑制发生机制中发挥作用。**批注4

目前，在polyQ蛋白中，除雄激素受体外、huntingtin[19]和ataxin-1[20]已被证明是SUMO-1的底物蛋白，**我们在前期开展的**批注5

ataxin-3 相互作用蛋白筛选工作中（国家自然科学基金批准号：30070273，已结题）也已发现并证实 ataxin-3 与 SUMO-1 存在相互作用[21]，并通过双色免疫荧光共定位技术发现正常和突变 ataxin-3 蛋白均与 SUMO-1 共定位于细胞核内，证实了 ataxin-3 也是苏素化的底物蛋白[22]。在进一步的研究中（国家自然科学基金项目，编号：30470619，2007 年结题），我们发现野生型及 ataxin-3 突变蛋白均可被 SUMO-1 修饰，其 166 位的赖氨酸残基（K166）为 ataxin-3 蛋白苏素化的关键氨基酸位点；ataxin-3 突变蛋白被 SUMO-1 修饰后亚细胞定位没有改变，但细胞毒性加强、蛋白聚合体增多[23]、转录活性改变，高度提示 ataxin-3 蛋白的苏素化修饰可能在 SCA3/MJD 转录抑制发生机制中发挥重要作用。

我们推测批注6：ataxin-3 突变蛋白被苏素化修饰后，可能促进其聚集形成核内包涵体，从而使更多的 CBP、p300、PCAF 被阻隔在蛋白聚合物中，而不能发挥其正常的转录调控功能；可能促进了 ataxin-3 突变蛋白与 CBP、p300、PCAF 的结合，从而使组蛋白乙酰转移酶的活性下调；可能改变了 ataxin-3 与 HDAC3 的结合，增加了组蛋白的去乙酰化；也可能直接改变了 HAT 或 HDAC 的活性，使组蛋白乙酰化/去乙酰化失衡，最终导致细胞死亡。我们的研究目的是通过体外蛋白结合、免疫沉淀、免疫荧光及转基因动物模型等分子生物学和蛋白质功能研究技术，从体外和体内两条途径进一步明确苏素化修饰对正常及突变 ataxin-3 蛋白与转录辅激活因子 CBP、p300、PCAF 和辅抑制因子 HDAC3 的结合能力及转录活性的影响，深入探讨 ataxin-3 蛋白的苏素化修饰在 SCA3/MJD 转录抑制发生机制中的作用，也将为临床上 SCA3/MJD 等 polyQ 疾病的治疗寻找新的靶点。

经互联网查新检索国内外迄今尚无报道批注7。

> 批注 6：第五段在国内外现状分析之上，推测可能的机制，并提出解决科学问题的方法。
> 整个立论依据部分由浅入深、环环相扣，表述清楚！

> 批注 7：再次强调本项目为原创性研究。

参考文献：

[1] Tang BS, Liu CY, Shen L, et al. Frequency of SCA1, SCA2, SCA3/MJD, SCA6, SCA7, and DRPLA CAG trinucleotide repeat expansion in patients with hereditary spinocerebellar ataxia from Chinese kindreds. Arch Neurol, 2000, 57: 540-544.

[2] Kawaguchi Y, Okamoto T, Taniwaki M, et al. CAG expansions in a novel gene for Machado-Joseph disease at chromosome 14q32. 1. Nat Genet, 1994, 8 (3): 221-228.

[3] Michalik A, Van Broeckhoven C. Pathogenesis of polyglutamine disorders: aggregation revisited. Hum Mol Genet, 2003, 12: 173-186.

[4] Ross CA, Poirier MA. Protein aggregation and neurodegenerative disease. Nat Med, 2004, 10 Suppl: S10-17.

[5] Shimohata T, et al. Exapanded polyglutamine stretches interact with TAFII130, interfering with CREB-dependent transcription. Nat Genet, 2000, 26: 29-36.

[6] Steffan JS, et al. The Huntington's disease protein interacts with p53 and CREB-binding protein and represses transcripion. Proc Natl Acad Sci USA, 2000, 97: 6763-6768.

[7] Nucifora FC, et al. Interference by Huntington and atrophin-1 with CBP-mediated transcription leading to cellular toxicity. Science, 2001, 291: 2423-2428.

[8] Lonze BE, Ginty DD. Function and regulation of CREB family transcription factors in the nervous system. Neuron, 2002, 35: 605-623.

[9] Mantamadiotis T, et al. Disruption of CREB function in brain leads to neurodegeneration. Nat Genet, 2002, 31: 47-54.

[10] McCampbell A, Taylor JP, Taye AA, et al. CREB-binding protein sequestration by expanded polyglutamine. Hum Mol Genet, 2000, 9 (14): 2197-2202.

[11] Li F, Macfarlan T, Pittman RN, et al. Ataxin-3 is a histone-binding protein with two independent transcriptional corepressor activities. J Bio Chem, 2002, 277 (22): 45004-45012.

[12] Evert BO, Araujo J, Vieira-Saecker AM, et al. Ataxin-3 repress transcription via chromatin binding, interaction with histone deacetylase 3, and histone deacetylation. J Neurosci, 2006, 26 (44): 11474-11486.

[13] Saitoh H, Hinchey J. Functional heterogeneity of small ubiquitin-related protein modifiers SUMO-1 versus SUMO-2/3. J Biol Chem, 2000, 275 (9): 6252-6258.

[14] Tatham MH, Jaffray E, Vaughan OA, et al. Polymeric chains of SUMO-2 and SUMO-3 are conjugated to protein substrates by SAE1/SAE2 and Ubc9. J Biol Chem, 2001, 276 (38): 35368-35374.

[15] Callewaert L, Verrijdt G, Haelens A, et al. Differential effect of small ubiquitin-like modifier (SUMO) -ylation of the androgen receptor in the control of cooperativity on selective versus canonical response elements. Mol Endocrinol, 2004, 18 (6): 1438-1449.

[16] Kim J, Cantwell CA, Johnson PF, et al. Transcriptional activity of CCAAT/enhancer-binding proteins is controlled by a conserved inhibitory domain that is a target for sumoylation. J Biol Chem, 2000, 277 (41): 38037-38044.

[17] Girdwood D, Bumpass D, Vaughan OA, et al. P300 transcriptional repression is mediated by SUMO modification. Mol Cell, 2003, 11 (4): 1043-1054.

[18] David G, Neptune MA, Depinho RA, et al. SUMO-1 modification of histone deacetylase 1 (HDAC1) modulates its biological activities. J Bio Chem, 2002, 272: 23658-23663.

[19] Steffan JS, Agrawal N, Pallos J, et al. SUMO modification of Huntingtin and Huntington's disease pathology. Science, 2004, 304 (5667): 100-104.

[20] Riley BE, Zoghbi HY, Orr HT. SUMOylation of the polyglutamine repeat protein, ataxin-1, is dependent on a functional nuclear localization ignal. J Biol Chem, 2005, 280 (23): 21942-21948.

[21] 沈璐，唐北沙，汤建光，等．脊髓小脑型共济失调Ⅲ型 ataxin-3 相互作用蛋白的筛选．中南大学学报（医学版），2006，31（1）：40-44.

[22] Shen L, Tang JG, Tang BS, et al. Research on screening and identification of proteins interacting with ataxin-3. Chin J Med Gen, 2005, 22 (3): 242-247.
[23] 汤建光，沈璐，唐北沙，等 . SUMO-1 共价修饰 ataxin-3. 生物化学与生物物理进展，2006，33 (11)：1037-1043. 批注8

批注 8：参考文献中加入申请者自己的论文为引文，更有说服力。

二、研究方案

1. 研究目标、研究内容和拟解决的关键问题、预期目标（可加附页）

研究目标批注9

批注 9：研究目标明确，科学性强。

通过体外蛋白结合、免疫沉淀、免疫荧光及转基因动物模型等分子生物学和蛋白质功能研究技术，从体外和体内两条途径进一步明确苏素化修饰对正常及突变 ataxin-3 蛋白与转录辅激活因子 CBP、p300、PCAF 和辅抑制因子 HDAC3 的结合能力及转录活性的影响，深入探讨 ataxin-3 蛋白的苏素化修饰在 SCA3/MJD 转录抑制发生机制中的作用，也为临床上 SCA3/MJD 等 polyQ 疾病的治疗寻找新的靶点。

拟解决的关键问题批注10

批注 10：从技术层面上提出的“拟解决的关键问题”确实反映了实验过程中的难点。

①缺失苏素化修饰位点（K166R）的野生型及 polyQ 扩展突变型果蝇转基因模型的建立。

②小脑神经元转染效率的提高。

研究内容批注11

批注 11：研究内容目标非常明确，即“从体外和体内两条途径进一步明确苏素化修饰对正常及突变 ataxin-3 蛋白与转录辅激活因子 CBP、p300、PCAF 和辅抑制因子 HDAC3 的结合能力及转录活性的影响”。科研设计合理、科学性强。

Ⅰ. **在细胞模型水平研究**批注12 ataxin-3 蛋白的苏素化修饰对其与转录辅激活因子 CBP、p300、PCAF 和辅抑制因子 HDAC3 的结合能力及转录活性的影响

批注 12：选择体外培养的幼鼠小脑神经元细胞作为体外实验的细胞模型，更接近于神经退行性疾病的真实状态。

（1）构建存在或缺失苏素化修饰位点的正常及突变 ataxin-3 蛋白突变体（K166R）的真核表达质粒，分别与 SUMO-1 融合表达质粒共转染体外培养的出生后 0～1 天（P0-P1）的幼鼠小脑神经元细胞（此时的小脑神经元体外培养存活率相对较高），采用双色免疫荧光标记观察 ataxin-3 蛋白的苏素化修饰对其与 CBP、p300、PCAF 和 HDAC3 结合以及招募这些转录调控蛋白进入核包涵体的影响。

（2）存在或缺失苏素化修饰位点的正常及突变 ataxin-3 蛋白突变体（K166R）的真核表达质粒，分别共转染体外培养的 P0-P1 期幼鼠小脑神经元细胞，取细胞核裂解液，利用免疫沉淀，确定 ataxin-3 蛋白的苏素化修饰对其与内源性转录辅激活因子 CBP、p300、PCAF 和辅抑制因子 HDAC3 的结合能力的影响。

（3）构建存在或缺失苏素化修饰位点的正常及突变 ataxin-3 蛋白突变体（K166R）的 His 融合蛋白表达质粒和 CBP、p300、PCAF、HDAC3 的 GST 融合蛋白表达质粒并纯化，利用体外蛋白结合试验确定 ataxin-3 蛋白的苏素化修饰对其与转录辅激活因子 CBP、p300、PCAF 和辅抑制因子 HDAC3 的结合能力的影响。

（4）存在或缺失苏素化修饰位点的正常及突变 ataxin-3 蛋白突变体（K166R）的真核表达质粒，分别与 Gal-TK-LUC 和 Gal4-CBP（或 Gal4-p300、Gal4-PCAF）表达质粒共转染体外培养的 P0-P1 期幼鼠小脑神经元细胞，通过检测报告基因 TK-LUC 的活性确定 ataxin-3 蛋白的苏素化修饰对 CBP、p300、PCAF 转录活性的影响。

（5）存在或缺失苏素化修饰位点的正常及突变 ataxin-3 蛋白突变体（K166R）的真核表达质粒与 SUMO-1 真核表达质粒分别共转染体外培养的 P0-P1 期幼鼠小脑神经元细胞，取细胞核裂解液，利用 HDAC 活性分析试剂盒确定 ataxin-3 蛋白的苏素化修饰对 HDAC 转录活性的影响。

批注 13：通过观察转基因果蝇模型的行为学、核包涵体形成、神经元死亡及转录辅因子结合能力，从体内实验进一步探讨苏素化修饰可能的作用。

Ⅱ. **在动物模型水平研究**[批注13] ataxin-3 蛋白的苏素化修饰对动物行为、神经元核内包涵体形成、神经元丢失及其与转录辅激活因子 CBP、p300、PCAF 和辅抑制因子 HDAC3 结合能力的影响

（1）构建 SCA3/MJD 的果蝇转基因动物模型（已完成）和缺失苏素化修饰位点（K166R）的 SCA3/MJD 果蝇转基因模型。

（2）连续 4 ~ 8 周观察果蝇的平衡功能改变，比较 ataxin-3 蛋白的苏素化修饰的存在与否对果蝇运动能力的影响。

（3）应用免疫组织化学技术观察存在或缺失 ataxin-3 苏素化修饰的 SCA3/MJD 果蝇转基因模型神经元核内包涵体形成及神经元丢失比例，比较 ataxin-3 蛋白苏素化修饰的存在与否对果蝇病理改变的影响。

（4）应用免疫荧光技术观察存在或缺失 ataxin-3 苏素化修饰的 SCA3/MJD 果蝇转基因模型的神经元核内包涵体中转录辅激活因子 CBP、p300、PCAF 和辅抑制因子 HDAC3 的改变，及其与神经元病理改变严重程度的关系，比较 ataxin-3 蛋白苏素化修饰的存在与否对其与上述转录调控蛋白结合能力的影响。

预期目标

（1）确定 ataxin-3 蛋白的苏素化修饰对其与转录辅激活因子 CBP、p300、PCAF 和辅抑制因子 HDAC3 的结合能力及转录活性的影响，明确 ataxin-3 蛋白的苏素化修饰在 SCA3/MJD 转录抑制发生机制中的作用；

（2）建立缺失 ataxin-3 苏素化修饰的 SCA3/MJD1 转基因动物模型；

（3）在国内、外专业期刊发表高水平论文 3 ~ 5 篇；

（4）培养博士研究生 2 名，硕士研究生 2 名。

2. 拟采取的研究方法、技术路线、实验方案及可行性分析（可加附页）

批注 14：选用体外培养的幼鼠小脑神经元细胞作为细胞模型，转基因果蝇模型作为动物模型，方法先进，说服力强；实验方案设计合理、操作步骤清楚、可操作性强。

研究方法与实验方案[批注14]

Ⅰ. 在细胞模型水平研究 ataxin-3 蛋白的苏素化修饰对其与转录辅激活因子 CBP、p300、PCAF 和辅抑制因子 HDAC3 的结合能力及转录活性的影响

（1）应用免疫荧光观察 ataxin-3 蛋白的苏素化修饰对其与 CBP、p300、PCAF 和 HDAC3 结合以及招募这些转录调控蛋白进入核包涵体的影响。

构建正常及突变 ataxin-3 蛋白全长表达质粒［pCDNA3.1（-）-myc-his-B-MJD20Q、pCDNA3.1（-）-myc-his-B-MJD68Q］或缺失苏素化修饰位点的正常及突变 ataxin-3 蛋白突变体（K166R）的真核表达质粒［pCDNA3.1（-）-myc-his-B-MJD20Q-K166R、pCDNA3.1（-）-myc-his-B-MJD68Q-K166R］，测序证实维持正确的阅读框（已完成）。

分别将上述质粒与 SUMO-1 融合表达质粒［pCDNA3.1-hygro（-）-SUMO-1］用电穿孔法共转染体外培养的出生后 0～1 天（P0-P1）的幼鼠小脑神经元细胞，孵育 72 小时，用双色免疫荧光分别标记 anti-SUMO-1 抗体和 anti-myc 抗体，观察缺失苏素化后正常及突变 ataxin-3 蛋白与 SUMO-1 的共定位是否消失；用双色免疫荧光分别标记 anti-CBP 抗体（或 anti-p300 抗体、anti-PCAF 抗体、anti-HDAC3 抗体）和 anti-SUMO-1 抗体，确定 ataxin-3 蛋白的苏素化修饰是否改变了这些转录调控蛋白与 SUMO-1 的结合；用双色免疫荧光分别标记 anti-CBP 抗体（或 anti-p300 抗体、anti-PCAF 抗体、anti-HDAC3 抗体）和 anti-myc 抗体，观察 ataxin-3 缺失苏素化修饰后，与 CBP、p300、PCAF 和 HDAC3 的共定位有无改变，计数转录调控因子免疫阳性核内蛋白聚合体的比例，确定 ataxin-3 蛋白的苏素化修饰是否改变了其与 CBP、p300、PCAF 和 HDAC3 的结合以及招募这些转录调控蛋白进入核包涵体。

（2）应用免疫共沉淀确定 ataxin-3 蛋白的苏素化修饰对其与 CBP、p300、PCAF 和 HDAC3 结合能力的影响。

正常及突变 ataxin-3 蛋白全长表达质粒［pCDNA3.1（-）-myc-his-B-MJD20Q、pCDNA3.1（-）-myc-his-B-MJD68Q］或缺失苏素化修饰位点的正常及突变 ataxin-3 蛋白突变体（K166R）的真核表达质粒［pCDNA3.1（-）-myc-his-B-MJD20Q-K166R、pCDNA3.1（-）-myc-his-B-MJD68Q-K166R］，分别与 SUMO-1 融合表达质粒［pCDNA3.1-hygro（-）-SUMO-1］用电穿孔法共转染体外培养的 P0-P1 期幼鼠小脑神经元细胞（有 CBP、p300、PCAF 和 HDAC3 内源性表达），培养 48 小时后裂解细胞，取细胞核裂解液，用 anti-myc 抗体进行免疫沉淀，anti-CBP（或 anti-p300、anti-PCAF、anti-HDAC3）抗体进行免疫印迹，确定 ataxin-3 蛋白的苏素化修饰对其与内源性转录辅激活因子 CBP、p300、PCAF 和辅抑制因子 HDAC3 的结合能力的影响。

（3）应用体外蛋白结合试验确定 ataxin-3 蛋白的苏素化修饰对其与 CBP、p300、PCAF 和 HDAC3 结合能力的影响构建存在或缺失苏素化修饰位点的正常及突变 ataxin-3 蛋白突变体（K166R）的 His 融合蛋白表达质粒（pET28a），用 Ni-NTA 吸附柱纯化；构建 CBP、p300、PCAF、HDAC3 的 GST 融合蛋白表达质粒（pGEX-T 载体），用 GST 纯化系统纯化；western blot 分析定量蛋白含量。分别将等量的存在或缺失苏素化修饰位点的正常及突变 ataxin-3 蛋白突变体（K166R）的 His 融合蛋白表达质粒与 Ni-NTA beads 在 4°C 孵育 6 小时，然后用洗脱缓冲液洗脱，加入等量的 CBP、p300、PCAF、HDAC3 的 GST 融合蛋白表达质粒 4°C 孵育过夜，充分洗脱后，beads 用 anti-ataxin-3（1H9）抗体和 anti-CBP（或 anti-p300、anti-PCAF、anti-HDAC3）抗体分别进行免疫印迹，确定 ataxin-3 蛋白的苏素化修饰对其与 CBP、p300、PCAF 和 HDAC3 结合能力的影响。

（4）利用报告基因活性检测确定 ataxin-3 蛋白的苏素化修饰对 CBP、p300、PCAF 转录调控活性的影响。

存在或缺失苏素化修饰位点的正常及突变 ataxin-3 蛋白突变体（K166R）的真核表达质粒[pCDNA3. 1(-)-myc-his-B-MJD20Q、pCDNA3. 1(-)-myc-his-B-MJD68Q、pCDNA3. 1(-)-myc-his-B-MJD20Q-K166R、pCDNA3. k(-)-myc-his-B-MJD68Q-K166R],分别与 Gal-TK-LUC 和 Gal4-CBP（或 Gal4-p300、Gal4-PCAF）表达质粒用电穿孔法共转染体外培养的 P0-P1 期幼鼠小脑神经元细胞（SUMO-1 有内源性表达），培养 48 小时，收获、裂解细胞，检测细胞提取物中的荧光素酶活性，确定 ataxin-3 蛋白的苏素化修饰对 CBP、p300、PCAF 转录调控活性的影响。

（5）利用 HDAC 活性分析确定 ataxin-3 蛋白的苏素化修饰对 HDAC 转录调控活性的影响。

存在或缺失苏素化修饰位点的正常及突变 ataxin-3 蛋白突变体（K166R）的真核表达质粒(pCDNA3. 1(-)-myc-his-B-MJD20Q、pCDNA3. 1(-)-myc-his-B-MJD68Q、pCDNA3. 1(-)-myc-his-B-MJD20Q-K166R、pCDNA3. 1(-)-myc-his-B-MJD68Q-K166R),分别与 SUMO-1 融合表达质粒（pCDNA3. 1-hygro（-）-SUMO-1）用电穿孔法共转染体外培养的 P0-P1 期幼鼠小脑神经元细胞，培养 48 小时后裂解细胞，取细胞核裂解液，应用 HDAC 活性分析试剂盒检测 HDAC 转录活性，确定 ataxin-3 蛋白的苏素化修饰对 HDAC 转录调控活性的影响。

Ⅱ. 在动物模型水平研究 ataxin-3 蛋白的苏素化修饰对动物行为、神经元核内包涵体形成、神经元丢失及其与转录辅激活因子 CBP、p300、PCAF 和辅抑制因子 HDAC3 结合能力的影响

（1）构建 SCA3/MJD 的果蝇转基因动物模型（已完成）和缺失苏素化修饰位点（K166R）的 SCA3/MJD 果蝇转基因模型。

将含缺失苏素化修饰位点（K166R）的 ataxin-3 正常及突变蛋白目的基因片段从已构建好的 pCDNA3.1（-）-myc-his-B-MJD20Q-K166R、pCDNA3.1（-）-myc-his-B-MJD68Q-K166R 质粒上用限制性内切酶切下，低熔点琼脂糖胶回收并纯化，交由美国 Bloomington Drosophila Stock Center 公司（已为我们成功建立 SCA3/MJD 果蝇转基因模型）建立缺失 SUMO-1 互作结构域的 ataxin-3 转基因果蝇。

（2）从转基因果蝇出生后连续 4～8 周观察果蝇行为改变，主要是平衡功能和飞行能力的改变，比较 ataxin-3 蛋白的苏素化修饰对果蝇运动能力的影响。

（3）从转基因果蝇出生后连续 10 周应用组织免疫化学技术观察果蝇视网膜及神经元核内包涵体形成及细胞丢失比例，比较 ataxin-3 蛋白苏素化修饰的存在与否对果蝇病理改变的影响。

（4）从转基因果蝇出生后连续 10 周应用组织免疫荧光技术观察存在或缺失 ataxin-3 苏素化修饰的 SCA3/MJD 果蝇转基因模型的神经元核内包涵体中转录辅激活因子 CBP、p300、PCAF 和辅抑制因子 HDAC3 的改变，及其与神经元病理改变严重程度的关系，比较 ataxin-3 蛋白苏素化修饰的存在与否对其与上述转录调控蛋白结合能力的影响。

可行性分析[批注15]

批注 15：本项目的立论依据是建立在申请者良好的原创性研究工作基础之上，同时申请者掌握了本项目所需的所有实验技术，且完全具备组织和完成重大课题的能力。

（1）本研究项目是前两个国家自然科学基金课题“ataxin-3 相互作用蛋白的分离及遗传性共济失调关系的研究”（项目批准号：30070273，2003 年 12 月结题）和“ataxin-3 蛋白的 sumoylation 在 SCA3/MJD 发病机制中的作用研究”（项目批准号：30470619，2007 年 12 月结题）工作的延续。通过前期工作，本项目申请者及主要成员发现 ataxin-3 与 SUMO-1 存在相互作用，且正常和突变 ataxin-3 蛋白均与 SUMO-1 共定位于细胞核内，证实了 ataxin-3 也是苏素化的底物蛋白；在此基础上，确定 ataxin-3 蛋白苏素化的关键氨基酸位点为 166 位的赖氨酸（K166），ataxin-3 突变蛋白被 SUMO-1 修饰后亚细胞定位没有改变，但细胞毒性加强、蛋白聚合体增多、转录活性改变，提示 ataxin-3 蛋白的苏素化修饰可能在 SCA3/MJD 转录抑制发生机制中发挥重要作用，为本研究的开展奠定了坚实的理论基础。

（2）项目申请者自 1996 年开始从事遗传性共济失调的临床、基因克隆和致病基因编码蛋白的功能研究，作为前两个国家自然科学基金课题的主要研究人员（30070273）和课题负责人（30470619），从 2001 年开始在国内率先开展 ataxin-3 蛋白的互作蛋白筛选工作，分离获得了新的 ataxin-3 互作蛋白——SUMO-1，对国内外关于 SUMO-1 及苏素化的研究动态非常熟悉。

（3）项目申请者已先后获得三项国家自然科学基金课题（30300199，30470619，30671151）的资助，其中 1 项已经结题，1 项已基本完成，完全具备组织和完成重大科研课题的能力。

（4）项目申请者在美国斯坦福大学神经科学研究所进修学习期间，已熟练掌握体外神经元培养、体外蛋白结合、免疫共沉淀、组织免疫化学等本项目中所需的全部实验技术。

（5）通过前期工作，本项目组已成功构建 ataxin-3 蛋白及缺失苏素化修饰的 ataxin-3 蛋白突变体（K166R）的真核表达质粒、SUMO-1 的真核表达质粒及其 RNAi 质粒；已获得 Gal-TK-LUC 和 Gal4-CBP、Gal4-p300、Gal4-PCAF 表达质粒；已获得 anti-ataxin-3 抗体、anti-myc 抗体、anti-SUMO-1 抗体；并已成功建立 SCA3/MJD 的果蝇转基因动物模型；其他所需试剂、质粒及抗体的供货渠道也已落实。

（6）本研究将在中南大学湘雅医院神经病学研究所和中国医学遗传学国家重点实验室进行，主要实验方法和技术路线已成功建立，并具备所有研究必需的仪器设备。因此，我们拥有完成这一研究的主要实验设备和技术平台。

批注 16：本项目的特色即为原创性研究。

3. 本项目的特色与创新之处批注16

小泛素样修饰蛋白 1（small ubiquitin-like modifier 1，SUMO-1）是我们利用酵母双杂交技术筛选到的遗传性脊髓小脑型共济失调 SCA3/MJD 致病蛋白 ataxin-3 的相互作用蛋白，通过前期工作已经确定 K166 位氨基酸为 ataxin-3 苏素化修饰的关键氨基酸，且 ataxin-3 突变蛋白被 SUMO-1 修饰后细胞毒性加强、蛋白聚合体增多、转录活性改变。本项目在此基础上通过体外培养的神经元细胞及转基因动物模型，从体外和体内两条途径进一步明确苏素化修饰对正常及突变 ataxin-3 蛋白与转录辅激活因子 CBP、p300、PCAF 和辅抑制因子 HDAC3 的结合能力及转录活性的影响，从转录抑制机制入手深入探讨 ataxin-3 蛋白的苏素化在 SCA3/MJD 发病机制中的作用。国内外尚无类似研究报道。

批注 17：年度计划和进度安排合理。

4. 年度研究计划安排批注17

2007.01～2007.06 质粒构建，His 融合蛋白和 GST 融合蛋白的纯化。

2007.07～2007.12 免疫荧光观察 ataxin-3 蛋白的苏素化修饰对其与 CBP、p300、PCAF 和 HDAC3 结合以及招募这些转录调控蛋白进入核包涵体的影响；建立转基因动物模型。

2008.01～2008.06 免疫共沉淀确定 ataxin-3 蛋白的苏素化修饰对其与 CBP、p300、PCAF 和 HDAC3 结合能力的影响；报告基因 TK-LUC 的活性检测和 HDAC 荧光检测确定 ataxin-3 蛋白的苏素化修饰对 CBP、p300、PCAF 和 HDAC 转录调控活性的影响。

2008.07～2008.12 观察转基因动物模型的行为改变及组织学改变。

2009.01～2009.06 体外蛋白结合试验确定 ataxin-3 蛋白的苏素化修饰对其与 CBP、p300、PCAF 和 HDAC3 结合能力的影响；观察转基因动物模型的神经元核内包涵体中 CBP、p300、PCAF 和 HDAC3 的改变，及其与神经元病理改变严重程度的关系。

2009.07～2009.12 实验数据整理，论文写作。

5. 完成的技术水平及直接经济效益与社会效益分析批注18

遗传性脊髓小脑型共济失调（Spinocerebellar ataxia，SCAs）是临床上常见的神经系统变性疾病，SCA3/MJD是其中最常见亚型。虽然已知是含polyQ扩展突变的ataxin-3蛋白触发了SCA3/MJD整个病变过程，但其具体的发病机制尚未明了，临床也缺乏有效的治疗手段。我们利用前期工作基础，在本项目中从转录抑制机制入手深入探讨ataxin-3蛋白的苏素化在SCA3/MJD发病机制中的作用，不仅可能为揭示其发病机制提供重要线索，而且也可为将来应用影响苏素化过程及组蛋白乙酰化/去乙酰化调节药物治疗SCA3/MJD等polyQ疾病奠定坚实的理论基础。

6. 预期研究成果及推广应用前景（能否形成自有知识产权成果）

（1）建立缺失ataxin-3苏素化修饰的SCA3/MJD1转基因动物模型。

（2）确定ataxin-3蛋白的苏素化修饰对其与转录辅激活因子CBP、p300、PCAF和辅抑制因子HDAC3的结合能力及转录活性的影响，明确ataxin-3蛋白的苏素化修饰在SCA3/MJD转录抑制发生机制中的作用，为将来应用影响苏素化过程及组蛋白乙酰化/去乙酰化调节的药物治疗SCA3/MJD等polyQ疾病奠定理论基础。

批注18：基础类研究强调社会效益。

三、研究基础

1. 申请者与本项目有关的研究工作积累和已取得的研究工作成绩批注19（可加附页）

（1）申请者自1996年起从事神经系统遗传病特别是遗传性共济失调的临床、基因克隆和致病基因编码蛋白的功能研究，在唐北沙教授指导下，在SCA家系中开展基因诊断，发现SCA3/MJD是中国人SCA中的最主要亚型，并对SCA/MJD患者MJD1基因CAG重复次数与患者的临床表现进行了深入研究，科研成果“遗传性共济失调基因诊断与遗传异质性研究”获2000年湖南省科技进步二等奖（排名第二）。

（2）作为国家自然科学基金课题“ataxin-3相互作用蛋白的分离及遗传性共济失调关系的研究”（项目批准号：30070273）的主要研究人员，申请者自2001年开始在国内率先开展ataxin-3蛋白的互作蛋白筛选工作，分离获得新的ataxin-3互作蛋白——SUMO-1，提出ataxin-3也是苏素化的底物蛋白。并由此于2004年获得国家自然科学基金课题“ataxin-3蛋白的sumoylation在SCA3/MJD发病机制中的作用研究”（项目批准号：30470619）的资助。在该课题资助下，与课题组主要研究人员进一步确定了ataxin-3蛋白苏素化的关键氨基酸位点为166位的赖氨酸（K166），且发现K166R突变后的ataxin-3突变

批注19：申请者不仅具备良好的SCA和SUMO研究工作基础，已掌握本项目所需的所有实验技术；而且有留学经历，有组织完成多项国家级课题的宝贵经验；科研素质好，科研能力强。

蛋白亚细胞定位没有改变，但细胞毒性加强、蛋白聚合体增多、转录活性改变，提示 ataxin-3 蛋白的苏素化修饰可能在 SCA3/MJD 转录抑制发生机制中发挥重要作用，为本研究的开展奠定了坚实的理论基础。

（3）申请者自 2006 年 2 月开始作为访问学者在美国斯坦福大学神经科学研究所进修学习，通过在体外培养的 Gigaxonin（神经退行性疾病——巨轴突神经病的致病蛋白）基因敲除小鼠的皮质神经元中观察到 Gigaxonin 的 V82F 突变由于破坏了 Gigaxonin 与 E1 酶的相互作用而使微管相关蛋白 1B 轻链无法通过泛素系统正常降解，这一研究结果为更好地了解泛素系统与神经退行性疾病发病机制之间的关系提供了新的实验依据，相关论文（Lu Shen，Jianqing Ding，Elizabeth Allen，et al. Disruption of gigaxonin - E1 interaction impairs the degradation of MAP1B light chain in neuron. Current Biology（submitted））已完成。在此学习期间，申请者不仅对蛋白质相互作用研究的理论知识有了进一步的提高，而且还熟练掌握了体外神经元培养、体外蛋白结合、免疫共沉淀、组织免疫化学等实验技术，为本项目的开展奠定了良好的实验基础。

（4）申请者已先后获得三项国家自然科学基金课题（30300199，30470619，30671151）的资助，其中 1 项已经结题，1 项已基本完成，完全具备了组织和完成重大科研课题的能力。

2. 项目组成员与本项目有关的研究工作积累和已取得的研究工作成绩[批注20]（可加附页）

批注 20：项目组主要成员均为前期工作的主要参与者和完成人，科研综合实力很强，年轻有为有活力。

（1）项目组主要成员均长期从事神经系统遗传病特别是遗传性共济失调的临床及遗传学研究工作，特别是遗传性脊髓小脑型共济失调的发病机制研究。发表相关论文数十篇，获遗传性共济失调相关研究的国家自然科学基金课题 2 个。

（2）项目组主要成员均为前两个国家自然科学基金课题（30070273、30470619）的主要完成人员。与本项目申请者一起发现并证实了 ataxin-3 与 SUMO-1 的相互作用，证实了 ataxin-3 也是苏素化的底物蛋白；并在此基础上，确定了 ataxin-3 蛋白苏素化的关键氨基酸位点，ataxin-3 突变蛋白被 SUMO-1 修饰后亚细胞定位没有改变，但细胞毒性加强、蛋白聚合体增多、转录活性改变，提示 ataxin-3 蛋白的苏素化修饰可能在 SCA3/MJD 转录抑制发生机制中发挥重要作用，为本研究的开展奠定了坚实的理论基础。

（3）项目组成员参与完成了 SCA3/MJD 转基因果蝇动物模型的建立和热休克蛋白 22 在 SCA3/MJD 发病机制中的作用研究工作，已熟练掌握转基因果蝇模型的建立及其相关研究技术。

（4）项目组主要成员已系统掌握细胞培养、基因转染、免疫荧光、免疫沉淀等实验技术，为本项目的完成奠定了良好的理论及实验技术基础。

3. 申请者和项目组主要成员的研究工作简历，近期已发表与本项目有关的主要论著目录和获得学术奖励情况及在本项目中承担的任务（可加附页）

1）×××，女，33 岁，博士，副主任医师，硕士研究生导师。1998 年硕士毕业于湖南医科大学临床医学神经病学专业，一直在湘雅医院神经内科从事神经病学的临床及科研工作，2001 年获中南大学神经病学专业博士学位。2001 年晋升为湘雅医院神经内科主治医师，2005 年晋升为湘雅医院神经内科副主任医师。自 1996 年开始，在湘雅医院神经内科唐北沙教授和医学遗传学国家重点实验室夏家辉院士指导下，主攻神经系统遗传病特别是遗传性脊髓小脑型共济失调、遗传性痉挛性截瘫的基因诊断、疾病基因定位和致病蛋白功能研究。

在疾病基因定位研究中，2004 年获国家自然科学基金青年基金“新的遗传性痉挛性截瘫致病基因的定位与克隆”（项目批准号：30300199，完成时间：2004 年 1 月～2004 年 12 月）的资助，应用全基因组扫描等技术将一新型的 SPG30 型致基因定位在 11p11. 2-p14. 1 上 D11S1324 和 D11S1993 之间约 18. 88cM 范围内。在此基础上，2006 年再次获得国家自然科学基金课题“新的遗传性痉挛性截瘫致病基因的克隆”（项目批准号：30671151，完成时间：2007 年 1 月～2009 年 12 月）的资助。

在蛋白功能研究方面，作为主要成员参与完成国家自然科学基金课题“ataxin-3 相互作用蛋白的分离及其与遗传性共济失调关系的研究”（基金号：30070273）工作。在国内率先开展 ataxin-3 蛋白的互作蛋白筛选工作，分离获得新的 ataxin-3 互作蛋白——SUMO-1，提出 ataxin-3 也是苏素化的底物蛋白。并于 2005 年获国家自然科学基金课题“ataxin-3 蛋白的 sumolyzation 在 SCA3/MJD 发病机制中的作用研究”（项目批准号：30470619，完成时间：2005 年 1 月～2007 年 12 月）的资助。2006 年 2 月作为访问学者在美国斯坦福大学神经科学研究所进修学习，研究发现 Gigaxonin 蛋白的 V82F 突变由于破坏了 Gigaxonin 与 E1 酶的相互作用而使微管相关蛋白 1B 轻链无法通过泛素系统正常降解，这一研究结果为更好地了解泛素系统与神经退行性疾病发病机制之间的关系提供了新的实验依据。

先后发表论文 20 余篇。参加编写《神经病学》第 18 卷“神经变性性疾病”中第二篇“遗传性共济失调”（2002 年 8 月，人民军医出版社）。获湖南省科技进步二等奖一次，湖南省医药卫生科技进步一等奖一次。已熟练掌握体外神经元培养、体外蛋白结合、免疫共沉淀、组织免疫化学、转基因动物模型的建立等实验技术。全面负责该课题的设计、组织及实验工作，特别是体外神经元培养和体外蛋白结合实验工作。

2）×××，男，37岁，博士，副主任医师。1995年硕士毕业于湖南医科大学临床医学神经病学专业，一直在湘雅二医院神经内科从事神经病学的临床及科研工作，2005年获中南大学神经病学专业博士学位。1998年晋升为湘雅二医院神经内科主治医师，2006年晋升为湘雅二医院神经内科副主任医师。作为主要成员之一参与完成国家自然科学基金课题（30070273、30470619），通过免疫荧光共定位技术证实ataxin-3与泛素样蛋白1共定位于细胞核内，并进一步在哺乳动物细胞中明确了SUMO-1对ataxin-3的共价修饰作用。同时，在运用生物质谱技术鉴定蛋白质磷酸化位点方法学研究领域进行了探索性研究，建立了一种高效的蛋白质磷酸化定位方法，2006年获得国家自然科学基金课题“磷酸化修饰ataxin-3在SCA3/MJD发病机制中的作用”（30670720）的资助。先后发表论文10余篇，获湖南省科技进步二等奖一项（排名第三），已熟练掌握载体构建、细胞培养、基因转染、免疫荧光、免疫沉淀、质谱分析等常用的基因功能研究技术。本课题中负责免疫共沉淀的实验工作。

3）×××，男，33岁，博士，主治医师，副研究员。1996年本科毕业于湖南医科大学临床医学系，一直在湘雅医院神经内科从事神经病学的临床及科研工作，特别是遗传性共济失调的基因克隆和致病基因编码蛋白的功能研究及帕金森病等神经系统变性疾病的基因治疗研究。2003年获中南大学湘雅医院神经病学专业博士学位，2003年晋升为湘雅医院神经内科主治医师，2006年晋升为湘雅医院神经内科副研究员。作为主要成员之一参与完成国家自然科学基金课题“ataxin-3相互作用蛋白的分离及其与遗传性共济失调关系的研究”（基金号：30070273），对与ataxin-3相互作用的一未知蛋白进行了基因克隆、表达谱及蛋白功能分析。2005年获得国家自然科学基金青年基金课题“新的常染色体显性遗传共济失调的基因克隆研究”资助。参与构建SCA3/MJD转基因果蝇的实验工作，已系统掌握细胞培养、基因转染、免疫荧光、抗体制备、转基因动物模型制备等实验技术。发表论文20余篇。本项目中负责转基因动物的实验工作。

4）×××，男，32岁，博士生。1999年本科毕业于湖南中医学院，2004年6月获中南大学湘雅医院中西医结合专业硕士学位，2004年9月开始攻读中南大学湘雅医院神经病学专业博士学位，在导师唐北沙教授指导下，主要从事遗传性脊髓小脑型共济失调的临床和遗传学研究，特别是ataxin-3蛋白苏素化在SCA3/MJD发病机制中的作用研究，作为主要成员参与完成国家自然科学基金课题（30470619），确定了ataxin-3蛋白苏素化的关键氨基酸位点为166位的赖氨酸（K166），且发现K166R突变后的ataxin-3突变蛋白亚细胞定位没有改变，但细胞毒性加强、蛋白聚合体增多、转录活性改变，提示 ataxin-3 蛋白的苏素化修饰可能在 SCA3/MJD 转录抑制发生机制中发挥重要作用，为本研究的开展奠定了坚实的理论基础。已熟练掌握质粒构建、免疫沉淀、免疫荧光等实验技术。先后发表相关论文 5 篇。本课题中负责免疫荧光和转录活性分析。

5）×××，男，30 岁，博士生。2000 年本科毕业于江西医学院临床医学系。2002 年 9 月开始在中南大学湘雅医院神经病学专业攻读硕博连读学位。在导师唐北沙教授指导下主要从事遗传性共济失调的基因诊断及发病机制研究。建立了 SCA3/MJD 转基因果蝇动物模型，并在果蝇模型中开展了热休克蛋白 Hsp22 在 SCA3/MJD 发病机制中的作用研究。已熟练掌握质粒构建、转基因果蝇模型的建立及鉴定、免疫组织化学、免疫沉淀等实验技术，本课题中负责转基因果蝇的实验工作。

6）×××，男，27 岁，博士生。2002 年本科毕业于中南大学湘雅医学院精神卫生系，2005 年 6 月获中南大学湘雅医院神经病学专业硕士学位，2005 年 9 月开始攻读中南大学湘雅医院神经病学专业博士学位，在导师唐北沙教授指导下，主要从事腓骨肌萎缩症和遗传性痉挛性截瘫的临床和分子遗传学研究。在国家人类基因组北方研究中心和中国医学遗传学国家重点实验室出色地完成了硕士课题“实时荧光定量 PCR 在 PMP22 基因重复或缺失突变检测中的应用”。参与了一型新的腓骨肌萎缩症（CMT2L）的致病基因定位和克隆工作。已熟练掌握基因组扫描、质粒构建、免疫荧光等实验技术。先后发表相关论文 13 篇。本课题中负责质粒构建。

7）×××，男，28 岁，博士生。2002 年本科毕业于中南大学湘雅医院精神卫生系，2005 年获得中南大学湘雅医院神经内科专业硕士学位，2005 年 9 月开始攻读中南大学湘雅医院神经病学专业博士学位，在导师唐北沙教授指导下，主要从事神经系统遗传病的发病机制研究。熟练掌握基因突变检测，质粒构建，细胞培养，基因转染，免疫荧光，免疫沉淀等实验技术。先后发表相关论文 20 余篇。本项目中参与体外蛋白结合实验工作。

相关论文：[批注21]

1）**Lu Shen**，Jianqing Ding，Elizabeth Allen，et al. Disruption of gigaxonin - E1 interaction impairs the degradation of MAP1B light chain. Current Biology，(submitted)

2）Guohua Zhao，**Lu Shen**，Zhengmao Hu，et al. Novel possible locus for autosomal dominant hereditary spastic paraplegia maps to chromosome 11p14. 1-p11. 2. Neurol Res. （revised）

批注 21：相关论文将项目组成员进行额外标记，非常醒目，更能说明研究团队在该领域的研究地位。

3) **Lu Shen**, **Jianguang Tang**, Beisha Tang, **Hong Jiang**, et al. Research on screening and identification of proteins interacting with ataxin-3. Chin Med Gen, 2005, 22 (3): 242-247.

4) **Jianguang Tang**, Yongjun Wang, Hainan Zhang, et al. Sequencing of phosphopeptides sulfonated by 4-sulfophenyl isothiocyanate using post-source decay matrix-assisted laser desorption/ionization time-of-flight mass spectrometry. Progress in natural science, 2006, 16 (9): 930-935.

5) Beisha Tang, Chunyu Liu, **Lu Shen**, et al. Frequency of SCA1, SCA2, SCA3/MJD, SCA6, SCA7 and DRPLA CAG trinucleotide repeat expansion in patients with hereditary spinocerebellar ataxia from Chinese kindreds. Arch Neurol, 2000, 57: 540-544.

6) Beisha Tang, Xin Chen, Guohua Zhao, **Lu Shen**, et al. Clinical features of hereditary spastic paraplegia with thin corpus callosum report of 5 Chinese cases. Chin Med J, 2004, 117: 1002-1005.

7) Beisha Tang, Yanqun Xiang, Huali Zhang, Kun Xia, **Lu Shen**, et al. Clinical characteristics and linkage analysis of one Chinese benign familial infantile convulsions kindred. Am J Hum Genet, 2000, 67 (4) (supple2): 303.

8) Beisha Tang, Wei Luo, Kun Xia, Jianfeng Xiao, **Hong Jiang**, **Lu Shen**, et al. A new locus for autosomal dominant Charcot-Marie-Tooth disease type 2 (CMT2L) maps to chromosome 12q24. Hum Genet, 2004, 114 (5): 527-533.

9) Beisha Tang, Guohua Zhao, Kun Xia, Qian Pan, Wei Luo, **Lu Shen**, et al. Three novel mutations of spastin gene in Chinese patients with hereditary spastic paraplegia. Arch Neurol, 2004, 61 (1): 49-55.

10) Beisha Tang, Haiyan Li, Kun Xia, **Hong Jiang**, Qian Pan, **Lu Shen**, et al. A novel mutation in KCNQ2 gene causes benign familial neonatal convulsions in a Chinese family. J Neuro Sci, 2004, 221: 31-34.

11) **Hong Jiang**, Beisha Tang, Kun Xia, Yongxin Zhou, Bo Xu, Guohua Zhao, Haiyan Li, **Lu Shen**, et al. Spinocerebellar ataxia type 6 in mainland China: molecular and clinical features in four families. J Neuro Sci, 2005, 236: 25-29.

12) 汤建光，沈璐，唐北沙，张玉虎，江泓，廖书胜，等. SUMO-1共价修饰 ataxin-3. 生物化学与生物物理进展，2006，33 (11): 1037-1043.

13) 沈璐，唐北沙，汤建光，等. 脊髓小脑型共济失调Ⅲ型 ataxin-3 相互作用蛋白的筛选. 中南大学学报（医学版），2006，31 (1): 40-44.

14）沈璐，赵国华，唐北沙，刘小民，严新翔，胡正茂，陈昕，张付峰，夏昆．遗传性痉挛性截瘫伴胼胝体发育不良六例的临床特征与 maspardin 基因突变分析．中华神经科，2005，38：521-522.

15）沈璐，赵国华，唐北沙，刘小民，严新翔，胡正茂，陈昕，张付峰，夏昆．遗传性痉挛性截瘫伴胼胝体发育不良 maspardin 基因突变分析．医学临床研究，2005，22：721-723.

16）沈璐，唐北沙，汤熙翔，谭斯品，戴和平，潘乾，严新翔，欧阳珊．脊髓小脑型共济失调Ⅱ型（CAG）n 突变检测与临床研究．中华内科，2000，39：1-3.

17）沈璐，唐北沙，萧剑锋，杨晓苏，严新翔，许宏伟．马查多—约瑟夫病/脊髓小脑型共济失调Ⅲ型患者（CAG）n 拷贝数与临床特征．中国神经精神疾病，1999，25：138-142.

18）汤建光，唐北沙，沈璐，江泓，等．基因 MJD1 的真核表达载体的构建及其在 SH-SY5Y 细胞中的表达．中南大学学报（医学版），2005，30（6）：640-644.

19）汤建光，唐北沙，谭利明，等．质粒介导的 RNAi 对神经母细胞瘤细胞 Survivin 基因表达的抑制作用．中国医师杂志，2005，7（6）：748-750.

20）江泓，唐北沙，梁昌华，沈璐，等．橄榄桥脑小脑萎缩 SPECT 脑显像和 MRI 对比研究．中华核医学杂志，2001，21（2）：87.

21）江泓，唐北沙，张美集，等．SCA6 两个家系的临床及基因突变研究．中华神经科杂志，2003，36（2）：98.

22）江泓，唐北沙，严新翔，等．共济失调毛细血管扩张症的临床特征和诊断．中华神经科杂志，2003，33（2）：98.

23）江泓，唐北沙．遗传性脊髓小脑型共济失调疾病基因的相互作用蛋白研究进展．国外医学神经病学神经外科学分册，2000，27（2）：71.

24）江泓，唐北沙．脊髓小脑性共济失调的临床及基因诊断策略．国外医学神经病学神经外科学分册，2002，29（4）：290.

25）江泓，唐北沙．Frataxin 与弗里德赖希共济失调．中华神经科，2003，36（5）：385.

26）许波，江泓，唐北沙．脊髓小脑性共济失调与细胞特异性．卒中与神经疾病，2004，11：51.

27）王永俊，施小六，汤建光，等．RNAi 下调 survivin 表达诱导成神经细胞瘤细胞凋亡．基础医学与临床，2006，26（7）：745-750.

28）张玉虎，唐北沙，汤建光，等．Hallervorden-Spatz 综合征五例临床分析．中华内科，2004，43（12）：941.

29）张付峰，唐北沙，赵国华，等．远端型遗传性运动神经病的小分子热休克蛋白22、27基因突变分析．中华神经科杂志，2005，38：465.

30）张付峰，唐北沙，沈岩，等．实时荧光定量PCR在周围髓鞘蛋白22基因重复或缺失检测中的应用．中华医学遗传学，2005，22：537-540.

31）张付峰，唐北沙，赵国华，等．腓骨肌萎缩症患者致病基因突变特点的研究．中华医学，2005，85：1809-1812.

32）严新翔，赵国华，唐北沙，沈璐，江泓．遗传性痉挛性截瘫伴胼胝体发育不良的临床特征．中华内科，2002，41：521.

4. 已具备实验条件，尚缺少的实验条件和拟解决的途径

本研究将在中南大学湘雅医院神经病学研究所及中国医学遗传学国家重点实验室进行，已具备所有本研究所需的全部实验条件及仪器设备。

四、申请者已完成或正在承担的国家（省级）研究项目

项目批准号	项目来源	项目名称	起止年月	负责或参加	进展或完成情况
30671151	国家自然科学基金	新的遗传性痉挛性截瘫致病基因的克隆	2007年1月～2009年12月	负责	进行中
30470619	国家自然科学基金	Ataxin-3蛋白的sumoylation 在 SCA3/MJD发病机制中的作用研究	2005年1月～2007年12月	负责	基本完成
30300199	国家自然科学基金	新的遗传性痉挛性截瘫疾病基因的定位与克隆	2004年1月～2004年12月	负责	完成

批注22：经费预算合理。

五、经费预算[批注22]

支出科目	金额（万元）	用途及理由
1. 科研业务费	4.5	统计分析、复印费、论文版面费、会议差旅费、水电费等
2. 实验材料费	24.5	购买抗体、脂质体、荧光试剂盒、果蝇模型及其他试剂
3. 仪器设备购置费	1.0	仪器设备维修及折旧
4. 实验室改装费	0	

续表

支出科目	金额（万元）	用途及理由
5. 协作费	0	
6. 其他	0	
说明		

注：预算支出科目参见《国家自然科学基金项目资助经费管理办法》第二章：预算管理。

六、申请者承诺

我保证上述填报内容的真实性。如果获得资助，我与本项目组成员将严格遵守湖南省自然科学基金委员会的有关规定，切实保证研究工作时间，按计划认真开展研究工作，按时报送有关材料。

申请者（签字）：

年　月　日

七、推荐意见

（由两名具有正高级专业技术职务的同行专家推荐。推荐时，请认真负责地介绍申请者及其项目组成员的业务基础、研究能力、科研态度及研究条件等。注：项目组成员不能做推荐者）

本项目是申请者及项目组主要成员长期开展的系列研究工作的延续，创新性强。申请者本人长年从事神经系统遗传病特别是遗传性共济失调的基础与临床研究工作，治学严谨、思维敏锐、具备良好的科研素质，不仅已获博士学位，而且有国外先进实验室学习的宝贵经验。申请者先后获得三项国家自然科学基金课题的资助，不仅科研能力强，而且具备较好的组织能力，是青年科技人员中不可多得的优秀人才。项目组主要成员均为长期从事这一领域研究的青年科技人员，科研态度端正，科研能力强，理论知识及实际操作能力均较强，是一支优秀的研究团队。

湘雅医院神经病学研究所及医学遗传学国家重点室具备完成本项目的所有实验条件。

本人特此推荐。

推荐者（签章）　　　专业技术职务：教授、博士生导师

现从事专业：神经病学

所在单位：中南大学湘雅医院

本项目申请者利用前期主持完成的国家自然科学基金课题的工作基础，提出新的假说，并设计严谨的实验证明这一假说，创新性强，说明她已具备良好的科研素质和科研头脑。申请者不仅已获博士学位，而且在国外先进实验室受过严格的科研培训。目前已先后获得过三项国家自然科学基金课题的资助，科研能力很强，科研态度端正、基础理论知识扎实，是我院青年科技人员中的佼佼者。项目组主要成员均为长期从事神经系统退行性疾病研究领域的青年科技人员，科研业务能力强，具有团结协作精神，是不可多得的优秀科研团队。

我院及医学遗传学国家重点实验室具备完成本项目的所有实验条件。

本人特此推荐。

推荐者（签章）　　　专业技术职务：教授、博士生导师

现从事专业：神经病学

所在单位：中南大学湘雅医院

八、申请者所在单位及合作单位的审查与保证

1. 申请者所在单位学术委员会的审查意见（包括：对项目的意义、特色和创新之处及申请者的研究水平与治学态度等签署具体意见）

申请者在前期工作基础上提出 ataxin-3 蛋白的苏素化可能在 SCA3/MJD 的转录抑制发病机制中发挥重要作用的假设，并利用体外培养的神经元细胞及转基因动物模型，从体外和体内两条途径深入探讨 ataxin-3 蛋白的苏素化修饰在 SCA3/MJD 转录抑制发病机制中的可能作用，不仅可能为揭示 SCA3/MJD 发病机制奠定基础，而且也可能为临床治疗药物的选择提供新的线索。

本项目是申请者长期开展的系列研究工作的延续，起点高、科研设计严谨、方法先进、创新性强。申请者本人已获博士学位，并且有国外先进实验室学习的宝贵经验，科研能力很强，且科研态度端正、治学严谨，曾先后获三项国家自然科学基金课题的资助，完全符合本项目的申报条件。

同意申报并特此推荐。

学术委员会主任（签章）　　　年　月　日

2. 合作单位的审查意见与保证（包括：同意参加合作研究，保证对参加合作研究人员时间及工作条件的支持、督促其按计划完成所承担的任务及需说明的其他问题）

合作单位 1（公章）	合作单位 2（公章）	合作单位 3（公章）

3. 申请者所在单位领导的审查意见与保证

已按填报说明对申请人进行了资格审查，对申请书内容进行了审核，同意学术委员会的审查意见，并保证在项目获得资助后做到以下几点：

（1）保证对研究计划实施所需的人力、物力和工作时间等条件给予支持。

（2）严格遵守科学基金委员会有关资助项目管理、财务等各项规定。

（3）督促项目负责人和本单位项目管理部门按湖南省自然科学基金委员会的规定及时保送有关报表和材料。

（4）如项目获批准资助，本单位将按规定给予配套经费。

需要说明的其他问题：无

单位负责人（签章）　　单位（公章）　　年　月　日

重点项目申请书范例点评：

湖南省自然科学基金重点项目申请书

《复杂过程控制中的多源异类数据智能分析及应用》

点评/李树涛

李树涛，男，湖南大学电气与信息工程学院教授，博士生导师

项目类别	申报学科代码		项目编号
面上项目	F030112	F030203	

湖南省自然科学基金

申　请　书
（表二）

项目名称：复杂过程控制中的多源异类数据智能分析及应用

申 请 者：×××

所在单位：×××

邮政编码：×××

通讯地址：×××

E - mail：×××

电　　话：×××

传　　真：×××

申请日期：2006 年 12 月 12 日

湖南省自然科学基金委员会

二〇〇六年制

注意：湖南省自然科学基金申请书（表二）所填写全部内容不得出现申请者及项目组成员的姓名、工作单位及相关信息，否则，将视为形式审查不合格。

项目研究内容和意义简介（限 400 字）
针对复杂工业过程控制中，专家规则获取和复杂工况识别的难题，在工业现场多源异类数据背景下，研究利用数据挖掘、图像处理和软计算技术，综合分析生产数据和图像，有效整合现场信号，提取潜在的专家控制规则和工况识别知识，提高复杂工业现场检测和控制的鲁棒性。 针对常规过程数据的特点，研究一种基于软计算的模糊时序挖掘算法从复杂工业现场提取控制和工况规则。针对工业视频，研究利用关联挖掘提取单帧图像的纹理特征，然后利用隐马尔可夫链基于关联纹理特征对动态图像序列进行分析，并将其用于复杂工况识别。最后结合典型的工业回转窑控制实例，利用关联挖掘技术研究基于多源异类信息融合和面向煤耗最优的智能专家控制器的设计和实施。课题集数据挖掘、图像视频处理和智能控制为一体，展开多领域交叉研究，具有重要理论和实际意义。

一、立论依据

（包括项目的研究意义、国内外研究现状分析，并附主要参考文献及出处，可加附页）

对基础研究，着重结合学科发展趋势，论述项目的科学意义；对应用基础研究，着重结合学科前沿、围绕国民经济和社会发展中的重要科技问题，论述其应用前景。（可加附页）

在现代工业生产中，以计算机为核心的各种数据采集和监控系统得到了广泛的应用。随着多媒体技术的发展，在一些关键工艺节点上还采集了视频数据，如回转窑中的火焰图像、电厂锅炉中的煤粉燃烧图像、远方的变电站安全监控图像等等。这些多源异类数据来自不同的物理数据源、隶属于不同的数据种类。在第一类常规过程数据中，蕴含了相关过程的人工控制经验、参数调整和管理优化信息等关键知识，在第二类生产监控图像数据中，则更为直接地反映了生产中的各种工况模式。因此，在多源异类数据背景下，综合分析生产数据和图像、有效地整合现场信号、利用信息互补降低系统的不确定性并且从中提取有意义的模式规则，对于辨识过程工况、优化控制参数、实现更加稳定高效的过程控制具有重要的现实意义。

首先，如何从第一类过程数据中获取规则和模式。在这方面已经有了许多的研究[1]。但在复杂工业过程现场应用背景下，上述研究并没有充分考虑到知识规则获取的如下特点：1. 为了获取可信且具有潜在应用价值的成熟模式，少量精心挑选的样本数据一般不能满足学习的要求，这时需要面对描述系统长期运行工况的海量生产数据，这些数据往往还会受到工业现场噪声干扰。2. 上述较多的研究都是利用复杂函数的仿真来验证模糊模型的有效性，并且讨论大都集中在多输入单输出（MISO）的系统上。在海量数据环境下，实际的多输入多输出（MIMO）复杂工业过程的模糊建模并没有一个有效的方法。3. 规则是多阶的。复杂工业过程控制对象一般是多阶滞后的，规则的前件和后件可能包含系统多个采样时刻信号。因此在海量生产数据集合下，研究复杂工业系统的模式提取，并为其智能控制和决策提供依据是一个尚待解决的问题。

其次，由于生产现场需求的推动，针对于第二类生产监控图像数据的研究也越来越受到学术界的重视[2~7]。文献[2]最早研究了如何根据火焰图像进行燃烧控制的问题，文献[3]提出了利用图像处理的方法检测直流电机的换向火花，文献[4]则根据彩色火焰图像的三基色比值作为神经网络的输入来软测量火焰的温度，文献[5]研究了在辐射图像处理和辐射传热逆问题求解基础上建立二维炉膛温度场，文献[6]也研究了电厂锅炉中如何根据火焰监控图像建立其炉膛内部温度场。上述工业图像处理的应用研究中，针对煤粉燃烧的火焰图像分析是研究的热点，大部分研究都基于“火焰亮度－图像灰度－温度计算”的亮度测温原理。但由于亮度极易受到炉膛内烟尘的干扰，因此算法的实际应用能力很有限。尽管出现了不少相关文献，但是上述研究一般都存在以下两个问题：1. 研究大都针对少量单幅图像的静态信息提取，没有涉及如何根据工业视频特点，从海量图像序列中进行动态信息提取这一深层次问题。2. 在基于工业图像的模式提取过程中，没有考虑将第一类常规过程数据中蕴含的信息同第二类图像模式信息进行融合，利用多源异类信息间的互补性，提高解决实际问题的能力。

由上述两类数据的研究现状可知，需要解决基于数据和图像的多源异类信息的分析问题，由于不同事务之间的相关性是他们之间最朴素、最平凡的内在联系，数据挖掘中的关联挖掘技术可以为这个问题的解决提供一个基本的、原始的关联模式分析手段。针对数据和图像两类数据集合，利用关联挖掘的理论和方法，研究多源异类信息中的潜在模式和规则提取，用于优化工业过程控制和管理，有着非常诱人的应用前景。

但是工业应用背景下的数据库与商业环境下的数据库有着明显的不同。首先，数据具有不精确、不确定性；其次，存在着大量诸如温度、压力、流量等模拟定量数据，并且与开关量定性数据共存；最后，工业现场所需要的知识规则往往是动态的、有着特殊的时间属性。目前，数据挖掘和软计算已经成为智能信息处理领域的两个重要基础工具，将两者有机地结合起来，取长补短，解决上述存在的一些问题是完全可行的[8]。在数据集具有不精确、不确定、有缺陷的情况下，基于粗集的DM方法具有较强的定性分析能力，他能从给定问题的数据中，通过不可分辨关系和不可分辨类确定给定问题的近似解，用较低的计算成本获得满意的处理结果。神经网络由于具有特殊的非线性动态特性，利于具有时间约束的动态规则提取，进而出现了基于知识和粗集的模糊多层感知器和自组织神经网络，用于数据分类及规则的产生。因此基于粗集、模糊集、神经网络等软计算技术的数据挖掘算法，在处理海量工业现场数据时将有着显著的优势[9]。

在另一个方面，如何根据工业图像视频特点从大量图像序列中进行动态信息的提取，是项目研究的重要内容。作为动态序列的一种产生式随机模型，隐马尔可夫模型对时间序列结构具有较强的建模能力，它用概率和统计范畴的理论可以有效解决不同参数下短时平稳信号段的辨识，以及段间转换的跟踪问题，HMM在人的语音、表情分析以及工程信号的识别上得到广泛应用[10~11]，它可以为解决复杂工业动态图像序列的信息获取问题提供一种新的研究方法。

课题将以有色冶金企业的氧化铝烧结回转窑作为实际研究对象。我国的回转窑烧结工艺的能源利用效率与国际工业发达国家水平相比仍有较大差距，例如就我国回转窑应用技术水平较高的联合法氧化铝生产行业而言，在单位产量条件下，发达国家的吨标准煤能耗是0.65，我国的是1.201，国内工艺能耗比国际工业发达国家至少高出84.77%[12]。

基于数学模型的各种新型控制策略虽然在化工行业取得实效，但回转窑是一类具有强非线性、多重大滞后、参数时变的典型复杂工业过程被控对象。熟料在回转窑内的高温烧结过程极其复杂，在该过程中多种物理化学反应与相变反应同时并存，热场、流速场、浓度场等多场相互耦合。长期以来，国内外学者对回转窑烧结过程中的能量传递、转换与消耗的机理，以及物料/燃料运动热交换模型进行研究与分析，探讨基于数学机理的回转窑建模问题[13~14]。

项目组从1996年就开始从事氧化铝回转窑的自动控制系统研究工作，先后在中国铝业的郑州、贵州和中州分公司建立了现场控制系统，取得了一系列研究成果，积累了丰富经验。项目组于1996年在郑州铝厂回转窑控制系统中引入计算机工业电视图像处理方法，取得窑中煅烧温度的态势估计。经过在贵州分公司的多年研究和现场实验，我们根据烧结过程自动控制的要求与操作工人的经验，提出基于多传感器信息融合和火焰图像处理技术的烧结带温度计算机检测和控制方法，并探讨了粗集和SVM在这方面的应用。基于此开发的回转窑自动控制系统，在贵州分公司现场运行效果良好，2005年被中国有色金属工业协会鉴定为国际先进水平。但目前回转窑烧结温度检测识别和控制规则的提取等老问题，仍未能得到彻底解决。项目组现已积累了大量的回转窑烧结系统生产过程数据和图像，如何能够利用这些宝贵资源进行智能数据融合分析，对烧结温度进行软测量，实时准确地估计窑内工况，同时提取其智能控制规则，提高控制的效果，是目前回转窑烧结温度自动控制成功的关键和瓶颈，也是我们需要进一步研究的重点。

综上所述，本课题分析融合工业现场的多源异类数据，消除信息间的冗余和矛盾，利用信息互补，降低系统的不确定性，提取潜在的模式和规则，为企业的过程控制和生产管理服务。具体利用数据挖掘技术、图像处理和软计算技术，研究如何从海量现场数据和图像中提取有效的专家控制规则和工况识别知识，该研究不但为数据驱动下的复杂过程集成智能控制和综合优化开辟一个有效分析设计方向，也为突破该控制决策领域中专家知识获取的瓶颈提供了一个新的思路。从应用层面上讲，在国民经济应用领域中，由于回转窑烧结工艺在有色冶金、建材等行业中的应用普遍存在，该复杂对象的控制问题具有典型性，这一问题的解决可以直接为各类回转窑实现增产降耗，带来显著的经济效益，同时也可为其他类似复杂工业过程的检测和控制提供宝贵的借鉴。批注1

参考文献：

[1] Li-Xin Wang, Jerry M, Mendel. Generating fuzzy rules by learning from example [J]. IEEE Transaction On System, Man and Cybernetics, 1992, 22 (6): 1414-1427.

[2] Collins S. Advanced flame monitors take on combustion control. Power, 1993, (10): 75-78.

[3] 孔繁让，刘志刚，王建平等. 图像处理在直流电机换向火花图像监测中的应用［J］. 中国电机工程学报，2001，21（6）：53-57.

[4] 李汉舟，潘泉，张洪才，等. 基于数字图像处理的温度检测算法研究［J］. 中国电机工程学报，2003，6，23（6）：195-200.

[5] 盛锋，周怀春，韩曙东，等. 基于图像处理及辐射传热逆问题求解的二维炉膛温度场重建［J］. 中国电机工程学报，1999，10，19（10）：1-7.

[6] 周怀春，娄新生，尹鹤龄，等. 单色火焰图像处理技术在锅炉燃烧监控中的应用研究［J］. 电力系统自动化，1996，20（10）：18-22.

[7] 王补宣，李天铎，吴占松. 图像处理技术用于发光火焰温度分布测量的研究［J］. 工程热物理学报，1989，10（4）：446-448.

[8] Sushmitra Mitra, Sankar K. Pal, Pabitra Mitra. Data mining in soft computing framework: a survey [J]. IEEE Trans. Neural Networks, 2002, 13 (1): 3-14.

批注1：研究意义开门见山，指出“在多源异类数据背景下，综合分析生产数据和图像、有效地整合现场信号、利用信息互补降低系统的不确定性并且从中提取有意义的模式规则，对于辨识过程工况、优化控制参数、实现更加稳定高效的过程控制具有重要的现实意义”。

接着较详细地分析了国内外在该方向上的发展状况和存在的问题，进而阐明了要解决的科学问题，即“基于粗集、模糊集、神经网络等软计算技术的数据挖掘算法”，和“如何根据工业图像视频特点从大量图像序列中进行动态信息的提取”。需要注意的是，在这方面已经有了许多的研究，[1] 且参考文献不够。另外首次出现的英文缩写最好说明。

接下来申请者阐述了本项目研究对象的现实意义，并介绍了与本研究相关的前期研究背景及经验，最后总结了本项目的理论和现实意义。

中英文参考文献均有引用，如果有的话还可以引用一些更新的，中文参考文献信息全面，英文参考文献格式欠规范。

[9] 罗印升，李人厚，梅时春．复杂工业过程中数据挖掘模型研究［J］．信息与控制，2003，2，32（1）：32-35.

[10] 王天树，郑南宁，李岩，徐迎庆，沈向洋．用于动态序列合成的基于核密度估计的隐马尔可夫模型［J］．计算机学报，2003，3，26（2）：153-159.

[11] 柳新民，温熙森，邱静，刘冠军．基于隐马尔可夫模型的机电系统机内测试虚警抑制．兵工学报，2005，5，26（3）：387-392.

[12] 中国有色金属工业行业协会．中国节能技术政策大纲［M］．2004.

[13] F. Marias. A model of a rotary kiln incinerator including processes occurring within the solid and the gaseous phases［J］，Computers and Chemical Engineering，2003，vol. 27：813-825.

[14] 马爱纯，周孑民，李旺兴．氧化铝熟料窑喷射干燥段参数的仿真优化［J］．中国有色金属学报，2004，1，14（1）：138-142.

二、研究方案

1.0　研究目标、研究内容和拟解决的关键问题（可加附页）

1.1　研究内容[批注2]

批注2：研究内容比较具体，层次清楚。但研究点应3～5个为宜，不然容易导致研究宽而泛，深度不够。

将数据挖掘、图像处理和软计算技术相结合，综合集成分析多源异类数据中的关联模式提取问题，并应用到复杂工业控制领域，是个多学科交叉研究领域，必然存在众多拟待解决的问题。高效商业数据挖掘模型的研究成果，在工业应用领域里可能未必有效，因此必须结合工业现场数据的特点和不同的应用需求，研究新的挖掘算法和应用模型，这样才能克服数据中的不利条件。结合氧化铝回转窑烧结工艺监控系统实例，以及我们在前期研究中面临的烧结温度融合检测，和专家控制规则提取问题，本课题的具体研究内容限于以下三个方面。

（一）研究关联挖掘在常规现场数据中规则提取中的应用，主要研究下面三个子问题。

1. 研究粗集理论消除现场数据的不完备性。

工业系统工作环境复杂，电、磁、噪声干扰较强，数据易受污染。由于工业过程的行为状态是许多变量因素共同作用的结果，数据间有时会存在强耦合和非线性关系。这些都为数据选择和滤波带来困难，因此研究粗集在具有更强功能的数据筛选和预处理方法中的应用具有很大的实际意义，这里需要具体解决知识颗粒定义、数据编码、超大规模信息表的存储、化简和最小决策算法的优化实现等问题。

2. 研究模糊集在定量属性离散化中的应用。

工业现场数据类型往往是多样的，如数值型、非数值型、逻辑型等。因此研究同时能够挖掘定量属性规则以及混合属性规则（数值型和布尔型共存）的挖掘算法，将是本研究的一个重要内容 。为了更好地进行人机交互，利用已有的专家知识，需要研究最优模糊隶属函数的选取及其参数定义，解决在最小信息损失前提下的最优化定量属性模糊离散化方法。

3. 结合软计算技术开发高效关联挖掘算法。

研究信息融合、软计算和关联挖掘技术的有机结合点，建立高效关联挖掘技术的理论研究框架。着重发现数据间的趋势变化关系，重点研究时序模式下高效模糊关联规则的提取方法，提取用于窑况识别和人工的控制的模糊关联规则。研究算法的时间、空间复杂性，利用商业数据库的研究基础，针对分布式数据存储模式，研究基于工业现场总线的并行挖掘算法和增量挖掘算法的设计与实现。

（二）研究关联挖掘在过程图像序列纹理分析与识别中的应用，分为下面前后两个子部分。

1. 研究基于关联挖掘的图像纹理特征提取。

纹理可认为是灰度和颜色的二维变化的图案，它是区域所具有的重要特征之一，在图像处理中起着重要的作用。例如根据卫星摄影和航空摄影的地形和森林分析，生物组织和细胞的显微镜照片的分析等等。由于纹理是图像灰度变化的统计特征，因此利用该特征进行工况识别可以较强地抵抗工业粉尘和烟雾干扰。在工业回转窑中，不同的熟料烧结质量也可以体现到熟料图片的纹理特征上。图 1 是从回转窑火焰监控图像上截取的不同质量熟料图片（左为低温料，右为高温料），图 2 是冷却机下料口的熟料图像（左为低温料，右为高温料）。不同熔重的熟料，其图像的纹理特征也不同。从大量熟料图像序列中找出不同熔重熟料的纹理特征，并将其用于熟料质量和烧结温度的计算机自动识别和预测，可以为回转窑控制器带来稳定、及时的窑况反馈信息。这里，首先要研究的是单幅图像上的纹理特征提取。

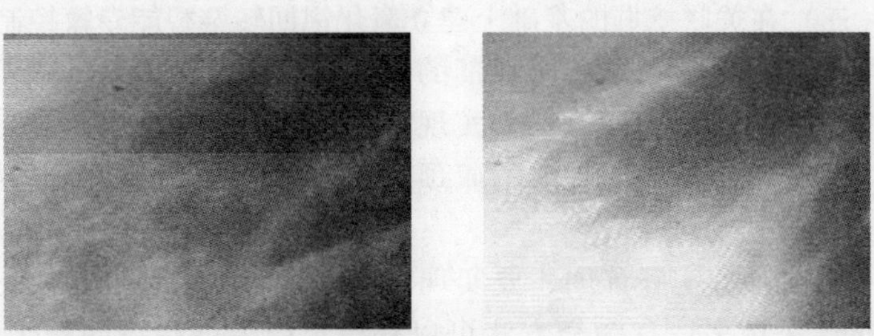

图 1　窑头摄取的熟料图像

常规纹理分析分为统计法和结构法两类，具体算法有直方图、自相关函数、灰度共生矩阵、灰度－梯度共生矩阵、傅氏分析、数学形态学分析等纹理分析方法。图像的纹理特征提取可以转化为在一幅图像中寻找那些反复出现的局部结构的问题，因此利用关联挖掘提取纹理特征可以同时提取图像的结构和统计特性，并且还可以

图2　冷却机口摄取的熟料图像

发现一些不易被人察觉的纹理特征。研究首先要解决的是如何利用关联规则模型表述图像灰度矩阵中的局部结构特征。所谓的关联规则模型表示如下：

$$(A_1 \wedge A_2 \wedge \cdots \wedge A_m) \Rightarrow (A_{m+1} \wedge A_{m+2} \wedge \cdots \wedge A_{m+n})$$

其中（$A_1 \wedge A_2 \wedge \cdots \wedge A_m$）为规则的前件，（$A_{m+1} \wedge A_{m+2} \wedge \cdots \wedge A_{m+n}$）为规则的后件。研究需要根据具体问题（图像灰度矩阵中的纹理特征）的定义，对 $A_1 \cdots A_{m+n}$ 做出解释，即解决数据项（Item）、数据项集（Itemset）、交易（Transaction）的重新定义问题。

2. 研究基于隐马尔可夫模型的工业过程图像序列分析与识别。

上述提取的关联纹理特征是单幅图像灰度的静态空间特征信息，在图像序列分析中，熟料质量的波动会导致其纹理特征在时间上的渐变性，这一特点可以称为纹理的动态时间特征信息。在前一步静态关联纹理特征提取基础上，利用隐马尔可夫模型辨识纹理的动态时间特征信息，解决时序图像信号的模型化问题，进而对工业过程动态图像序列进行分析与识别。研究需要解决动态纹理信息的建模和编码、纹理特征向量的选择优化和适合于工况变化的 HMM 状态转移模型的构造。为更好的表征纹理信息的时域结构，还需在构造 HMM 时注意对帧相关信息的识别。

（三）在关联挖掘的基础上建立氧化铝回转窑智能专家控制器。

我们在对氧化铝回转窑长期的研究过程中，发现对其进行智能控制需解决以下三个问题：①实现窑内烧结温度的正确检测。②突破回转窑智能控制规则提取的瓶颈。③如何采用灵活的控制结构应对复杂窑况的变化。

以往的研究实践证明，要实现窑内烧结温度的精确检测是非常困难的，采用多信息融合方法可以获得窑内温度趋势的初步估计。研究如何利用关联挖掘技术分析回转窑热工数据和图像监控数据（多源异类信息），进行智能信息融合，提取工况识别规则和过程控制规则，并用于回转窑专家控制器的设计中去，是项目研究的一项重要内容。在上述两个研究内容基础上，项目还将进一步在海量现场数据背景下，研究利用数据挖掘技术优化专家控制器的设计，建立多源异类信息间更加有效的融合模型。

1.2 研究目标[批注3]

1. 研究基于软计算的关联挖掘方法应用于常规历史数据的分析。针对从复杂工业现场数据中提取模糊规则存在的诸多问题，采用软计算方法，研究稳健的模糊定量时间序列挖掘方法，提取过程的工况特征和模糊控制规则。

2. 研究工业过程图像中的关联纹理特征提取。研究利用关联挖掘算法提取复杂生产过程监控图像中的纹理分类特征。研究基于纹理特征的关联挖掘问题的具体定义和实现方法，以及快速图像处理的频繁模式产生算法。

3. 在关联纹理特征基础上，研究基于隐马尔可夫模型的工业图像序列分析与识别。利用隐马尔可夫模型辨识纹理的动态时间特征信息，解决时序图像信号的分析与识别问题。

4. 在上述研究基础上，利用关联挖掘技术辅助建立回转窑智能专家控制器。将模糊定量时间序列挖掘方法获取的模糊控制规则和工况特征规则，与过程监控图像序列中获取的动态关联纹理分类信息进行融合，对复杂窑况进行模糊判决和控制，从而建立起稳健高效的回转窑智能专家控制系统，优化操作，降低能耗。

> 批注3：研究目标要指出明确具体的科学问题，并且重点突破，即不必面面俱到，而是真正解决一个或几个关键的科学问题，注意与研究内容的区别。

1.3 拟解决的关键问题[批注4]

1. 工业数据噪声污染和过程的不确定性影响的消除。

对复杂工业现场数据，如何利用信息融合和粗集对数据进行有效地滤波和变换整理，保持数据的稳定性、一致性和可靠性，有效降低后期挖掘算法的复杂性，为所获取知识的有效性和正确性提供保证，是进行下一步数据分析的前提和基础。

2. 高效模糊定量时间序列挖掘算法的开发。

对于数据融合和工控规则的提取，关键是开发针对工业现场时间序列数据的模糊定量挖掘算法。解决前期数据清洗，现场时序趋势的合理定义和获取，以及定量属性离散化等诸多实际问题。只有有机结合信息融合、软计算与数据挖掘技术，真正发挥各自特点，才能有所突破。这是本项目的重点研究内容，也是项目研究的难点之一。

> 批注4：关键问题是指研究过程中对达预期目标有重要影响的某些研究内容或因素，以及为达预期目标所必须掌握的关键技术或研究手段，申请者明确指出了关键问题，分析透彻。

3. 图像纹理特征提取中关联挖掘框架的定义。

数据挖掘技术在图像处理中的应用，大都局限于海量图像数据库中图像的快速检索问题研究。由于关联挖掘过程中，高效频繁数据项集的产生方法已经得到广泛的研究，因此只要突破了在图像纹理特征提取中数据项、数据项集和事务概念的定义，给出关联规则在图像纹理特征的具体表述，建立符合实际问题的关联挖掘框架，就可以利用已有的关联挖掘研究成果，加快研究进程。

4. 关联纹理特征向量的选择优化和适合于工况变化的 HMM 状态转移模型的构造。

批注5：特色与创新之处即在本项目研究领域中与国内外同行所不同之处，亦即前人未曾有过的新方法、新手段。

批注6：研究方法与技术路线具体、合理可行，以研究项目的需求为前提，采用了先进的方法和手段，并将关键方法和环节体现在技术路线当中。

利用关联挖掘产生图像纹理分类特征，本质上是提取图像灰度结构的统计特性，因此挖掘结果中会导致大量关联纹理特征的出现，而且一些特殊纹理不能像面部表情或语音一样易于被人理解和感知，所以纹理特征向量的选择和优化是建立 HMM 模型的关键。另外，HMM 状态转移模型的构造也没有固定的方法和模式，这需要对问题动态变化的深刻理解和创造性的探索与实验，因此这也是项目研究的难点。

2.0　本项目的**特色与创新之处**[批注5]

课题既有明确的现场应用背景，又有一定的技术创新和理论突破。具体来说有以下几点特色：

1. 提出利用关联挖掘综合分析工业现场多源异类数据，从常规现场数据和监控图像序列中提取控制规则和工况识别知识，提高复杂工业现场控制和检测的鲁棒性。

2. 提出基于关联挖掘的图像纹理特征提取方法，将图像纹理特征用于现场工况识别，具有较强抗干扰能力。

3. 提出基于关联纹理特征和隐马尔可夫模型的工况视频动态识别分析新方法，解决工业图像时间序列的动态信息获取问题。

4. 提出一种基于多源异类信息融合和面向煤耗最优的智能专家控制器设计，并已取得初步应用成果。

3.0　**拟采取的研究方法、技术路线、实验方案及可行性分析（可加附页）**[批注6]

3.1 研究方法、技术路线

项目的整体研究方案分为三个部分：高效模糊定量时间序列挖掘算法的研究、动态图像序列的关联纹理特征提取与识别和回转窑智能专家控制器的设计实施。结合回转窑应用系统，三者关系如图 3 所示，项目的整个的研究流程是由上至下的。参照拟解决的关键问题，三个部分的具体研究方案分述如下：

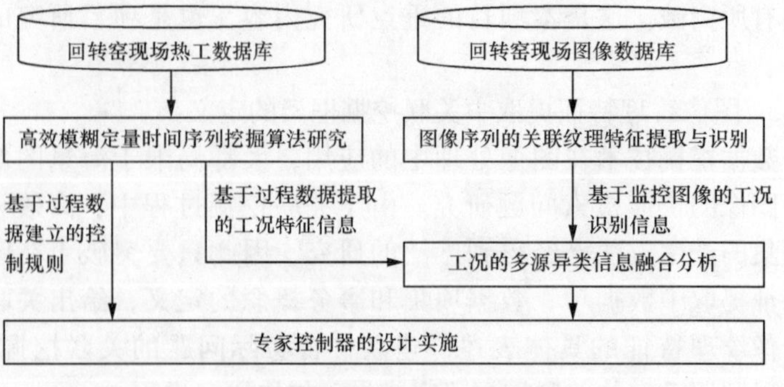

图 3　系统的整体研究方案

（一）高效模糊定量时间序列挖掘算法的研究

抓住复杂工业过程监控数据易受干扰、规模不断变化、属性取值连续、时间性强这几个特点，首先从全局角度建立集成关联挖掘技术在复杂系统控制应用中的总体思路和优化模型，对面临的实际问题采用各个击破的方法，为最终成熟技术的突破奠定基础。研究拟采用如图4所示的带有参数反馈调整的模糊挖掘过程描述作为初步的时序数据挖掘模型。其次在高效模糊时间序列挖掘算法的开发过程中，应注意结合数据的先验知识、生产工程背景知识，将传统的DM方法、机器学习方法和新的智能计算方法进行融合集成。充分利用商用数据库挖掘研究中已有的成果和结论，在数据集具有不精确、不确定、有缺陷的情况下，利用基于神经网络、模糊集理论、粗集理论、进化计算等软计算方法，进行仿人式非精确推理和模糊分类，可以较低的计算成本获得满意的处理结果。

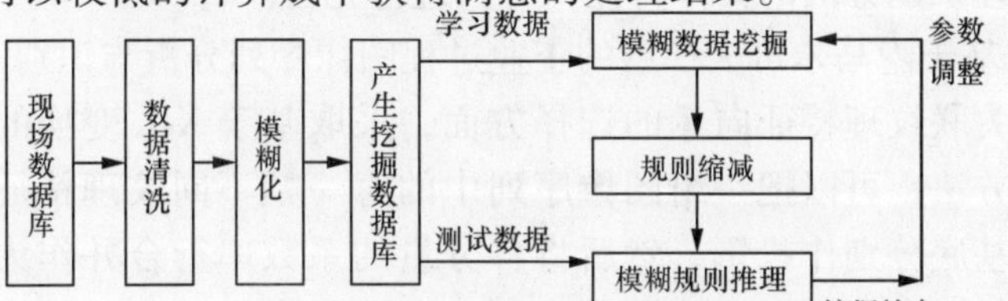

图4　模糊时序数据挖掘模型

（二）动态图像序列的关联纹理特征提取与识别

1. 基于关联挖掘的图像纹理特征提取。

首先是解决描述图像纹理特征的关联挖掘框架定义问题。参照图5的灰度样本图像，数据项、数据项集、事务和关联规则拟作如下定义：

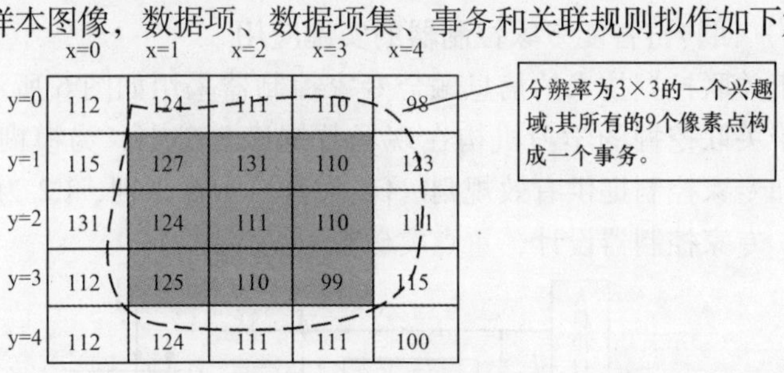

图5　一个灰度图示例

兴趣域：灰度图像中任意一个 $n\times n$ 区域。这里 n 可以解释为进行纹理分析的分辨率。

数据项：兴趣域中的任意一个像素点。它可由其横坐标 x、纵坐标 y 和灰度 i 组成的一个三元组确定，即（x，y，i）。其中 x 和 y 是从相对于一个兴趣域的左上角开始定义。

数据项集：兴趣域中任意数据项的集合，即兴趣域图像中的像素点的集合。

事务：兴趣域中所有数据项的集合，即兴趣域中的所有相素点。任意一个兴趣域确定一个具体的事务。

显然如果将一个 $N\times N$ 的灰度图像看成一个数据库，则其存在着 $(N-n+1)^2$ 个兴趣域，即在该数据库中存在 $(N-n+1)^2$ 个事务。兴趣域遍历整个灰度图像空间，利用关联挖掘算法可以发现该副图像中分辨率为 $n\times n$ 区域内对纹理灰度特征描述的关联规则如下：

$$(x_1,y_1,i_i)\wedge(x_1,y_1,i_1)\wedge\cdots\wedge(x_m,y_m,i_m)\Rightarrow$$

$$(x_{m+1},y_{m+1},i_{m+1})\wedge(x_{m+2},y_{m+2},i_{m+2})\wedge\cdots\wedge(x_{m+n},y_{m+n},i_{m+n})$$

上述定义可初步建立一个对灰度图像进行纹理特征提取的关联规则挖掘框架。然后，需要进一步设计高效的频繁模式生成算法，完成算法的最终仿真编程，并与传统的统计法和结构法相比较，研究该纹理识别方法的具体特性，对其进行完善。

2. 基于隐马尔可夫模型的工业过程图像序列分析与识别

在关联纹理特征向量的选择方面，采取基于 K-L 变换的特征向量选择方法，可以把一组图像序列中的每一帧不同纹理特征区域向其对应基底分别作投影，然后将各分量的系数串行合并作为一个特征流向量，利用 K-L 变换消除特征流各分量之间的相关性，得到关联纹理特征向量序列。

在构造适合工况变化的 HMM 状态转移模型方面，考虑到由 HMM 所描绘的时间序列过程是一个状态转移模型，前一步骤中提取出的关联纹理特征向量序列，是随着工况变化的一个有时间顺序、不可逆的过程，因而拟采用无跨越从左向右的 HMM 模型。

（三）回转窑智能专家控制器的实施应用

基于关联挖掘技术的信息融合专家控制器采用如图 6 所示模型。其中基于关联挖掘的学习机构在现场数据库基础上，为模糊融合识别检测和专家控制提供有效规则。C1 为监控图像序列，C2 为常规融合信号。专家控制器设计，重点突破以下两点内容。

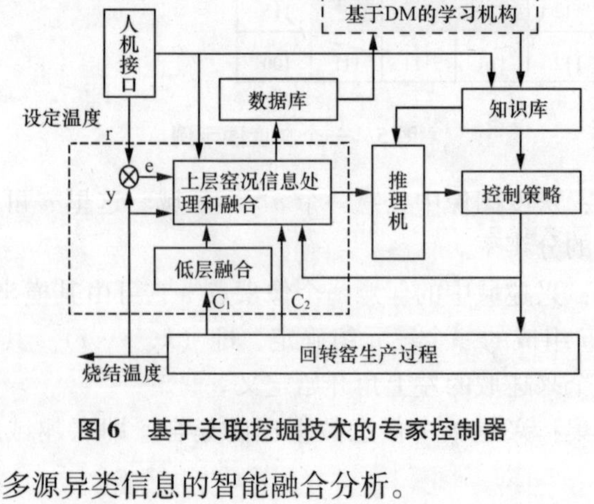

图 6　基于关联挖掘技术的专家控制器

1. 现场多源异类信息的智能融合分析。

以关联挖掘技术分别对现场数据和图像序列进行分析后，研究这些多源异类信息的智能融合处理方法。采用机器视觉理论和语音识别技术分析这些工业多媒体数据，利用智能信息融合技术，对多源异类局部不完整信息加以综合，消除多传感器信息之间可能存在的冗余和矛盾，利用信息互补，降低系统的不确定性，有效整合现场信号，提取现场工况的关键参数和信息，辨识过程工况。

2. 氧化铝回转窑集成优化操作应用研究。

以氧化铝回转窑为实际应用对象，在保证熟料质量和窑运转周期的前提下，研究建立基于煤耗最优的专家操作模式。在基于关联挖掘的现场数据和图像序列研究基础上，通过窑前多媒体数据库、辅助人工专家经验，研究离线、在线获取煤耗最优的回转窑烧结过程最优化控制的方法。研究在正常工况条件下，基于煤耗最优的回转窑烧结温度的自动控制，从而降低人工操作波动，保证熟料烧结过程的稳定、高效，达到节煤降耗的目标。

3.2　实验方案

采用理论与实践结合，试验室算法仿真与现场试验相互验证的研究方法。

现场实验在中铝公司贵州铝业分公司的氧化铝回转窑现场进行，该监控系统采用 SCC + DDC 分级控制，硬件结构如图 7 所示，其中图像采集卡分别采集现场熟料和窑内火焰图像，系统软件已由我们自主研发完成。

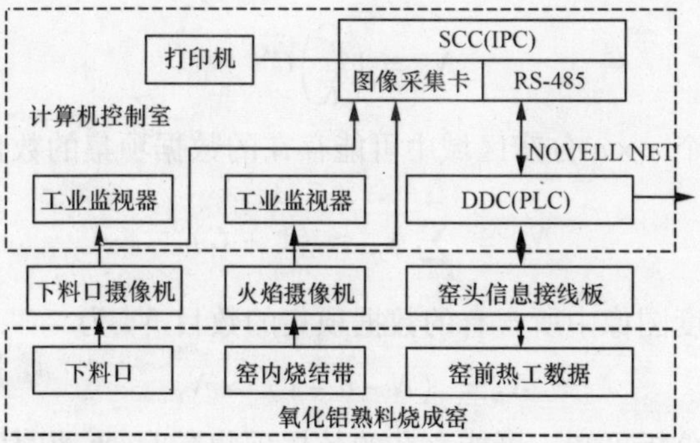

图 7　氧化铝回转窑监控系统

该系统可以进行手动监督控制和自动控制模式的无扰切换，非常适用于现场信号的采集和控制系统的调试运行试验。项目组将在已经运行的氧化铝回转窑计算机监控系统基础上，继续采集相关数据，进一步扩充数据库，完成现场数据的采集工作。数据挖掘算法的研发和初步测试首先在试验室完成，最终在工业现场实现联调，并进行实用性检测。

3.3　**可行性分析**[批注7]

批注 7：在技术层面上说明了研究方案可行。

（一）技术层面分析

1. 数据挖掘技术目前已在许多工程领域获得研究应用，现有的研究成果可以为解决其在工业数据库应用中存在的问题，提供宝贵借鉴和指导，从而降低研究的风险和难度，加快研究进度。

2. 项目提出将图像纹理特征用于基于监控视频的现场工况识别是可行且鲁棒的。以回转窑熟料图片为例，现场经验指出其熟料的质量等级与其熟料的粒度有着密切关系。如图1、图2所示，熟料粒度的大小反映在图像上可以用图像纹理的粗细来估计。虽然工业现场的许多监控图像受到烟尘干扰经常模糊不清，但纹理特征具有一定的统计特性，可以克服烟尘干扰，所以通过图像纹理特征估计熟料质量，进而为判断窑内工况提供依据的研究方案，是有一定现场经验和图像处理理论支持的。

3. 从利用关联挖掘提取图像纹理特征的具体实施方案分析，图像的局部纹理特征可体现在相近灰度值像素点集合在二维图像空间上的规律分布，在3.1研究方法分析中给出的一个纹理提取的关联挖掘框架，是可以在不同分辨率的基础上利用关联挖掘方法提取二维灰度图像的纹理特征的。从该框架的复杂性上分析，考虑一个$N\times N$的灰度图像，在分辨区域为$n\times n$的前提下，关联挖掘所要处理的总事务量为$(N-n+1)^2$个。如果一个$n\times n$分辨区域内的可能灰度值数目为G个，则一个事务中包含的数据项为$n^2\times G$个。如果一个数据项集的势为K，即含有K个数据项，则一个$n\times n$分辨区域内势为K的数据项集的数目N_k为

$$N_k = \binom{n^2}{K} G^K$$

这样一个$n\times n$分辨区域中可能存在的数据项集的数目N_T为

$$N_T = \sum_{K=1}^{n^2} N_K \approx (1+G)^{n2}$$

整个灰度图像中所含有的数据项集的数目N_N为

$$N_N = (N-n-1)^2 \times N_T$$

由上述分析可知，可能存在的数据项集数目N_N很大，但在关联挖掘中如果使用分层搜索算法发现频繁数据项集，对算法复杂度影响最大的两个参数：总事务量$(N-n+1)^2$和单个事务长度$n^2\times G$并不是很大，而且这两个参数还可以通过降低分辨率n和对每像素可能的灰度值G进行分段的方法进一步调小。因此利用关联挖掘算法发现图像纹理特征从算法的复杂性方面考虑也是可行的。

4. 在基于HMM的工业过程图像序列分析与识别研究方面，由于HMM在语音和人脸表情识别方面的研究成果有目共睹，其在工业图像序列分析方面同样也应具有一定的潜力。结合在3.1研究方法

分析中HMM建模方面的讨论，如果采用无跨越从左向右的HMM模型，则在此模型中限定一起始状态，每个状态只能向右侧编号的高一位状态或本状态转移，因此该模型的状态转移矩阵只有主对角元素和右副对角元素允许非零。这样的状态转移矩阵实际上就是一个稀疏矩阵，可以大大减少模型参数估值的计算量。另外考虑到一般HMM应用中，模型中状态变量的个数不会超过10个，因此本项目中提出的基于HMM的图像序列的识别方案是可以计算实现的。

（二）项目执行条件批注8

批注8：介绍了研究者扎实的研究基础、有利的现场实验条件。在学术队伍的组成、学历结构、研究基础和实验仪器方面还可以具体一些。

申请者在该领域已开展相关研究工作多年，并搜集了大量资料，理论基础扎实，项目管理经验丰富。在利用数据挖掘技术进行系统建模，复杂工业系统信息融合与专家控制等方面取得了初步的研究成果，主持研究的“基于图像识别机理的烧结过程自动控制技术研究”于2005年被中国有色工业协会鉴定为国际先进（见附件1），这不但表明申请者长期以来在该方向研究方法和思路的正确性，也为本项目更深入地研究奠定了基础。上述已获取的相关研究成果和多年积累的现场实践经验，将为本项目的研究和具有自主知识产权成果的开发打下良好的基础。

项目组有非常好的现场实验条件。项目组与中铝公司贵州铝业分公司在氧化铝回转窑控制系统的研究方面建立了长期的合作关系。2000年在测试现场实现了回转窑实时监控，2004年原系统已在剩余的1、3窑上推广，项目的前期研究开发已使该厂受益，为进一步提高自动控制系统的性能，作为合作申请单位，他们非常欢迎我们能够将相关基础理论研究继续下去。2006年项目组又与中铝中州分公司建立联系，在其一台回转窑上进行自动控制系统改造，获得显著应用效果（见附件2）。

项目在产学研基础上力求创新，研究内容既针对实际问题的需要，又注意建立在现有研究基础和相关学科的最新进展上。本着有所为、有所不为的方针，明确研究目标，合理定位，在关键难点有突破的把握。研究的客观条件完备，尤其是具备可以采集到大量的工业生产数据的现场试验条件。课题组成员年富力强，有进取心。他们分工明确，各尽所长，研究工作可以在多个层面展开，串、并行均比较方便。

4.0　年度研究计划及预期进展批注9

批注9：年度研究计划很具体。

1. 2007年1月~2007年3月，围绕研究内容和拟解决的问题，继续收集分析国内外近期的最新文献，建立工业过程中关联挖掘和图像序列处理的总体应用模型。

2. 2007年4月~2007年7月，到现场采集生产数据和监控图像，在实验室搭建数据库分析的软件平台，首要解决现场数据和图像的有效滤波和变换处理方法，然后解决模糊定量属性离散化问题，以及时序趋势的定义，研究基于粗集理论的现场数据清洗。

3. 2007 年 8 月 ~ 2008 年 3 月，将传统的图像纹理分析方法和关联挖掘方法进行仿真对比，研究关联纹理特征的提取和优化。基于现场火焰图像和熟料图像，构造 HMM 的状态转移模型，研究 HMM 中段间时间相关信息的提取和分析。

4. 2008 年 4 月 ~ 2008 年 10 月，在实验室开发高效时序挖掘算法，首先利用人工合成数据集进行算法测试，通过实验逐步改进算法性能，然后再利用采集的历史生产数据库离线挖掘模糊定量知识规则，将基于 HMM 的图像序列识别方法应用到工业现场。

5. 2008 年 11 月 ~ 2009 年 6 月，研究多源异类信息的融合方法，将成熟挖掘算法在回转窑专家控制器中的应用，现场提取图像纹理特征规则和模糊控制规则，进行实验研究，通过实际控制效果验证挖掘算法的有效性和实用性。

6. 2009 年 7 月 ~ 2009 年 12 月，在原监控系统的基础上，开发更高性能的回转窑专家控制系统。总结在本项目研究中进行的大量仿真和实测数据实验，从中提炼出创新成果，形成技术报告，进行项目验收。

批注 10：预期成果包括理论成果（发表的研究论文）和应用成果（应用系统的开发与申请技术专利），预期成果明确。

5.0　预期研究成果（能否形成自有知识产权成果） 批注10

（一）理论成果

1. 数据挖掘在复杂工业多源异类数据分析中的应用模型与实现技术。

2. 基于图像纹理和 HMM 的工业视频分析和识别技术。

3. 基于工业现场数据库的知识规则提取理论与技术。

4. 在国内外权威期刊上发表 6 篇高质量论文，形成专著 1 部，培养研究生 5 名。

（二）应用成果

1. 开发出具有自主知识产权的更高性能的氧化铝回转窑专家控制系统。

2. 将上述系统推广应用到更为广泛的干法水泥回转窑上。

3. 申请专利 2 项，相关软件著作权 2 项。

三、经费预算

支出科目	金额（万元）	用途及理由
1. 科研业务费	5	研究，论文版面费，学术交流，成果鉴定，差旅
2. 实验材料费	1	现场传感器安装耗材 1 万元
3. 仪器设备购置费	2	德国 BASLER 工业数字摄像机一台
4. 实验室改装费		
5. 协作费	1	控制系统现场实验协调费
6. 其他	1	院校提取管理费用
说明		

注：预算支出科目参见《国家自然科学基金项目资助经费管理办法》第二章：预算管理。

一般项目申请书范例点评：

湖南省自然科学基金一般项目申请书

《分形集上的复分析及其应用》
点评/王仙桃

王仙桃，男，湖南师范大学教授，博士生导师

项目类别	申报学科代码		项目编号
面上项目	A010105		

湖南省自然科学基金项目

申 请 书
（表二）

项目名称：分形集上的复分析及其应用

申 请 者：×××

所在单位：×××

邮政编码：×××

通讯地址：×××

E - mail：×××

电　　话：×××

传　　真：×××

申请日期：2006 年 12 月 12 日

湖南省自然科学基金委员会

二〇〇六年制

注意：湖南省自然科学基金申请书（表二）所填写全部内容不得出现申请者及项目组成员的姓名和工作单位，否则，将视为形式审查不合格。

项目研究内容和意义简介（限 400 字）
本题属于分形（Fractal）几何、复分析和调和分析三个学科方向的交叉领域，主要目标是研究分形集上分形测度的 Cauchy 变换、Fourier 变换和它们的应用。分形集的自相似性在这些变换下反射出来的性质是我们考虑的重点，例如解析性质、几何性质、渐近性质以及在吸因子（attractor）附近的混沌性质等。在解析性质方面，我们研究 Laurent 系数的渐近表达式和它的精确增长率，还研究这个变换的函数空间性质和在边界点的增长性质。关于几何性质，我们关注的内容是映照的星形半径和凸性半径。关于在 attractor 附近的混沌性质，我们将研究边界像曲线的自相似性和 loop 性质以及像区域边界的 Cantor 集猜测。以上研究在位势理论、概率论和信息学科中都有应用，特别是这种研究不仅丰富了分形几何的研究内容，也为复分析的研究开辟了一个新的方向。

一、立论依据

（包括项目的研究意义、国内外研究现状分析，并附主要参考文献及出处，可加附页）

对基础研究，着重结合学科发展趋势，论述项目的科学意义；对应用基础研究，着重结合学科前沿、围绕国民经济和社会发展中的重要科技问题，论述其应用前景。（可加附页）

分形几何是一个崭新的分支，它由 B. B. Mandelbrot 在 1975 年提出。人们把分形论、耗散结构和混沌称为 20 世纪 70 年代科学上的三大发现。分形论正被众多学科竞相引入，许多学者积极参与研究。美国科学情报所的计算机显示：世界上1 257种权威学术刊物在 80 年代后期发表的论文中与分形有关的占 37.5%，这些研究涉及自然科学、哲学和社会科学。

分形集已被数学界广泛关注[2~4,12~18]，分形集上的调和分析研究已有十多年历史，取得了丰富的成果，形成了一个热门方向[5~11]。但分形集上的复分析研究在 1998 年才由美国著名数学家 Strichartz 等人开始探讨[1]。他们通过对 Sierpinski 垫上的 Canchy 变换进行计算机模拟发现了许多奇怪的几何性质，因此提出了许多有趣的猜测，以期引起人们的注意。申请者从 1999 年开始系统研究分形集上的复分析理论，取得系列成果，已有两篇论文在国外 SCI.杂志上发表，其中一篇在著名杂志上发表（纯数学类影响因子排名前 14 位）。申请者使用分形几何的观点和复变函数几何理论的观点来探讨了自相似集上自相似测度的 Cauchy 变换，发现它们在渐近意义下继续保持自相似性，在吸因子（attractor）附近又展示一种混沌状态，研究所得结论和使用的方法完全不同于经典复分析。这些成果引起了分形几何学领域、复分析学领域的学者的注意并得到了著名学者的好评，国际专业杂志 Complex Variable 的编委 C. C. Yang 给予如下评价："这些结果是一些原创性的（Original）和实质性的（Substantial），不仅对分形几何给予了复分析的框架理解，同时也丰富了复分析自身。"目前全世界在这一领域发表的论文仅这三篇。

分形集上的复分析理论是分形几何理论和复分析理论的一个交叉领域，是一个崭新的研究方向，是一片处女地，有大量的问题值得研究，有许多新的结合点值得发掘。这种研究不仅能进一步揭示分形几何中的相似性质和混沌性质，丰富分形几何的研究内容，而且为经典复分析的研究开辟了一个新的方向（美国 Pittsburgh 大学教授、香港中文大学讲座教授、香港数学会理事长 K. S. Lau 的话），可能为经典复分析中的某些未解决的问题提供反例和新的线索，促进复分析的研究和发展。

由于分形测度的特殊性质、分形和小波理论的紧密联系以及小波正交基在图像和视频编码中的显著作用（申请者之一利用小波理论，构造出了新的、到目前为止图像压缩性能最好的小波，获得了图像压缩编码技术的重大成果，并在芯片方面有了新的突破），分形集上的复分析理论的研究将为小波正交基的研究带来新的线索，因此在信息学科有应用前景。[批注1]

批注1：本项目是一个崭新的研究方向，申请书从该方向起源到最近十多年其在各学科方向的广泛渗透进行了阐述。项目所研究内容是复分析和分形几何中一个值得填补的领域，有较大的理论研究价值。项目选题较好。

参考文献：

[1] J. Lund, R. Strichartz, and J. Vinson, Cauchy transforms of self-similar measures, Experiment Math., 7 (1998), 177-190.

[2] J. Hutchinson, Fractals and self-similarity, Indiana Univ. math. J., 30 (1981), 713-747.

[3] K. Falconer, Fractal Geometry-Mathematical Foundations and Applications, Wiley, New York, 1990.

[4] P. Mattila, Geometry Set and measures in Euclidean Spaces, Fractals and Rectifiability, Cambridge Studies in Advanced Mathematics, Vol. 44, Cambridge University Press, Cambridge, 1995.

[5] R. Strichartz, Fourier asymptotics of fractal measures, J. Funct. Anal., 89 (1990), 154-187.

[6] R. Strichartz, Self-similar measures and their Fourier transforms, I, II, III, Indiana U. Math. J., 39 (1990), 797-817; Trans. Amer. Math. Soc., 336 (1993), 335-361; Indiana. U. Math. J., 42 (1993), 367-411.

[7] R. Strichartz, Isoperimetric estimates on Sierpinski gasket type fractals, Trans. Amer. Math. Soc., 351 (1999), 1705-1752.

[8] G. David, Unrectifiable 1-sets have vanishing analytic capacity, Rev. Mat. Iberoamericana, 14 (1998), 369-479.

[9] K. S. Lau, Fractal measures and mean p-variations, J. Funct. Anal., 108 (1992), 427-457.

[10] K. S. Lau, Dimension of a family of singular Bernoulli convolutions, J. Funct. Anal., 116 (1993), 335-358.

[11] K. S. Lau and J. R. Wang, Mean quadratic variations and Fourier asymptotics of self-similar measures, Monatsh. Math., 115 (1993), 99-123.

[12] J. L. Li, On characterizations of spectra and tilings, J. Funct. Anal., 213 (2004), 31-44.

[13] X. G. He, K. S. Lau and H. Rao, Self-affine sets and graph-directed systems, Constructive Approximation, 19 (2003), 373-397.

[14] K. S. Lau, S. M. Ngai and H. Rao, Iterated function systems with overlaps and the self-similar measurees, J. London Math. Soc., 63 (2001), 99-115.

[15] S. M. Ngai and Y. Wang, Hausdorff dimension of overlapping self-similar sets, J. London Math. Soc., 63: 2 (2001), 655-672.

[16] I. Kirat and K. S. Lau, On the connectedness of self-affine tiles, J. London Math. Soc., 62: 2 (2000), 291-304.

[17] 文志英．分形几何的数学基础．上海：上海科技教育出版社，2000.

[18] 文志英，范爱华，等．分形几何的理论与应用．杭州：浙江科技出版社，1998.

二、研究方案

1．研究目标、研究内容和拟解决的关键问题（可加附页）

本题的研究目标是建立起分形集上的复分析框架理论。

具体研究内容有：批注2

> 批注2：研究内容具体，重点突出，前期工作基础扎实，所做工作具有极大的创新性。

（1）分形测度的 Cauchy 变换、Fourier 变换的边界性质，即在测度支撑集（分形集）上的性质，例如连续性质、自然边界性质、渐近自相似性质以及混沌性质等。分形测度的 Cauchy 变换的值分布性质，例如大 Picard 定理。

（2）研究在 Sierpinski 垫 K 上的 Cauchy 变换像区域的 Cantor 集猜想。我们已经证明：Hausdorff 测度在 K 上的 Cauchy 变换 F（z）在 K 的余集的每一连通分支 D 上是解析的和 Holder 连续到 D 的边界。我们将研究 Strichartz 并猜测（参看 Experiment Math.，7（1998），177-190）：在 D 的边界上存在一个 Cantor 集 E，满足 F（E）恰好是像区域 F（D）的边界。

（3）研究某些解析函数空间的乘子空间的包含关系。由于分形测度的 Cauchy 变换在分形集附近表现出来的怪现象、怪性质，这可能为经典复分析的某些未解决的问题提供反例和新的线索。我们考虑的对象有：分形测度的 Cauchy-Stieltjes 积分形成的某些解析函数空间（Banach 空间），与之相联系的有 Hardy 空间、Besov 空间、Dirichlet 空间、BMOA 空间等（参看 Proc. London Math. Soc.，1996，

72（3）：157-187 和 Trans. AMS.，1992，331：377-394）。这些解析函数空间的乘子空间的包含关系还有很多问题待解决。在这方面，我们已得到一些初步的结果，已有论文被《数学学报》发表。

（4）研究复变函数几何理论中的关于 p 次对称单叶函数的 Szego 猜想（已有近七十年历史）。我们已经研究分形测度的 Cauchy 变换在远离支撑集（分形集）处的几何性质，例如单叶半径、星形半径、凸性半径等，精确的结论将联系到 Szego 猜想。在 20 世纪 90 年代初我们已经对这个猜想进行过研究。我们将通过分形测度的 Cauchy 变换的怪现象、怪性质的研究，来探讨对 Szego 猜想的影响。

（5）由于分形和小波理论的紧密联系，又由于分形测度的特殊性质，它将为正交基的讨论带来新的线索，这就和信息学科产生联系。我们对分形测度和 Cauchy 变换、Fourier 变换的研究，将密切联系小波正交基在图像和视频编码中的应用来考虑。

拟解决的关键问题是：

自相似集（分形集）具有的分离性条件（SOSC）和开集条件（OSC）以及自相似恒等式对 Cauchy 变换、Fourier 变换的影响，以及低维拓扑中关于完全不连通紧集延拓理论的应用。

本项目的特色与创新之处批注3

分形集上的复分析理论是一个崭新的研究方向，是一片处女地。该题的研究不仅能进一步揭示分形几何中的相似性质和混沌性质，丰富分形几何的研究内容，而且为经典复分析的研究开辟了一个新的方向，为经典复分析中的某些未解决的问题提供反例和新的线索，促进复分析的研究和发展。我们对分形测度的研究还联系到小波理论，因此在信息学科有应用前景。这一研究领域在 1998 年才由著名数学家 Strichartz（康乃尔大学）等人开始探讨。他们通过对 Sierpinski 垫上的 Canchy 变换进行计算机模拟发现了许多奇怪的几何性质，因此提出了许多有趣的猜测。申请者从 1999 年开始系统研究分形集上的复分析理论，取得系列成果，已有两篇论文在国外 SCI 杂志上发表。目前全世界在这一领域发表的论文仅这三篇。实际上这一方向的第一篇论文只是计算机模拟结果，而我们的论文是在这一交叉领域进行系统理论研究的第一个，我们首次创新使用分形几何的理论、复变函数几何理论以及低维拓扑的理论来探讨分形集上的自相似测度的 Cauchy 变换，发现这个变换在渐近意义下继续保持自相似性，而在吸因子（attractor）附近又展示一种混沌状态，所得结论和使用的方法完全不同于经典复分析。

2. 拟采取的研究方法、技术路线、实验方案及可行性分析（可加附页）

研究方法、技术路线：批注4

批注 3：本项目是一个崭新的交叉领域，特色阐述清楚，“此研究将促成一个新的研究方向的产生”有较大的吸引力和说服力。

批注 4：研究路线、方法从宏观阐述具体又不失精炼，可行性的阐述很具说服力，从课题组成员到课题组工作积累，可看出此工作切实可行。

由于所考虑的支撑集和测度均有自相似恒等式，我们拟利用这一信息来建立分形测度的 Cauchy 变换、Fourier 变换的相应恒等式及其渐近表示，由此来研究上述问题。因为自相似集和自相似测度的信息都集中在自相似恒等式上，这将必然对分形测度的 Cauchy 变换、Fourier 变换带来影响。又由于作为边界的分形集呈现一种支离破碎的形状，远比经典复分析所考虑的光滑曲线复杂，因此这种影响必然带来不同于经典复分析的困难和结果。利用迭代函数系，来逼近自相似集和自相似测度，因此分形测度的 Cauchy 变换、Fourier 变换也可由有理函数来逼近。所要研究的边界性质、值分布性质、像的几何性质均可以由逼近的方法来获得信息。

利用分形几何的方法和经典复分析的方法相结合，例如质量分布原理和维数理论、幅角原理、调和函数的极值原理等来讨论 Cauchy 变换像的维数和其他几何性质。利用低维拓扑关于完全不连通紧集的延拓理论，几何分析中的解析容量理论、曲线完全不可求长理论来讨论分离性条件（SOSC）和开集条件（OSC）对 Cauchy 变换的影响。

由于分形和小波理论的紧密联系，又由于分形测度的特殊性质，它将为正交基的讨论带来新的线索，这就和信息学科产生联系。申请者之一已经利用小波正交基在图像和视频编码中找到应用，做出了新的芯片，获“863”项目、信息产业部的电子发展基金、湖南省政府等资助经费超过 200 万元。我们对分形测度和 Cauchy 变换的进一步研究，将密切联系上述应用来考虑。

可行性分析：

项目组主要成员中有三位教授（两位是博士生导师），他们都具有博士或硕士学历，受过严格的数学训练，积累了丰富的研究经验，都已经取得重要成果，都曾主持过国家级课题（目前都没有主持和参加），其中两位还有在国（境）外的研究经历。项目组成员中还有一位博士研究生，三位硕士研究生，他们已经过良好的数学训练，已具备该项目研究的基础，具有良好的计算机基础，这为该题的应用研究提供了力量。

关于该题的研究，我们已做了许多前期准备工作，有的成果已在著名杂志上发表（纯数学类影响因子排名前 14 位），得到国际著名学者的充分肯定，例如国际专业杂志 Complex Variable 的编委 C. C. Yang 给予如下评价：“这些结果是一些原创性的（Original）和实质性的（Substantial），不仅对分形几何给予了复分析的框架理解，同时也丰富了复分析自身。”这表明我们的技术路线是可行的。

通过收集与整理有关文献资料，在原有工作的基础上，组织专题讨论班，寻找新的研究工具和新的方法，落实研究计划并定期报告成果，加强国内外学术交流与合作，参加国内外有关的学术会议，最终实现本项目的研究目标。

3. **年度研究计划及预期进展**批注5

批注5：此年度研究计划具体，预期进展可行。

2005年：研究分形测度的Cauchy变换、Fourier变换的边界性质，例如连续性质、自然边界性质、渐近自相似性质以及混沌性质等。分形测度的Cauchy变换的值分布性质，例如大Picard定理。即完成研究内容（1）、（2）中某些问题的研究或取得重要进展。

2006年：研究分形测度的Cauchy变换远离支撑集（分形集）的几何性质，例如星形半径、凸性半径等。还研究分形测度在小波理论、信息学科方面的应用。即完成研究内容（4）、（5）中某些问题的研究或取得重要进展。

2007年：研究Sierpinski垫上的Cauchy变换，像区域的Cantor集猜想。研究分形集上的分形测度的Cauchy变换表现出来的怪现象对经典复分析的影响，探讨某些未解决的问题，例如乘子空间的真包含关系，几何函数论中关于系数的Szego猜想等。继续研究分形测度在小波理论、信息学科方面的应用。即完成研究内容中（2）、（3）、（4）、（5）中某些问题的研究或取得重要进展。

4. **预期研究成果（能否形成自有知识产权成果）**批注6

批注6：预期成果具有很高的学术水平，取得该成果将对该领域的发展将是巨大的贡献，表明该项目是应该受到重视和资助的。

研究成果主要以学术论文的形式呈现，在国外SCI源刊和国内的核心期刊上发表8篇以上论文，争取有一篇高质量论文在纯数学的顶尖级杂志上发表，例如在影响因子排名前十位左右的杂志上发表。

从研究内容来说，建立起分形集上复分析的框架理论，例如Cauchy变换的连续性质、自然边界性质、渐近自相似性质以及混沌性质等；还有像区域的几何性质，例如星形半径、凸性半径、Cantor集猜想等，力争在小波理论、信息学科方面找到应用。

三、经费预算

支出科目	金额（万元）	计算依据及理由
合计	5	
1. 科研业务费	4.14	
国内调研	0.4	两次，每次0.2万元（去中科院）
学术会议	0.75	三次，每次0.25万元
业务资料	0.70	图书资料、复印资料、科研用品、电脑设备更新
投稿费、版面费	0.49	7篇论文
实验耗材	0.9	计算机模拟、大型计算所需
论文印刷	0.20	论文打印与预印本
国内外学术交流	0.7	邀请国内外学者短期访问

续表

支出科目	金额（万元）	计算依据及理由
2. 协作费	0.36	每年0.12万元
3. 项目组织实施费	0.25	按百分之五计算
4. 管理费	0.25	按百分之五计算

注：预算支出科目参见《国家自然科学基金项目资助经费管理办法》第二章：预算管理。

第四部分

基金管理研究与经验体会

【管理研究】

着力提升“第一要素”
——论自然科学基金与创新人才成长

湖南大学　童桦　唐晖　朱箐兰　唐璐

人才是科技竞争的第一要素。建设一支高水平的科技创新人才队伍，特别是培养和造就大批拔尖创新人才，成为决定我国社会主义现代化建设成败的关键因素。实施科学基金制以来，国家和省自然科学基金择优资助了大批学科前沿领域的研究工作，一大批科技人才在科学基金项目研究中成长起来。实践证明，科学基金已成为我国培养和造就创新人才的有效模式和重要途径。

一、自然科学基金为科技人才培养提供了基本保证

实施科学基金制以来，基金委围绕识才、聚才、育才和用才，从加强资助、完善管理、优化平台等多方面着手，全面部署，积极统筹，为人才培养提供了有效的管理模式和运作机制。

1. 资金保障有力

（1）资金来源多元化。科学基金培养人才主要是通过对项目及科学家个人的资助来实施的。近年来，国家和地方自然科学基金委从全国和地方基础研究布局出发，加强战略筹划和科学预测，根据基础研究发展的需要，一方面积极争取中央和地方财政加大对科学基金的投入，另一方面引导社会资源注入基础研究，为人才培养的全面实施提供经费保障。

（2）资助体系不断完善。在基金委的人才资助体系中，先后设立青年科学基金、杰出青年科学基金、基础科学人才培养基金、海外及港澳学者合作基金和创新研究群体科学基金，形成了一个完整的人才培养资助体系与海外人才引进链条。至此，形成了完整的自然科学基金人才资源平台。

在此平台上，基金委充分发挥基础科学人才培养基金的学科建设和基地培育功能，青年科学基金的育苗功能，杰出青年科学基金的激励功能，创新研究群体科学基金的导向功能，海外及港澳学者合作基金的吸引功能，使不同资助项目类型协同发展、相辅相成，在培养后备人才、造就拔尖人才、吸引海外人才、促进合作研究等方面取得较好成效，为建设结构合理、素质优良的科技人才队伍发挥了重要作用。

2. 制度、管理保障完善

随着科学基金投入和基金申请量的不断增加，为确保用好基金，引导、激励科研人才在竞争中不断创新、全面成长，基金委建立了决策、咨询、执行、监督相互协调、相互制约的管理体制，通过先进、合理、科学的管理模式和规范的执行程序，为提升科研群体整体素质提供了制度保障。

（1）规范业务程序。在资金管理方面，按照“量入为出，收支平衡”的原则，建立健全财务内部制约机制，完善计划和财务信息管理系统，保障资助经费准确、及时、安全拨付。在评审管理方面，按照《条例》上的评审原则，改进评审方式，完善专家遴选原则和评审标准，明确学科评审和通讯评议的工作定位，规范评审程序；建立集体讨论送审的决

策机制，注重甄别和保护有创新思想的非共识项目；规范同行评议意见的反馈；加强和规范利益冲突管理；在成果管理方面，建立适合基础研究特点的科学基金绩效评估体系；完善科学基金资助项目研究成果报送与登记制度，注重科学基金资助成果的知识产权保护；加强科学基金项目研究成果的集成和宣传，建立成果管理信息发布系统和成果展示平台，促进基础研究学术信息资源的共享和利用。

（2）优化公共服务。营造人性化的管理氛围，简化管理程序，减少管理环节，努力减轻获资助者的负担；加强信息化建设，协调建立信息共享平台，提供高效、便利的资源共享与信息交换机制，提供主动服务和个性化服务，促进信息互动；通过多种途径加强沟通与反馈，促进管理人员、项目申请者和受资助者之间的合作。

（3）构筑交流平台。一方面，积极创造条件，推动科学基金项目研究的学术交流；促进科学基金资助项目与国家科技基础条件平台结合，提高科技条件平台的利用率；充分发挥科学基金的黏合与辐射作用，推动高等学校、研究机构和企业在基础研究领域的合作，引导社会资源加大对基础研究的投入。

另一方面，积极拓宽国际合作渠道，促进政府组织间的交流；支持科学家积极参与实质性、高水平的国际合作；加强国别政策研究和顶层设计，明确优先领域和资助重点；完善资助格局，加强国际合作项目管理，积极组织重大国际（地区）合作研究项目和双边、多边协议合作项目，有选择地支持科学家共同发起或参与国际大科学研究计划。

（4）建立有效监督。加强对科学基金申请、受理、评审、实施等环节的监督，维护科学基金制的公正性；建立不端行为预防和惩戒体系；开展资助项目抽查审计工作；强化项目依托单位的监管责任，保证科学基金项目实施中的真实性与合理性。

二、自然科学基金推动人才素质全面提升

培养高层次的科研人才，需要从多方面提升其综合素质。在此方面，科学基金发挥了资助、引导、带动、示范等作用，使科研人才培养取得了明显成效。

1. 激活原始创新

创新是科技人才的核心品质。激励创新是科学基金工作的根本出发点。二十多年来，科学基金对科学前沿研究和创新人才培养予以长期、稳定的支持，从调动科研工作者积极性和创造性的要求出发，完善资助模式，在营造宽松的科研环境的同时，促进了学科交叉与融合，使科研工作者的研究方向和科学目标有了不同程度的深入和提高，为培养和孕育原始创新能力创造了重要条件。

湖南大学化学生物传感与计量学国家重点实验室成立于2001年，先后承担了国家自然科学基金分析化学重大项目、国家自然科学基金“八五”、“九五”化学计量学重点项目及“十五”计量分析重点项目、国家自然科学基金重大国际合作项目、国家自然科学基金杰出青年基金、海外青年学者基金和面上基金项目等一批高水平的科研课题。在科学基金的持续资助和支持下，该实验室以多学科前沿交叉渗透为优势特色，在取得一系列原始创新成果的同时，亦成为我国纳米生物学、分析化学领域重要的科学研究和人才培养基地之一。该实验室近五年所发表的SCI源刊物学术论文逾500篇，所发表的学术论文无论是数量还是质量均居国内同类学科前列。近年来该实验室获国家自然科学二等奖、三等奖各一项，国家教委及省部级科技进步一、二、三等奖等多个奖项。

如此活跃的创新局面的出现，得益于科学基金的创新导向。科学基金资助下的多学科背景团队有利于人才从更高的层面、更宽的视野，借鉴、利用其他学科的方法、成果和技术解决自己研究领域中的关键性难题，从而刺激创新，为自身所在领域的学科发展提供原始性、建设性的新思维与新方法。

“湖南省自然科学杰出青年基金”资助对象何晓晓教授，主要从事纳米尺度上的生物分析化学研究，2003 年获湖南大学分析化学博士学位，先后主持并参与了国家自然科学基金项目、国家级、省部级科技攻关项目 20 余项。在国内外知名刊物上发表学术论文 40 余篇，取得授权发明专利 4 项，获湖南省科技进步一等奖、教育部 2006 年新世纪优秀人才入选者、湖南省“新世纪 121 人才工程”人选等多项荣誉。

该实验室中另一位青年骨干羊小海教授也是“湖南省自然科学杰出青年基金”获得者，他主要从事纳米和分子水平上的生物分析化学、光化学和生物传感器等领域研究。他主持有国家自然科学基金 1 项、科技部重大基础研究前期研究专项 1 项、化学生物传感与计量学国家重点实验室开放基金课题 2 项，并作为主要研究者参与了国家自然科学基金重点课题、科技部国际合作项目、国家科技攻关计划、湖南省科技厅重点项目等多项研究，在权威和核心刊物以及重要的国际、国内学术会议上发表论文 50 余篇，获得国家发明专利 1 项。2003 年获湖南省科技进步一等奖，2008 年入选湖南省“新世纪 121 人才工程”。

事实证明，自然科学基金在力助创新型人才成长的过程中，不仅为人才的原始创新提供了资金、制度上的支持，更以其人性化的管理氛围，宽松的选题条件，为科研工作者营造了公平竞争的良好环境。而其对于交叉、边缘、新兴学科研究的支持和鼓励，则进一步提升了科研人才的原始创新、集成创新以及引进消化吸收再创新的能力，获资助的个人在科学研究和事业成长方面都取得了较好进展。

2. 拓展国际视野

多年来，基金委营造了良好的国际合作与交流环境，形成了科学基金多层次、全方位的合作与交流格局，为基础研究发展构建了良好的国际合作平台。获得资助的科学家通过开展国际合作与交流，不仅带领团队向海外优秀科研群体学习了领先的科学技术，引进、消化、吸收了其先进的科研管理经验，还增强了自身及团队的全球化战略意识，使整个群体有勇气、有信心、有谋略地参与全球竞争。

湖南大学环境科学与工程学院院长、教育部长江学者特聘教授、国家杰出青年基金获得者曾光明已主持国家自然科学杰出青年基金项目、面上项目和国际合作项目共 5 项，国家科技部“863”高技术计划重点项目 1 项、国家科技部国际合作重大项目 2 项、中德环境合作重大项目 1 项、中加环境合作重大项目 1 项。其研究项目——“堆肥环境生物与控制关键技术及应用”获 2006 年度国家科技进步二等奖、“废塑料裂解炼油的理论、方法及示范工程”获 2003 年度湖南省科技进步一等奖。

自然科学基金的支持使科研人员更有条件关注和掌握国际同行的最新成果，相互借鉴和学习。不少科研人员正是凭借科学基金的帮助才有机会走出国门，走上国际论坛，使研究成果进入世界一流的学报，与世界科技的顶尖人物切磋探讨。与此同时，相当一部分源自我国的学术研究和研究成果已经融入世界知识体系，形成了与国际学术界相互渗透、相互影响、互为补充的格局。

3. 树立责任意识

现代基础科学研究的发展受“双力驱动”，即：既有来自科学系统自身不断拓展和深化的内部需求动力，也有来自经济社会发展需要的动力。开展基础研究的目的，已逐步从单纯满足科学家深化对自然现象和规律认识的兴趣，转向更加注重服务于经济社会发展和综合国力竞争的需要。在自然科学基金的这一倡导下，越来越多的科研工作者正积极主动地担此重任。

湖南大学环境科学与工程学院罗胜联教授是2007年度国家杰出青年基金获得者、湖南大学“985工程”首席科学家，他在进行科研上的自由探索的同时，积极主动地将自身研究与关系国计民生的科技难题有机地结合起来。以罗教授为第一完成人的“有色金属工业重金属废水重复利用综合技术研究”项目，解决了有色金属工业重金属废水长期不能回用的技术难题，实现了废水在有色冶金生产过程各个工序中的回用，使废水总回用率超过90%。目前该技术已在株洲冶炼集团、白银有色金属公司等8个全国最大的有色工业企业中应用，依托研究技术还同时建有2个环保工业企业，这一切不仅大大减轻了重金属的环境污染问题，而且每年能节约用水1亿吨，产生了极大的社会效益和经济效益。

同样是2007年国家杰出青年科学基金获得者，湖南大学机械与运载学院院长、湖南大学国防工程系统前沿计算技术与模拟重点实验室主任的韩旭教授当年放弃国外优越的条件毅然回国的初衷，便是想把成果带回自己的国家。近年来，他带领团队致力于加强CAE共性基础理论和计算方法的研究，旨在使我国汽车CAE技术达到智能化、工程化和实用化的领先水平。他回国之初，是科学基金帮助他确立了研究方向，促成其科研起步。目前，韩教授所承担的国家自然科学基金面上项目、国家“973”子项目、国防“973”子项目、国防科工委“十一五”基础研究重点项目、武器装备预研项目等多个科研项目，直接服务于提升我国国防建设和综合国力。凭借出色的科研成绩，韩教授获得了2006年“新世纪百千万人才”国家级人选、2006年湖南省科学技术进步二等奖等多项荣誉。

实践表明，在自然科学基金长期倡导和支持的“瞄准学科发展前沿与满足社会经济发展需求并重”这一理念的影响下，许多优秀的中青年科技工作者在科学基金这一平台的支持下，经过坚持不懈的努力，不仅取得了科研事业的长足进步，更成长为各自领域的学科带头人。

4. 打造领军群体

千军易得，一将难求。自然科学基金的一些项目（如杰出青年科学基金）设立伊始就重视和强调研究队伍的合理布局，把建设良好的研究团队作为项目管理的一项重要目标。拔尖的科研人才不仅要致力于自身科研水平的提升，还肩负着凝聚和带动团队的重任。实践证明，在我国，几乎每一位科研领军人物的成长都离不开科学基金的支持。从萌生一个新的科学研究设想到开辟出一个新领域，到领衔一个团队、拓展一个梯队，从而全面开展科学问题的总体探索，有力地推动了高层次学科带头人的成长。

参考文献：

[1] 国家自然科学基金“十一五”发展规划. 中国科学基金，2006（5）：310-320.
[2] 陈宜瑜. 推进卓越管理，共创和谐环境，为建设创新型国家做出更大贡献. 中国科学基金，2007（1）：613-618.
[3] 双虎，润扬. 科学基金：构筑中国科技崛起的人才后盾. 国际人才交流，2006（9）：4-8.
[4] 高星，庞维，赵淑玉，杨鹏. 借助基金平台构筑人才高地——中国科学院获“国家杰出青年科学基金”情况综述. 中国科学基金，2002（5）：314-316.

浅议地方科学基金对青年人才的影响

湖南中医药大学　伍玉南　孙克伟　喻　嵘

采用科学基金制方式对科学技术研究给予资助，是国外繁荣科学、促进科学技术进步的一种有效方法。我国于20世纪80年代开始设立国家科学基金，并使其在科技经费管理、优化资源结构、加快青年人才培养等方面发挥了有效的作用。参照国家模式，20世纪90年代，全国30多个省、市相继设立地方科学基金或基础处配备专项经费，支持地方基础研究。20多年来，我国已初步形成了以国家科学基金为主体，地方科学基金和行业科学基金为辅助，基层科学基金与民间科学基金为补充的科学基金网络体系。

为促进科学研究的发展，湖南省结合省情和经费状况，借鉴国家自然科学基金的运行模式，建立了适合本地基础研究发展的运行机制，相继出台了省自然科学基金项目管理办法、省自然科学基金项目管理规定、省自然科学基金项目经费管理办法，设立了一般项目、重点项目、省市联合基金的项目资助体系与青年基金、杰出青年基金、创新研究群体基金的人才项目相互促进的基金资助体系，形成了以高校、研究院所为主要研究力量的相对稳定的资助格局。通过制定、发布基金项目的指南，引导科技人员围绕本省科技领域中基础性关键技术开展研究，依据“依靠专家、发扬民主、择优支持、公正合理”的资助原则，提倡“百花齐放、百家争鸣”，鼓励科技工作者积极探索，树立敢为人先的意识；采用初审、同行专家评议、学科评审组评审、省自然科学基金委员会审批的程序，推动基础性研究的不断发展[1]。

青年科技工作者作为科学基金资助的一个群体，在科技发展中起着不可替代的作用。为提高青年科技工作者的科研水平，大部分地方科学基金设立了青年人才专项基金，但地方科学基金资助体系对于青年科技工作者仍存在“马太效应”。“马太效应”表现在：科研资金容易集中分配给成果颇丰的科研工作者，而部分“潜力股”青年科技工作者由于工作业绩不甚突出，不容易获得关注与资助，工作不能持续开展，才华也不能充分展现。按照基金的公平原则，打破平均主义，使资金相对集中于优秀环境中的优秀人才，将利于提高资金的使用效率；但如果资金过度集中于少数人手中，则可能造成资源积压和浪费，反而降低资金利用率。这种科研资金分配的两极化，大大影响了人才梯队的形成和科技事业的长远发展。

据统计，在湖南省自然科学基金资助项目中，75%以上的项目负责人年龄在45岁以下，中青年科技人员比例很高。但仅以年龄为统计标准，没有深入分析这些人员的具体构成，忽略了多次获得国家基金、省科学基金资助的资深专家和杰出青年科技人才，那么实际面向广大青年科技人员的扶植效果尚不明显或关联不大。一个基金项目对一个资深研究者来说可能只是锦上添花，但对于一个如饥似渴的青年学者，却能起到雪中送炭的作用[2]。在一些优秀科技创新团队中，不难发现，在多个国家、省级自然科学基金项目的支撑下，每一个团队均积累了厚实的研究基础，并凝练出一个或数个特色鲜明的研究方向。如我校针灸经络研究团队承担主持过8项国家自然科学基金，3项省自然科学基金，正是有了科学基金的支持，团队培养锻炼出了多个青年优秀人才，其中两位获得了2008年度国家自然科学基金的项目资助立项。又如妇科血证研究团队承担过国家自然科学基金项目9

项，省自然科学基金4项，团队培养出的两位博士研究生分别获得了国家“十一五科技支撑计划项目”65万元和国家“公益性行业科研专项项目”96万元；我校中医病症研究团队承担国家自然科学基金6项，省自然科学基金项目7项，其中省基金多以青年人才主持项目。通过培养青年人才和开展研究工作，该研究团队中的两位年轻教授成为我校最年轻的博士生导师。因此，综合我校科学研究工作来看，几乎每一支优秀科研创新团队均是建立在国家、省自然科学基金项目的基础研究、应用基础研究的支撑之上，围绕研究方向，逐渐积累沉淀了坚实的研究基础，并力求在此基础上的进一步创新。

针对在现实工作中遇到的一些问题，我们认为：首先，应设立与国家基金联动的资助机制。充分利用每年国家基金委对申请项目评审的资源，对评议较为优秀但落选的项目，分析其主要原因，并对具有创新前景的项目推荐作为地方基金的预研项目，给予立项或小额资助，鼓励申请人启动相应的研究工作，通过一到两年的研究，增强项目向高层次冲击的竞争力。

其次，地方基金管理部门及时做好项目评审信息反馈工作。申请基金项目要花费大量的人力与物力，评审部门对项目提出的意见和建议要及时反馈给申请项目的个人和团队，使他们能利用好这笔宝贵的财富，避免资源浪费。这不仅有利于完善和提高申请者的学术思想，提高学术水平，对选择调整学科研究方向具有积极的指导意义，同时也有利于地方基金管理人员了解当前学术热点和发现人才[2]。再次，定期在网上公布项目进展及结题情况，加强监督，对具有良好创新前景的项目给予连续支持。目前湖南省自然科学基金在青年人才项目上已执行了这一政策，建议进一步扩大到面上项目，促进项目的中后期管理，提高研究竞争力。

总之，地方科学基金在科学研究领域发挥了重要作用，弥补了国家科学基金的不足，对青年科学研究人才成长也将产生重要影响。

参考文献：

[1] 湖南省自然科学基金项目管理规定.

[2] 贺赛龙，赵玉索. 地方科学基金管理创新的若干思考. 宁波大学学报，2002，15（4）.

论科学基金的人才“纽带效应”

湖南大学　易清平　冷柳平　沈玉华

自然科学基金是国家创新体系的重要组成部分，通过对基础学科发展、实验室平台建设的支持，在我国多数科研机构中形成了以学科带头人为核心、以基金为纽带、以重大项目为牵引的人才聚集模式，有效促进了学科的交叉、融合与集成，使得优秀科技创新团队迅速形成。由此可见，自然科学基金在学科建设和人才集聚中发挥了积极的纽带效应。

一、自然科学基金促进聚才“洼地”的形成

科学基金以科学前沿目标为导向，以长期和稳定的研究经费支持为手段，通过发挥“黏合剂”和“酶促”作用，促进实现更高层次上的人才资源整合。

湖南大学充分发挥了基金对高校人才凝聚的指导作用，提出“洼地效应”，即人才引进不能采取过去那种单个引进的办法，而是要有计划地围绕某个大型科研项目或学科成团队引进，达到引进一个，带来一片的“人才森林”效果，在“洼地”打造“聚才”工程。① 一支富有凝聚力的科技队伍是从人才数量、质量、向心力等多个因素综合考量的，在人才集聚的过程中，引才是基础，育才是手段，情感是核心“黏合剂”，而自然基金则通过贯穿引才、育才、聚才三个环节，将分散的人才聚集起来，组成一支向心力强的优秀科研队伍。

1. 自然科学基金项目是高校“引才”的良好契机

高校的人才引进，一般采用两种模式：“学科平台引才”和“大师＋团队引才”。

“学科平台引才”。强大的学科攻关实力和高起点的平台建设是吸引人才的重要法宝。在2008年的两院院士大会上，胡锦涛总书记强调要加大引进人才力度，尤其是要积极引进海外高层次人才，吸引广大出国留学人员回国创业——通过引进人才提升科研团队战斗力，进而促进科技进步，这无疑成为当前我国科研发展的重要途径。2002年，湖南大学结构工程学科成功吸引美国南加州大学土木系终身教授肖岩博士担任土木院抗震研究中心主任和教育部重点实验室的学术带头人，随后将福州大学的霍静思博士、日本留学的许斌博士、国防科技大学毕业的陈柏生硕士“纳入旗下”。鉴于湖南大学土木工程学院的强大的学科建设实力和富有特色的学科平台，“从米箩跳到糠箩”的学者教授们对完成水平更高、过程更复杂的实验课题充满信心。经过该科研团队的共同努力，在2007年“十一五”国家重点学科评选中，湖南大学桥梁与隧道工程学科被评为国家重点学科，与此同时土木工程一级学科也晋升为国家重点学科。

出色的学科体系建设和富有特色的平台研究，很大程度上得益于自然基金的长期支持。以肖岩为中心的创新团队为例，其凭借强大的学科实力，在短短几年里就获得国家自然科学基金面上项目12个，国家自然科学基金重点项目2个，并于2006年申报成为长江学者和教育部创新团队发展计划的创新团队，获得300万元资助，并获准立项建设“土木建筑安全与节能监测”教育部重点实验室。学科、平台建设带来的人才“森林”，极大地

---

① 罗仲尤，汪建武，余海波．湖南大学人才工程形成“洼地效应”．光明日报，2004-03-21.

激发了科研创新的原动力，使湖南大学步入了跨越式发展之路。

“大师+团队”模式引才。“独木难成林”，为了更好实现大力推动科研发展的目标，大型科研项目必须改变传统的单个引进人才的做法，不能让高层次人才当“孤家寡人”。为此，湖南大学摒弃了以前“夫妻店”、“打虎靠兄弟”等引才方式，创新地提出“大师+团队”的人才引进模式，即有计划地围绕某个大型科研项目或学科，引进一个大师，带来一片人才，形成该学科的人才“森林”。

湖南大学机械与运载工程学院立足机械工程这一国家重点一级学科，着力发展下属的四个二级学科：机械制造及其自动化、机械电子工程、机械设计及理论、车辆工程。汽车车身先进设计制造国家重点实验室，其人才运作模式彰显了湖大引才模式的成熟。依托原有的汽车技术研究与开发中心和重大项目，湖南大学1995年从瑞典林雪平大学引进了当时瑞典最年轻的博士生导师、现为中国工程院院士的钟志华教授。凭借“大师团队”科研能力的优异表现，该校又吸引了在新加坡和美国留学多年的李光耀博士、新加坡国立大学任教的韩旭博士、瑞典查尔摩斯工业大学任教的杨济匡博士，再加上校内成艾国、杨旭静、肖文周等一批具有博士学位的科研人员的加盟，进而形成了以中国工程院院士钟志华、国家杰出青年基金获得者李光耀、国家杰出青年基金获得者韩旭为中心的“大师+团队”模式。这样的团队阵容成为很多学者教授心仪的学术“梦之队”，吸引了不少国际知名专家和不同学科背景的专业人才，形成了一个具有坚强核心的科研队伍。近年来，实验室又以团队形式从新加坡国立大学等高校引来刘桂荣、李育、李卫等教授，他们为实验室提供了300万元科研配套经费，组建了湖南大学汽车CAE技术创新团队，力求发现更多具有国际一流水平的研究成果。

目前，实验室已经成为“211工程”和“985工程”建设的重要基地，拥有一支创新意识强、学术水平高、在国内外有一定知名度的创新研究团队，现有固定人员45人，流动人员34人，其中，博士后研究人员共计7人。

2. 自然科学基金项目是“育才”的杠杆

项目“育才”。为新进人才开展学术培养，提供项目机会，创造事业平台，成为湖南大学独特的“育才”模式。年轻人最需要的是事业发展的机会。湖南大学最年轻的教授、从英国剑桥大学纳米中心归来的万青选择来湖南大学从事新型光电半导体纳米结构与器件应用的科研工作。湖大不拘一格的“育才”方式，也使得万青在2年多的时间内迅速完成了从博士后到“芙蓉学者”特聘教授、博导的“三级跳”。短短的三四年间，他已经在权威SCI期刊上发表论文60多篇，并先后获得了“中科院院长特别奖”、“教育部新世纪优秀人才”、“湖南省杰出青年基金”等奖励，并先后主持2006年的国家自然科学基金、教育部新世纪优秀人才资助计划等多项研究项目。他的迅速成长与项目“育才”方式密不可分。

深造“育才”。借基金之力，鼓励国际人才学术交流，是加强人才培养的另一有效途径。事实证明，通过外派或联合培养、国际学术会议交流等形式，青年才俊不仅事业起步迅速，同时对整个研究队伍的依赖程度也不断加强，进而提高了团队向心力和团队归属感。

湖南大学土木院近年承担了不少重点基金课题和项目，通过国际交流和主持参与国家基金重点项目，该团队在国际上占有了一席之地。与此同时，在项目的支持下，很多成员获得了去美国、澳大利亚、新加坡、日本、中国香港等地交流、深造的机会。通过参与大大小小的国际会议和学术研讨，新进人才有了更多国际交流、了解世界前沿研究成果和方法的机会，大大提升个人的科研攻关能力，而这也是湖大土木近年来一直保持强势的原因之一。

二、自然科学基金营造“聚才”环境

科研事业需要整个科研团队共同承担重任，因而需要一批多学科、多专业的，具有共同理想、共同兴趣，决心致力于科研事业发展的志同道合的科研人才。

1. 制度文化“聚才”

通常情况下，国家基金项目只批准具备交叉学科背景和科研人才的团队获得重大科研项目，它旨在通过项目申请和完成达到人才队伍凝聚的“酶促”。因此，自然基金的宗旨——尊重科学，发扬民主，提倡竞争，促进合作，激励创新，引领未来，也成为科研队伍的团队文化机制。

2. 领军人物“凝才”

国际一流的科技领军人物，往往能够凝聚形成高水平的创新型科技团队。由于领军的核心人物在团队中学术水平最高，人品最出众，团队成员都会由敬仰上升到学习，进而围绕核心人物形成科研团队，最终实现所谓的“情感聚才”。

湖南大学环境科学与工程学院是学校人才工程“洼地效应”的成功范例。环境科学与工程学院于2003年获得环境科学与工程一级学科博士学位授予权，同年获准建立环境科学与工程博士后流动站。以基金项目为纽带，该学院形成了特色鲜明、结构合理的学术梯队，吸引了国内外一大批知名的专家学者，形成了“洼地”中的“人才森林”，在大气污染控制工程、环境毒理与生态工程、固体废物与垃圾资源化等方面取得丰硕成果。目前在学术队伍中，具有博士学位的教师19人（占教师总人数的80%），中国工程院院士1人，“长江学者奖励计划”特聘教授2人，国家“十五”“863”计划资源海洋环境领域主题专家1人。

从事基金项目的学术队伍由于统一协调，分工合作，层次分明，充分发挥了将帅之才的“聚才”效应，既保证了自主创新的活力，又保证了团队凝聚力，从而实现了科研能力的快速提升。

参考文献：

［1］赵晓盈．浅谈科学基金在学科建设中的作用［J］．科技·人才·市场，1999（3）：62-63.
［2］张经彦，范庆书．自然科学基金在地方人才培养中的重要作用［J］．中国科学基金，2005（5）：305.
［3］林飞平．充分发挥自然科学基金的先导作用与激励作用培育研究型大学的持续创新能力［J］．中国科学基金，2002（2）：115.

重视过程管理　提高结题质量

中南大学　罗　婷　黄菊芳

自然科学基金是国家和地区支持创新性研究的重要经费来源[1]，自1986年国家自然科学基金（以下简称国家基金）设立以来，各省市相继设立了地方性自然科学基金。随着基础研究的发展，自然科学基金以其鼓励自由探索的申报方式、公正透明的评审程序、科学有效的项目管理办法，受到越来越多的科学工作者赞赏，获得了良好的学术声誉，产生了较大的社会影响，许多单位甚至将能否获得自然科学基金资助作为反映学术水平和科研实力的指标。

中南大学基础医学院一贯重视基础研究，并将国家自然科学基金、省自然科学基金等基础研究项目的管理纳入了每年的重点工作项目中。多年来，学院不断加强自然科学基金项目申报阶段的组织和动员工作，2002年以来申报省基金和国家基金项目总数485项；7年共获得国家基金项目61项、省基金项目31项。这些成绩的取得为完善学院基金项目的管理打下了良好的基础，本文以基础医学院近年来项目结题阶段的管理、监督等方面的工作为基础展开分析讨论，力求进一步加强基金项目的过程管理与绩效评估。

一、起步阶段的管理是高质量结题的关键

基金项目立项后，须立即完善项目执行计划。一项基础研究项目从申请书的撰写和获准立项之间，常常间隔几个月时间，在这期间，项目的研究思路、研究手段、检测技术等均有可能发生新的变化；另外，评审人对项目的设计与执行也可能提出建设性的修改意见，因此，需要在项目正式启动时重新审视或调整原来的研究设计，按规定提交研究计划书或合同书。作为高校基层单位的科研管理人员，要迅速组织并督促项目负责人做好项目执行计划，使项目尽快得以顺利启动。

在此环节，关键要注意的几点有：①研究目标有否改变，尤其是研究内容的增减。如有研究内容的增减，应慎重地进行审阅，修改的内容必须与评审人或资助部门提出的修改意见一致，否则不能随意修改研究内容。②重要研究技术的变更，在研究计划中变更研究技术必须是按评审意见进行的变更；若是意见中没有，而申请人根据国内外最新进展对研究技术进行变更的话，要说明理由并附最新参考文献。③年度计划和考核指标，是项目过程管理的依据，要力求具体和细化。原则上不能降低考核指标。④项目执行人员变更，也需要密切监控。因为高校教师的流动性相对较大，人员时有变动。但项目研究在执行期内需要保持研究队伍的相对稳定，尤其是项目负责人不能随意更换。若确因负责人出国，调离或其他原因不能继续承担该项目，须及时向学校汇报，并按规定的程序进行处理。

实施计划确定后，基层科研管理机构应督促项目负责人尽早启动项目研究，敦促项目负责人适当减少在教学机构中的工作量，确保有精力完成基金项目；同时学院基金管理人可到研究室进行支撑条件的考查，尽最大可能创造开展研究的条件。早期启动的顺利完成，是项目按计划顺利结题的重要保证。

二、掌握进展情况是顺利结题的保障

基金项目的年度检查与汇报是过程管理的重要环节，可以及时了解项目执行过程中的

进展、困难和变化，保证项目按计划完成。年度检查不能流于形式，要具体并有针对性，基层单位的基金管理人是离项目负责人“最近”的管理者，最容易了解到项目年度研究任务的完成情况。在进展检查工作中，我们主要采取了现场汇报或问卷调查两种形式。现场汇报时可请科技处管理人及校内（院内）专家对项目完成情况进行评估，指出可能影响项目完成质量的问题，帮助解决项目执行中的理论或技术难题；论文发表情况、标注情况都可及时得到提醒；有成熟的技术或成果，管理人员可及时组织项目组进行专利或成果的申请；经费使用方面若存在问题则可以及时纠正。由于现场汇报存在耗时长，专家及项目负责人难以组织等困难，学院则可根据情况采取问卷调查形式，将管理部门需要掌握的项目研究任务的完成情况、论文发表情况、是否标注、成果、专利申请情况、经费支出及结余情况等以表格形式下发到每个项目负责人，督促他们按要求提供项目进展情况，使管理人对全院项目进展有全面的了解，及时发现问题并解决问题。进展检查要求的时间安排，根据国家基金的管理时间安排，基层单位的项目年度进展检查时间最好安排在每年的十月份，早了不利于全面掌握项目完成情况，晚了则难于及时纠正偏差。在年度进展检查过程中，我们还发现，对于一个基层单位某一方向项目较多时，也可分学科专业进行检查。重点项目或人才项目最好与学校科技处一同进行现场检查。

三、合格的结题报告是顺利结题的象征

基金项目的研究期限大多为 3 年，也有 1 年期限的小额项目、4 年期限的重点项目和杰出青年基金项目。各类项目执行期结束后均应按要求实施结题并撰写结题报告、要完成研究经费的结账（销账）并上报研究经费决算。在结题标准和形式方面，国家基金和省基金有一定的差异，湖南省的基金项目结题标准重视项目负责人的后续发展情况，将项目负责人是否获得更高层次的研究项目作为一项重要的指标，并实施了自动结题管理措施，即项目负责人只要获得更高层次项目资助，省基金项目就自动结题了。但无论是国家基金还是省基金在结题标准方面都很强调创新性，一般均以研究论文的水平来衡量基础研究的成果，湖南省的基金项目结题标准里强调了论文的数量和影响因子（IF 值），国家基金项目也非常重视论文的数量和质量，但没有作明确的规定。笔者认为，不管是 IF 值还是论文的数量都不能作为基础研究项目的“强制性”结题标准，基层单位项目管理人要更多地掌握项目负责人是否全力以赴开展了相关研究，并及时组织项目负责人提交一份合格的结题报告。因此，要重点关注以下几个方面。

1. 项目负责人是否按研究计划书全部完成了项目的研究工作

这是在审核结题工作报告中最关键的环节，应该详细对照计划书（或申请书）中的“研究内容”和“研究方案”来进行审核，而不是简单地对照“预期研究工作成绩”来审核。若研究内容与原计划书（或申请书）不一致，则要检查申请人在上报的《年度进展报告》中是否对相应内容作过调整，若有调整，按调整的内容进行审核，若无调整，则认定为“部分研究工作未按要求完成”。一旦发现这类现象存在，学院将通知其尽快按原计划完成研究工作。

2. 提交的研究论文是否标注了基金资助及资助编号

对于不按要求标注的论文原则上不允许作为项目研究成绩上报。国际、国内学术会议中发表的论文同样强调标注情况；另外，专著、成果奖励和推广应用等材料中是否标注了

基金资助也是审核的重要内容。但是以专利形式的研究成果则没有强调是否标注，只要是与基金项目研究工作相关的专利，都被认定为该项目的研究成果。我们在审核过程中还特别强调了已经公开发表和尚未公开发表的成果必须严格分开，不允许鱼目混珠。

3. *项目结题必须审核人才培养方面的工作*

基层单位基金管理人最容易掌握项目负责人的人才培养情况，因此我们每年都特别关注有哪些研究生进到了哪些课题组开展研究工作。由于研究生培养是一种阶段性的工作，一个研究生不一定能参加到项目的全过程研究工作中，基金管理人要动态掌握各项目研究生的毕业和招生情况；在项目负责人提交结题报告时，对其研究生异动情况进行审核，如结题报告中填写了“已毕业博士研究生”的数目，则要认真核实是哪几个博士研究生，是否真的在该课题组，是否真的毕业了等等。

4. *经费决算的审核是否越权进行*

基金项目的经费管理是项目负责人负责制，项目的开支范围必须坚持以研究计划中上报的经费预算为参考、以国家基金委相关经费管理办法和省科技厅相关文件精神为指导、以国家相关法律法规为约束，经费使用与管理中要杜绝行政领导的过多干预。基于这些规定，经费决算的审核必须由财务部门独立完成。近年来，基础医学院按照学校科技处的规定，经费决算采取了财务部门统一提供经费开支明细账单的办法，不再由项目负责人提供经费使用情况表。这样的操作避免了项目负责人随意提供经费开支情况现象的发生，基金管理人可以全面、真实地掌握项目经费使用情况、经费结余情况等。

总之，基层单位基金项目管理人是项目结题报告审核的第一道“防线”。基层单位如果不能及时发现问题，就有可能让不合格的总结报告上交到省基金办或国家基金委有关管理部门。在基础研究工作绩效评价日益受到重视的今天，结题工作在基金管理系统工作中是不可忽视的重要环节。合格的结题报告不仅对项目负责人、依托单位后续获得基金项目至关重要，而且对于资助部门分析与掌握基金事业的发展状况，进一步确定研究领域、投资规模等决策都有重要影响。

参考文献：

[1] 陈建新，马强．论科学基金制在我国创新体系中的地位和作用．中国软科学，2001（8）：43-48.
[2] 邵晶晶，魏永祥．加强国家自然科学基金申报组织与过程管理的质量控制．中国科学基金，2007（2）：113-116.

试论基金申报中消极因素的排除与对策

湖南师范大学　周爱权

国务委员陈至立曾在《求是》一文中提出，“教师队伍建设是建设高等教育强国的关键环节”，“在人才的成长过程中，高校的文化和精神至关重要，高校要有追求真理、坚持真理的骨气和勇气”，并鼓励师生自由探索、敢于挑战权威和传统观念，努力形成敢于创新、勇于探索、奋发向上、宽松和谐的学术氛围和严谨治学的优良学风。还提出要加大人事和分配制度改革力度，破除制约创新、束缚创新的一切障碍，激发生机和活力，促进拔尖创新人才、科技经济型人才成长。此外，国际竞争日趋激烈，经济全球化深入发展、知识经济方兴未艾，科学技术日新月异。这一切都说明科技是第一生产力，发展科技是提升一个国家综合实力的必由之路，而这些全部依赖于科研成果占有率来支撑。自然科学基金项目的申报，对推动自然科学领域的基础研究和前沿技术研究、发现和培养高校优秀科技人才、提高高校科技自主创新能力，都有重要的影响。以作者近年在科技管理岗位组织、协调“申报”的经验，我认为一些人对课题申报不踊跃，主要是思想上存在顾虑。不破除这一障碍，高校基础科研工作难以有较大的突破。

一、基金申报中反映出的若干心理现象

1. 畏难心理

一些人对基金申报宗旨的理解并不十分透彻，认为基金是官方机构掌控的稀缺资源，不是什么人想争取就争取得来，缺乏十足的底气。有人曾趣谈，什么是项目，“项”是贡部，从工。“贡”是在屋里桁杠上吊下一串贝，一串钱，“工”是要工于心计；“目”是眼睛，而“项、目”联起来，是指你没有办法拿项目，就用“目”瞄一下聊以自慰吧。这里虽然有一丝嬉戏成分，但也反映出一些人觉得争取项目高不可攀。

2. 审慎心理

有人对科研课题的选取十分慎重，唯恐仓促报送上去，无法如期完成，再三犹豫，最后选择放弃；也有人想参与一、二项课题，却又顾虑自己名望资历不够，抑或在某一领域里的学识没露“峥嵘”，再看身边的师门同仁，你没申报，他也没申报，何必自己毛毛躁躁去瞎搞，不如走一步，看一步，悠着点再说。还有人考虑问题过于复杂，与团队人员的合作会怎样，能不能有效地整合到一起，导致迈不出勇敢的第一步。就我院对基金申报人员的情况掌握来看，三种心理影响所占比例分别为11.7%、14.4%和8%。

3. 得失心理

一部分教龄相对偏长的教师，对名利看得较为淡薄，几十年的教学生涯一直甘于淡泊，乐为人梯。从主观愿望上分析，并没有考虑借助课题研究这一平台让自己出名露脸，他们看重的是相关影响。在基金申报方面，因为基金项目的申请有限，自己贸然报送选题，会不会影响青年学者的申报概率；其次，选题报送，万一石沉大海，让人家背后议论纷纭，又觉得几十年面子挂不住。与其没有十足把握，不如索性把事情看开点，平平淡淡亦是真，风风光光有几人。

二、构成消极心理的关联因素分析

一些人员对基金申报不积极，主要源于以下一些因素。

1. 源于本身的自信心或个性特质

一部分人自尊心强，尤其表现在对学术论文所思所虑精心琢磨，不到十成火候，不轻易出手。还有一些人外柔内刚，既看重在相关研究领域有所建树，又在意别人的议论纷纭。因受心理性格的影响，他们宁愿耗更长一些时间，几年写一篇，甚至十年磨一剑，功夫不到炉火纯青，决不仓促出招。当然，做学问和搞科研内敛深沉，不失为一种气度，但流水行云和畅快淋漓，也同样是学者的一种风骨。如南宋名将岳飞求教于名师泽宗如何排兵布阵，宗泽答曰，“运用之妙、存乎一心”，即各家套路，都遵循一定章法，而达到“妙”的意境，那就靠自己去参悟、去操盘了。

2. 源于对参与团队协同作战的想法太多

现代科学技术的演绎越来越向多元化纷呈、多角度渗透的势头发展，多学科的杂交，多领域的融合，需要多兵种的配合，多方面的协调。显然单薄的个人力量有限，越来越不适应现行项目的开发。但就某些人过去的习惯套路，以往十多年至数十年都是“一杆枪”征战，啃资料、查数据、做实验、做对比，皓首穷经，呕心沥血，也都一路走过来。虽然他们也意识到，还那样单打独斗，终将独木难支。但是，若把个人融入一支团队，在这个“大磁场”内，他对各“磁力”的分布，以及由此形成磁力线的密度无法清晰了解，因而，“磁场”也就对他缺乏引力，他对参与项目的申报也不会感兴趣，更难以热衷了。

3. 源于儒家传统文化的影响

我国至西汉独尊儒术以来，儒家文化就长期占据着民族文化的主导地位。孔子认定君子风范的第三层标准就是“矜而不争，群而不党”。对君子的处世行事，孔子又提出“君子周而不比，小人比而不周”。就是劝告人们要与世无争、独善其身。类似“君子无所争”的训诫，在《论语·八佾》、《论语·季氏》等篇目里都有所叙述。显然这些说教对中国人的心理取舍造成了一定的客观影响。以现代学者林语堂先生的观点评价中国知识分子，中国人的人格理想集中了儒道两个极端，即中国每一位的社会理想都是儒家，而每一个人的自然人格理想却是道家。正是基于中国人的人格特征，一些教职人员在基金申报上所表现出的谦谦君子风范，也就打上儒家文化中“君子无所争”的烙印。

三、积极做好思想疏导工作的建议与对策

积极从三个方面入手做好有关人员的思想疏导工作。

1. 组织层面

（1）理清路子。主要是指高校科技管理部门的工作思路一定要十分清晰。思路清晰，首先就要对上级相关文件精神吃得透，把握准。其次，要求我们的管理人员视野要宽，目力所及，一览无余。谁在什么学术领域里有所获，谁在什么学科理论层面有突破等都能如数家珍，对单位科研工作今后的走向也能准确把握。只有情况明，才能方向准；而只有方向准，才有申报的路子宽。由此可见，思路决定出路，而最终目的只一个，即如何最大限度地调动高校广大科技人员的工作积极性，并适时引导催生或孵化出成果来。

（2）摸清底子。有些高校科技管理部门可能由于人手少，工作的重心下移难到位，以致对各分院、各系部科研工作的动态把握不够。有的单位可能由于人事变动，新进人员还存在一个有待熟悉的过程，因而工作局面不能迅速打开。针对上述现象，各单位应尽快抓住有利时机，推动基金申报工作。首先要认真组织力量摸清底子，只有在对各分院、各系部进行逐

一了解的基础上，才有可能搞清“家底”，推出本单位的精英人才组团挂帅，破题攻关。

（3）立好卷子。申报工作正式开展后，就要按步骤分程序为有关人员收集资料、建立卷宗档案。此外还要对当年申报工作及时分类归档，一是确保时效；二是确保相关资料的完整、不遗漏；三是对全年申报工作的情形和进展有一个前景式的掌握。此举既便于与上一个年度的工作前后衔接、相互补充，更是为高校科研工作的持续开展和完善专家库、人才库的建档，提供了真实、准确的第一手资料。

2. 思想层面

随着基金申报工作全面铺开，高校各单位一是要及时召集各院、部相关人员的会议，组织传达和学习基金委下达的文件精神，按上级文件精神的总体要求，迅速落到实处。二是要确立专人专责，抓好申报工作的联系督促工作。要由专人负责抓好全部分院、系部的信息限时反馈工作，信息摸准摸实后，要分门别类统一建档，并及时与基金管理部门进行沟通、联系。三是对部分人员有重点地做好对口联络工作，对某些学科领域的学术带头人，或在学术界内有一定声望的学者，在课题申报期间遇到困难时，职能部门的同志应亲自上门，认真听取他们的建议和意见。对他们的一些诉求，能在解决范围之内，要设法早些解决；即使处理过程有相应难度，也应通过积极协调各方力量，力争使问题得到有效处理。对一些中青年科技人员选题新颖、富有创意的申报项目，更应全力支持，即使他们在申报期间流露出稍许信心不足，也应热情鼓励，给予相应的肯定与支持，使他们打消疑虑，奋力拼搏。

3. 保障层面

各高校要确保基金申报的保障工作到位，应全力重点抓好以下工作。

（1）力保资金到位。利用自然科学基金提供相应的启动资金，无疑是科研项目开发极其重要的一环，但就一些重点项目或重大课题的深度开发而言，有如后汉道教鼻祖张显祖所言：“力学犹掘井，井愈深土愈难出，若不决心到底，岂得见泉源乎。”可见科研项目开发的最终目的是回报社会，而必要的配套资金一定要措筹解决，先供所需，量出保底，力图无恙。

（2）力量配备到位。《庄子·天地篇》在论述“谋事”与“谋人”时云：“通过天地者德也，行于万物者道也，上治人事者事也，能所有所艺者技也。”显然，艺勤则精，精则在人。庄子接下来的诠释更直白，“技兼于事，事兼于义，义兼于德，德兼于道，道兼于天”，用道家“天人合一”的定义理解，万象归总还是落到要有人办事，有德者成事。而前提条件是将一批“有技、有艺、有义、有德”者，聚合到一起方“合乎道”。基于此，要保障项目如期开发，各高校必须在整合人才资源的基础上，配备强手，阵容齐整，分工明晰，亦可渐入佳境。

（3）配套支持到位。资金、人力得以到位。剩余则是“粮草后勤”之类的保障工作，如相应的内部奖励措施，激励机制，优化环境及实验场地，沟通校内、校际联系，开办相关讲座以增强学术氛围，并在适当时期组织观摩，借他山之石以期攻玉等等。可见，这些环节只要做到环环相扣，步步推进、层层支持，各高校基金申报工作完全可迎来一片广阔的前景，并走向美好未来。

参考文献：

[1] 孔祥勇．管理心理学．北京：高等教育出版社，2001.
[2] 朱建军．中国的人心与文化．太原：山西人民出版社，2008.

地方高校科学基金管理问题探讨

南华大学　魏志平　王宏青

地方高校在我国高等教育体系和科技创新体系中占有重要的地位。然而，因缺少资源优势和人才优势，在基础研究领域中，地方高校受品牌效应不突出、专业特色不鲜明、实验设施不完善等因素的制约仍处于弱势地位。

作为科技创新体系的重要组成部分，自然科学基金项目对基础科学研究的发展起到了巨大的推动作用。因此，加强地方高校基础科研能力建设，提高自然科学基金项目的资助率，在基础研究领域内多出成果，出好成果，进而提升地方高校的总体科研实力，已成为地方高校科研管理部门的重要工作之一。

一、地方高校自然科学基金管理存在的主要问题

1. 基础薄弱，特色不鲜明

“九五”期间，随着地方高校的合并重组和专升本院校的大量出现，地方高校数量和规模急剧扩张。然而，对于绝大多数地方高校特别是专升本院校来说，尽管各院校都非常重视，但由于科研工作处在起步阶段，受到人才、资源、学校品牌以及科研投入等条件的制约，普遍还存在着基础研究能力薄弱，学科优势和特色不明显的现象。

南华大学是2000年合并组建的理、工、文、医综合性大学，虽然自然科学门类涵盖了理、工、医和管理学科，但各学科发展不是很平衡，特色也不是很鲜明，每年各学科获得的自然科学基金项目数量也不尽相同。有不少学科甚至一次都没有获得国家自然科学基金项目的资助。基础研究薄弱、特色不鲜明、缺乏竞争力，制约了地方高校有效开展自然科学基金的研究工作。

2. 申报数量稳中有升，但获准资助率低

自从国家自然科学基金项目面向高等院校、研究院所接受自由申请以来，对我国基础科研工作产生了广泛而深刻的影响。因其竞争的激烈性和获得资助的高难度性成为高校科研实力和水平评价的一项重要指标。尤其是近年来，在重点学科建设、重点实验室建设、创新团队建设等科技平台建设方面以及硕士、博士单位授权和博士后流动站申报方面，国家自然科学基金项目更是发挥了不可替代的作用。

地方院校急欲提升科研能力，为此高度重视国家自然科学基金项目的申报工作，出台了许多奖励政策，激励国家自然科学基金项目的获得者。以南华大学为例，该校在经费非常紧张的情况下，对获得国家自然科学基金项目的科学工作者，给予10万元的配套经费，还从校长奖励基金中给予3万元的项目立项奖励，并发放科研酬金。此外，对基金负责人在人事和分配制度改革、职称职务晋升、学科带头人培养、硕士生导师、博士生导师遴选中给予政策倾斜。这样一来，学校和个人两个方面申报国家自然科学基金项目的积极性都非常高。但由于地方高校在人才、科研条件、学科专业竞争力等方面与重点院校比起来还有很大的差距，以及基金项目评审过程中或多或少的人为因素，导致了地方院校申报自然科学基金项目的数量虽然逐年递增，但获准资助率却不尽如人意的现象。

南华大学 2002～2007 年申报和获资助项目情况表

年　度	申报数量（项）	获准资助数量（项）	资助率	全国资助率
2002	51	8	15.68%	21.05%
2003	56	7	12.5%	20.0%
2004	65	7	10.76%	20.28%
2005	85	9	10.59%	18.43%
2006	97	9	9.28%	17.34%
2007	97	15	15.46%	17.13%

通过对南华大学 2002～2007 年申报和获资助项目统计，该校 6 年平均年资助率为 12.38%，而国家自然科学基金委平均资助率 19.38%，从中可以看出地方高校在项目申报和获准资助情况方面仍处于弱势地位。

3. 地方高校引进高层次科技人才困难，队伍结构不合理

科技的竞争源自于人才竞争。高校所处的地理位置对科技人才的吸引起着至关重要的作用，但我国大部分地方高校分布在地级市，不具备吸引人才的地理优势。因此，地方高校为了吸引人才，纷纷制定了非常好的人才引进政策和措施，但有些学科专业高层次人才还是很难引进。有的虽然引进到学校，也难以留住。由于人才特别是高层次人才的缺失，造成了地方高校的学科专业发展不平衡，科技人才队伍结构不合理的现象。近年来，虽然地方高校通过各种努力，取得了一些成效，但仍然存在不少问题，主要体现在高学历、高职称、创新型的科技人才较少，在国家自然基金项目申请中缺乏竞争力。

4. 地方院校基金管理人员的创新能力和管理水平有待提高

地方高校基金项目管理人员是各级自然科学基金项目最基层、最直接的管理者，他们的管理工作主要集中在以下几个方面：①宣传贯彻各级基金管理部门规章制度；②组织申报各级自然科学基金项目；③自然科学基金项目过程管理。对于基金管理人员来说，上面三个环节是相辅相成的，政策理解和宣传是否得当，申报组织工作的好坏，过程管理工作中能否协调处理基金项目研究过程中遇到的困难和问题，都直接影响到单位自然科学基金管理工作。

在自然科学基金管理工作中，必须有创新的管理思维和方法。由于地方高校基金管理工作起步晚，存在着管理经验不足，管理能力和水平还有待加强和提高等问题。

二、地方高校加强和改善基金管理工作的措施

1. 从两个建设入手，增强基础研究工作实力

从大环境来说，地方高校要想加强和改善自然科学基金研究工作的成效，要从两个建设入手，一是加强人才队伍建设，二是加强硬件设施建设。

在人才队伍建设方面，要打破常规，积极引进和培养高层次人才。对于人才引进模式可以灵活多变，能到学校所在地工作的最好，不愿来校的可以采用“引智”的方法。在引进高层次人才时，必须要结合学校学科专业发展的需要，筛选优势学科和特色学科，由点到面，逐步做大做强。通过高层次的人才带动，形成一支高效、精干的创新团队。

在硬件建设方面，在财力有限的情况下，采取重点扶持的政策，对已形成优势和有一定研究基础的学科专业和实验室增加投入，改善实验设施和条件，为基础科研工作的开展提供保障。

2. 强化基金项目的组织申报工作

基金管理工作者应当重视地方高校申请国家自然科学基金项目数量逐渐增加但获准资助率徘徊不前这一现象，分析这一现象出现的原因，探索解决方法。

在笔者看来，对于基金管理者，最重要的工作就是项目的组织申报，这是基金管理的源头。基金管理者要认真总结分析上一年度申报工作，总结分析申请工作中存在的问题，尤其是对那些屡次申报但并未获得资助的科学工作者，要帮助他们分析申请失败的原因，坚定他们再次申报的信心。基金管理人员还应当详细了解每年《国家自然科学基金项目指南》资助侧重点和一些具体的规定，这样才能在基金项目的申报过程中起到指导和帮助作用。

3. 加强项目论证，提高申报质量

目前，自然科学基金项目同行专家评审分综合评价和资助评价两个方面。前者是对研究工作的评价，主要评价研究工作有没有创新，评价研究目标、内容、方法和技术路线的可行性。后者是评价承担单位、项目组有无能力完成项目研究任务，能完成到什么程度。

按照这种评审模式，申请人在撰写申请书时要做到有针对性的加强项目论证，提高申报质量。具体应注意以下几点：

（1）项目名称。项目名称是科研设计的总纲或指导中心。一个好的题目能使人对该项目的研究一目了然，不仅知其目的、内容和主要方法，而且能够看出其假说的科学性。课题名称必须做到鲜明、确切、新颖。

（2）立项依据。着重说明同类研究工作在国内外目前的动态与水平，包括已解决了哪些问题，还有哪些新技术、新方法尚未解决的，本课题研究主要解决哪些问题等。申请者必须进行详细的文献检索和调研，掌握本研究领域的信息和发展动态，文献关键在于“全”和“新”两字。

（3）研究目标。明确、具体，保证3年能够实现，同时，达到目标的路线要合理、可行。

（4）研究内容。研究内容是申请书中最重要的部分，应着重介绍通过何种实验，观察哪些内容，以什么手段或方法进行观察。要求重点突出，真正解决难点问题。

（5）研究方案（技术路线）。研究方案是研究工作的总体构思。技术路线是项目研究过程中具体的操作步骤，要通盘考虑研究过程中的各种细节问题，制定出来的技术路线一定要可行。

（6）研究工作基础。在撰写工作基础时，要用学术性的语言描述申请人所承担的项目、所发表文章中论述的成果摘要。

4. 整合优势，打造科技平台，促进科学交叉融合，培育新的创新点

地方高校要想在基础研究工作中上台阶、上水平，必须要打破学科界限，整合学科优势，实现人才和资源有效配置，形成优势和特色。在科技环境建设方面，要积极推进科技平台建设，对优势资源进行重组，建立跨学科研究平台，重点打造国家和省部级重点实验室、重点学科。另外，还要增强学术开放意识，促进学科交叉融合，培育新的创新点。

5. 加强院校间的交流，提高基金管理人员的管理水平

对于基金管理者而言，必须要不断更新自己的知识水平，提高自己的业务素质。加强院校间的交流，是提高基金管理人员管理水平的一个重要途径。由于地方高校开展基金研

究工作相对较晚，在基金项目管理方面还存在着不足，只有加强交流与沟通，才能学习和借鉴其他高校先进的管理理念和管理模式，从而为基金项目的顺利开展提供优质、高效的管理服务。

结束语：基础科学研究不同于应用开发研究，很难在短时间内产生明显的社会效益和经济效益，要想取得一定的绩效，需要一个长期的不断积累和沉淀的过程。近年来，随着国家在自然科学基金项目上投入的资金力度逐年增大，给地方高校提供了非常好的机遇。地方高校中越来越多的科学工作者参与到国家自然基金项目研究的活动中去，对地方高校的基础研究工作无疑将起到积极的促进作用。作为基金项目的管理者，必须要适应这种新的变化，提出更高的管理要求。追求国家自然科学基金项目的数量不是管理者唯一的目的，而是要通过管理者和科学工作者的共同努力，使地方高校的基础研究能力得到夯实，特色和优势得到弘扬，人才得以充分发挥作用。这样，才能使地方高校的基础研究工作走上一个不断发展壮大的道路。

参考文献：

[1] 张玉凤．关于地方院校国家自然科学基金项目管理工作的思考．国家自然科学基金委员会地区联络网 2007 年度中南片管理工作研讨会论文汇编，39-44.

[2] 梅伏生．如何撰写好国家自然科学基金申请书．华中师范大学学报（自然科学版），2007，41（1）：161-162.

高校自然科学基金结题管理的制度视角

长沙理工大学　郑咏梅

一、高校自然科学基金项目结题管理现状

自然科学基金不仅是基础研究领域公信力最高、最有效力的平台，同时也是推动高校基础研究发展的主要经费来源。自然科学基金项目承担着打基础、出成果和培养人才的任务，所以高校做好自然科学基金项目的结题管理工作，可以降低由于盲目决策造成的资源损失，优化科技资源配置，及时发现和培养人才，提高管理水平，促进自然科学基金工作的不断发展。

当前自然科学基金项目的结题管理阶段存在一些问题。主要表现在：一是出现了“重申报、轻管理，重数量、轻质量”现象，使整个项目的研究水平和管理水平均有所下降。二是财务开支混乱，不能严格执行自然科学基金项目开支的有关规定。项目、研究经费和研究力量分散，不能集中力量攻克重大难题。三是研究时间一再延长，迟迟不能结题，结题管理与前期立项评审脱节，某些受资助者甚至形成“交账容易，好坏一样”的错误观念，致使结题流于形式。这些问题严重影响了自然科学基金的研究质量和研究水平。

许多高校在对整个项目从申报到结题的管理过程中，把大部分的精力投放在了申报过程，还由于自然科学基金项目在一定程度上存在“重立项，轻管理”、不容忍失败等问题，导致一些项目不按时结题或结题时敷衍了事。实践证明，自然科学基金项目后期发展过程是在原自然科学基金项目成果的基础上争取新的自然科学基金资助的过程，是充分挖掘原有成果的创新因素以支持新项目的申报的过程。所以自然科学基金项目的结题管理是整个自然科学基金项目管理中的重要环节，其成效不仅关系到项目是否能够按计划顺利实施，而且关系到项目后续研究的深入和成功申请。

二、高校基金项目结题管理的制度建设

长沙理工大学自2003年四校合并以来，5年共承担35项国家自然科学基金项目，146项，省级自然科学基金项目，获得经费资助1 246万元。从学校项目批准情况分析，批准项目经费额度总体为逐年上升趋势，特别是近两年批准项目数和资助经费在湖南省的省属高校中名列前茅。通过自然科学基金项目的资助，培养了一大批博士生和硕士生，为学校的人才培养、稳定教师队伍和学术上的新老交替起到了积极的作用。

长沙理工大学在省自然科学基金项目管理工作的指导思想是：将自然科学基金项目作为知识创新、推动学科建设、人才培养和实验室建设、提升科研水平的重要工作来抓，促进学校基础研究工作的发展。

学校建立了相应的结题管理激励约束制度，并在不断完善实施中发展。

表1　2003～2007年获省自然科学基金资助情况统计表

年　度	申请数/项	批准数/项	批准金额/万元	资助率
2003	59	16	47	27%
2004	56	20	65	36%
2005	60	23	36	38%
2006	123	40	93.5	33%
2007	124	47	140.5	38%

1. 约束制度

（1）结题规则细化。针对相应管理办法的不明确性、检查验收方式的单一性和申报人员重申请轻研究的趋利性等不良现象，学校逐步探索和完善了自然科学基金结题的管理细则。在自然科学基金的管理办法上又有具体的细化管理办法：

①以项目负责人为第一署名或作为通讯作者（须是导师身份）的论文必须占所申报结题成果的1/2以上。通讯作者（本人指导的学生为论文第一作者的情况下）等同为第一作者。

②资助项目的研究成果，包括专著、论文、软件、数据库、专利及成果报道等，均应有项目批准号标注（办理结题时并在标注上用彩色笔作好醒目提示）。未按规定进行标注的研究成果在结题时不予承认。没有正式发表的文章也不能当成结题成果。

③各学院的科研秘书应做好初审工作，如上交的结题材料有不符合要求的和不按时结题的情况，将对下年所在学院的项目申报数量予以限制。

④在国内外刊物发表的论文在达到省基金规定的影响因子基础上还需数量达到3篇以上。

⑤结题项目如在国内外刊物上发表论文被SCI、EI收录，不含ISTP，需提供由科技部或教育部授权的科技查新检索机构出具的核心版本收录证明。SCI版本目前有：印刷版（Print）、光盘版（CD-ROM）、网络版（SCI-Expanded）和Dialog国际联机版（SCI Search）等几种出版形式。学校的结题及奖励、评价政策中SCI版一般以光盘版（同印刷版）为准。EI需光盘核心本。

⑥在国内外刊物发表的论文须附刊物的封面、目录和正文的复印件，另加盖学院公章证明，特别是强调核对标注是否真实。

（2）信息传导制度。为加强自然科学基金项目的管理，国家和省自然基金委出台了从项目申报至结题的全面规定，这对项目的顺利实施提供了很好的政策保证。但一些项目主持人更注重项目的申请程序，而对项目的结题管理办法不是很了解，容易造成管理上的脱节。作为项目承担单位的管理者，学校加强了自身学习，吃透管理规定，并把结题管理办法的要求及变化及时和项目主持人进行沟通。加大结题管理规定的宣传力度，认真贯彻执行基金的有关政策、规章制度和管理办法，利用网络系统及召开基金会议等多种途径及时传达基金的有关信息，使领导和科研人员了解基金的各项政策和规定，并贯穿于基金实施的全过程。

（3）信息化动态管理制度。建立了自然科学基金项目数据库管理系统，从项目申报、立项到项目结项及绩效管理，实现了全方位的信息化动态管理。并通过数据库技术和网络技术，定时定内容开展学校的自检和绩效管理，监督检查、按时结题，充分发挥职能部门督导作用。在自然科学基金项目实施过程中，科技处会同各学院经常性跟踪，随时给予课题组力所能及的帮助和支持，并每年两次定期检查课题组进展情况，每年5月下旬和11月下旬，科技处将所有在研课题名单通过校园网发给各学院，对已到结题时间或将到结题时间的项目主持人，科研处和相关学院的科管人员会听取每个项目负责人的口头汇报，包括项目进展情况、资金使用情况以及存在的问题和困难，同时听取他们对基金结题管理的意见和建议。

2. 激励制度

学校一直重视自然科学基金的结题管理工作，并结合学校特点制定相关配套和激励政策，保障自然科学基金研究工作的顺利开展。近几年，通过加强我省自然科学基金资助项目的结题管理，提高了学校省自然科学基金的资助绩效，促进了学科发展，培养了科技人才。学校还在自然科学基金项目负责人及主要研究人的职务晋升、津贴等级评定、工作量考核等方面予以政策倾斜，主动为老师们排忧解难，充分调动科技人员的工作积极性。在结题过程中，将科技处的督促、协调作用，学院的支持作用和课题负责人的自我管理作用统一起来，共同促进省自科基金科研项目的顺利完成，同时也保证了学校科研工作的可持续发展。

（1）经费配套资助制度

学校对基金获批项目继续给予1：1的经费配套资助，保证了高质量完成自然科学基金项目的条件。2006年出台新的科研项目管理办法规定，国家级基金阶段性检查通过的才能获得学校的配套资助，省级基金必须在结题时达到良好等级以上的才能获得配套资助。通过激励与约束的举措，近5年结题的省自然科学基金项目88项，其中良好以上达到了90%。而2006年以后立项的项目结题良好率更是达到了100%。

表2　省自然自然科学基金面上项目2004～2008年结题成果统计表

结题项目	成果概况								结题评价		
	国外刊物	国内刊物	专著	发明专利	获国家项目资助	获国家级项目资助金额	三大检索收录	培养研究生	特优	优秀	良好
88项	48篇	398篇	18部	11项	20项	672.5万元	164篇	127名	8项	33项	40项

（2）优秀基金项目示范制度

在学校的省基金课题中，曾祥君教授主持的“基于电压行波的电网故障GPS定位系统研究”，该项目在国内核心刊物及国际会议上发表了学术论文10篇，其中三大检索收录6篇，申请专利5项，后续研究已获得国家自然科学基金项目、教育部新世纪优秀人才计划和霍英东项目的资助。对于此类优秀项目，学校以多种形式进行宣传，引起广泛示范效应，如张新华博士、杨洪明博士都是湖南省自科基金项目研究组的重要组成人员，在优秀科技人才的省基金项目示范下，获得了国家自然科学基金（青年基金项目）资助。这种广泛示范效应也使得大批青年教师开始关注、申报省基金课题，并已经形成良好的研究氛围。大家齐心合力，形成了一个老中青互相砥砺、互相促进、共同攻关、寻求发展的局面。

（3）项目成果评估制度

对结题项目研究结果的科学意义、实用价值、社会经济效益、论文的发表或专著的出版以及被引用情况、人才培养情况等进行评估，以确定该项目是否值得后续深入研究或是否形成一个成果。对结题手续办理时发现比原计划有重大进展或新的苗头时，采取措施加以支持，组织并推荐申报国家级项目和报奖。如张建仁教授主持完成的“混凝土桥梁施工期和使用期安全控制的关键技术”项目荣获2006年度国家科技进步二等奖（土木建筑组一等奖空缺），这项成果就是在国家自然科学基金和省自然科学基金课题的资助下获得的，这也是学校作为成果第一完成单位首次获得国家科技奖励。

学校 2003～2007 年获得国家基金项目 35 项，获得经费资助 764 万元，总体上来说学校所获得的国家基金资助项目不算高，但 2007 年增长率是上年的 100%，这一成绩是学校获国家自科基金资助项目数量历年来的最高水平。这些成绩的取得主要得益于学校不断地进行基金结题管理体制创新，并及时为科研工作者提供针对性的业务指导和咨询服务等而取得的。

表 3　2003～2007 年长沙理工大学获国家自科基金资助项目统计表

年　度	批准数/项	批准金额/万元
2003	1	8
2004	8	176
2005	5	128
2006	7	161
2007	14	391

综上所述，结题管理制度的进一步规范化、程序化和科学化对自然科学基金管理有着重要意义。学校将不断地总结自然科学基金项目结题管理工作的实践经验，为其他各类项目工作的开展提供成功的经验和典型案例，提供理论依据和应用开发的基础，提高管理水平和研究质量，为国家基础研究的发展和科技人才的培养做出更大贡献。

参考文献：

[1] 黄宝晟．国家自然科学基金评审中影响创新项目遴选的因素分析［J］．研究与发展管理，2004，16（1）：61-65.

[2] 冯鸿雁，肖广岭，苏俊斌．省级自然科学基金的目标定位与绩效评估［J］．科学管理研究，2005（4）：49-52.

[3] 陈佳洱．发挥科学基金制的优势，促进基础研究的重大突破［J］．中国高等教育，2001（19）：8-10.

[4] 胡隆菊，等．高校基金项目后期管理中几个问题探讨［J］．中国现代医学，2004（1）：50-52.

[5] 郑咏梅．高校科研团队的伦理激励［J］．湖南医科大学学报，2008（3）：241-243.

加强科学基金管理　促进学院学科建设

南华大学　甘润良

南华大学医学院现有临床医学、眼耳鼻喉科学、口腔医学、肿瘤学、麻醉学、医学影像学、医学检验、急诊医学等 8 个本科专业（方向）。全院设有 8 个教研室，6 个实验中心，6 个研究室，3 个研究所（心血管疾病研究所、肿瘤研究所和病原生物学研究所）。目前已确立了 4 个主要研究方向：血管闭塞性疾病病因发病学与防治、恶性肿瘤发生的分子机制与防治、糖尿病发生的分子机制及防治、病原体致病机制与分子诊断及防治。

本学院依托湖南省重点学科建设，以心血管疾病研究所、肿瘤研究所、病原生物学研究所为主体，形成了一流的科学研究平台，现拥有专业实验室面积 2 165.6 平方米，仪器设备总值 1 500 万元，拥有流式细胞仪、分子纯化快速工艺开拓系统等万元以上设备 190 余台/件。

医学院集医学科研、教学于一体，把科研工作作为学院重要工作之一。近 3 年中，有关研究成果获得了省部级科技进步二、三等奖 11 项；在国内外重要刊物上发表论文 729 篇，其中 SCI 和 ISTP 收录 144 篇；出版专著 12 本。2005～2007 年，共承担科研项目 120 多项，其中包括国家自然科学基金项目 25 项，国防科工委项目 1 项和湖南省自然科学基金项目 22 项等，还参与了国家“973”、“863” 项目，科研经费达 2 000 万元。

由于出色的科研工作，本学院担任了中国病理生理学会动脉粥样硬化专业委员会主任单位、国际动脉粥样硬化学会中国分会理事长单位、亚洲支原体学组织（AOM）副理事长兼秘书长单位、中华微生物与免疫学分会支原体专家委员会主任委员单位。

近几年，国家与湖南省自然科学基金资助项目已成为该院基础医学研究的主体和科研经费的主要来源。2007 年，医学院获得国家自然科学基金资助项目 7 项，资助金额达 142 万元，受资助的项目数和金额均有新的突破；获得 5 项湖南省自然科学基金课题，受资助的项目数和金额相比往年也有较大的增长。

自然科学基金的有效支持，使学院的基础医学研究充满活力，保持和发展了学院的特色和优势，提高了学院的科研水平和学术地位，促进了学院的学科建设。医学院每年发表论文数量连续 5 年列全校各学院之首。在自然科学基金管理工作实践中，南华大学医学院重抓了以下几方面的工作：

一、加强对基金管理的认识，做好宣传与服务

我国实行科学基金制已有 20 年，通过这几年的参与，该院教师已了解、熟知有关政策和科学基金制的内涵。科学基金委员会面向各单位，但与任何单位都没有隶属关系，保证了公正、公平竞争，每年通过发布项目指南、申请公告，制定相应的管理制度，编写各种汇编材料等方法组织项目的申请实施工作。因此，管理人员的服务宣传工作需要贯穿申请立项和项目实施的全过程

为做好服务宣传工作该院专门设立了“自然科学基金咨询办公室”，常年为教师提供全方位、全过程的咨询动态服务。并采取多种形式，对科学基金项目管理人员进行培训，熟悉国家与省自然科学基金项目的各项管理业务，以不断提高自身的管理水平。该院还注

重对学院在自然科学基金管理工作中出现的带全局性、政策性的问题进行分析，探讨加强管理的新政策、新办法，不断完善自然科学基金项目的管理。

二、营造科技创新环境，加强申报动员和提高资助率

创新是自然科学基金项目的灵魂，没有创新就没有发展。自然科学项目学术水平高、难度大、评审严格、竞争激烈，能否获得资助、资助率高低，选题是关键，只有创新性的工作才有竞争力。

医学院每年的申请国家自然科学基金项目数基本稳定在20～25项，申报省自然科学基金项目数在10～15项，要获得尽可能多的资助项目，必须提高资助率。为此，该院在“十五”、“十一五”期间，增加了人才引进和培养力度，专门设立科研学位办，加强了科研管理。

该院通过研究省自然科学基金项目，资助有创新性学术思想的课题研究，为申请国家自然科学基金打基础。在省自然科学基金资助项目的工作基础上，注意发现、选择、组织有创新性研究前景的课题申请国家科学基金，结合自身和学院的优势，选准研究方向，瞄准国际前沿，提出有新的学术见解和独到之处的申请项目，并采取情报检索查询、同行专家及学术委员会把关等措施，力求申请项目能以新取胜，以优取胜，从而增强了申请项目的竞争力。

同时，还加强中青年教师、研究生的培训和知识更新。学院与一些国家和地区的大学、科研院所建立了国际学术交流和技术合作联系，每年派出100多名青年教师出国学习、考察和参加国内外学术会议。

此外，还特别注重支持和组织好青年基金项目，这对年轻科技人才快速成长具有强大的激励作用，通过自然基金项目的研究是促成科研团队形成的重要平台。

三、抓好中、后期管理，提升资助效益，促进学科建设与发展

科学、规范的管理是提高项目效益、质量的关键，管理体制和管理办法是加强科学基金管理的保证。

医学院重点抓好基金项目管理过程中几个关键环节的管理：注重强化年度进展报告、结题报告等报表的及时性、准确性和严肃性；采取措施，提高资助项目研究成果、学术论文的标注率；选择取得高水平成果项目进行重点跟踪。

此外，每年定期召开一次全院自然科学基金工作会议，分析总结本年度国家科学基金申请、执行、结题的情况，交流经验，表彰先进，动员下一年度的国家和省自然科学基金申请工作，从而使自然科学基金的有关规定、管理办法为大家所了解、接受。通过召开会议密切了管理部门与科学基金申请者受资助者的相互沟通和配合，加强了学院自然科学基金项目的管理，使科学基金项目管理做到了规范化、程序化、科学化，对保证自然科学基金工作的质量起到了积极作用。

在课题实施阶段，不仅提出严格要求，而且从人员和物质上为完成研究任务创造良好条件。学院领导和研究所、教研室负责人将课题的实施工作列入议事日程，加强指导协调和督促检查，发现问题及时研究解决，保证了课题计划的顺利实施。还从重点实验室建设经费、重点学科建设经费中拨出专款，购买一些科研急需的先进仪器和大型设备，以确保自然科学基金课题按期完成。实行了课题负责人责任制，课题负责人向主管部门负责，科研学位办统筹全院科研工作，明确分工，责任到人，经费到位。

全院教师把自然基金课题当作重要的工作任务，相互支持，协力攻关。实验中心、医学动物中心、科研试剂供应中心等科研服务部门积极主动提供服务，优先保证科研基金课题研究工作的需要。在管理规定中强调了保持课题负责人的相对稳定，凡承担国家或省研究课题的主要人员，在课题研究期间原则上不予办理长期出国手续，但与国外共同研究或协作的课题例外。

国家或省自然科学基金持续稳定的资助促使该院原有优势学科得以充实和发展。目前医学院有 1 个国家一类特色专业（临床医学），1 个省级重点专业（临床医学），1 个省级重点学科（病理学与病理生理学）；1 个省/部级重点实验室（动脉硬化学重点实验室），1 个湖南省高校重点实验室（肿瘤与分子病理学实验室），1 个湖南省科技创新团队；6 门省级精品课程（医学微生物学、病理生理学、病理学、临床技能学、血脂学、分子生物学）；1 个一级学科（基础医学）和 6 个二级学科（病理学与病理生理学，病原生物学，解剖学与组织胚胎学，免疫学，生理学，法医学）硕士学位授权点，2 个博士学位授权点（病理学与病理生理学，病原生物学），还有 2 个湖南省研究生培养创新基地。通过 50 年来的不懈努力和积淀，医学院在动脉粥样硬化、胃癌、心肌缺血损伤、支原体/衣原体、淋巴瘤/白血病的研究和诊治方面取得显著成绩。

为加强自然科学基金的管理，提高申报的成功率，南华大学医学院将不断强化竞争意识和创新意识，积极参与社会竞争和湖南省重大项目招标，争取多渠道获得科研经费资助；进一步加强对科研工作的组织、指导，集中人力、物力和财力，协作攻关，确保受资助课题按计划、有步骤地实施；对重点研究方向，特别是能形成特色和优势的课题，在学科间协作的基础上，选准结合点与突破口，争取在一些领域内取得重大进展；同时要充分发挥研究生、博士后研究人员和留学回国人员在我院科学技术工作中的重要作用，并努力改善科研支撑条件，不断提高管理水平，为提高我省医学科学技术整体水平作出新贡献。

促科研"雏鸟"成长为科学"大鹏"

——论自然科学基金对重大科学问题研究的扶持作用

湖南大学　张　晓　李飞龙　孙　凯　于美娜

高等院校是国家和省级自然科学基金的主要受益者。作为基础性研究的催化剂，自然科学基金自设立以来就成为高等院校开展基础和应用基础研究、培养创新团队和优秀人才的重要经费来源，在高校重大科学问题研究中起着关键性的扶持作用。

"十五"以来，随着自然科学基金资助项目建设的全面推进，湖南大学所获得的科研支持经费逐年增多。2001 年～2008 年，湖南大学获得的自然科学基金重点项目与国家杰出青年基金项目就有 14 项。通过自然科学基金的支持，该校基础科学领域的研究能力迅速得到提升，并取得一系列重大成果。

一、助推学术研究，实现全新突破

自然科学基金是学术研究的"助推剂"。1996 年，在西安交通大学获得博士学位后回到湖南大学的何怡刚教授，由于当时工作条件的限制，科研项目一直进展缓慢，后申请获准国家自然科学青年基金项目、国家自然科学基金项目等一系列重要课题。此后，他又获得了 2003 年湖南省自然科学杰出青年基金，以及 2006 年湖南省自然科学基金重点项目的资助。正是得益于自然科学基金的有力支持，他和他的学术团队在电气科学与工程、自动测试与故障诊断、高速集成电路等领域开展了一系列较为系统深入的研究，取得诸多新的突破，从而提出了新的学术思想和理论。其中"低功耗电路理论、设计关键技术与方法"于 2004 年 12 月被湖南省科技厅鉴定为"整体上达到了国际先进水平，在低功耗电路技术等方面处于国际领先水平"；"模拟电路与开关电容网络故障诊断理论与方法研究"于 2004 年被湖南省科技厅鉴定为"整体达到了国际先进水平，在开关电容网络故障诊断、模拟集成电路故障诊断理论与方法方面处于国际领先水平"。2005 年，这两个项目分别获得了湖南省科学技术进步奖二等奖、教育部提名国家科学技术奖自然科学奖一等奖。

电气与信息工程学院电工电子技术系的彭敏放教授，先后获得湖南大学理论电工专业工学硕士学位（1991 年）、电气工程专业博士学位（2006 年）。她有一项科研涉及应用智能信息处理技术攻克模拟电路自动测试与诊断中的难题。为了解决模拟电路人工诊断技术滞后与微电子工业飞速发展不相适应的问题，她希望能在模拟电路故障诊断这一前沿研究领域取得突破性进展。2006 年，彭教授申报的"基于多元信息智能融合的模拟电路在线故障诊断研究"科研项目成功获得了国家自然科学基金的资助。

由于有自然科学基金的支持，彭敏放教授有了更大的工作激情和动力，多次获得了新的突破，并相继取得了多项原创性的容差电路故障诊断理论成果，如创造性地提出了基于多元信息多层次智能融合的电路故障诊断理论与方法、容差电路 K 故障屏蔽诊断理论与方法，攻克了容差电路可诊断性差、诊断准确率低等难题，为解决电路的性质、拓扑结构、故障种类等限制电路的可诊断性与诊断方法的适用性的问题提供了可能的途径。

二、积累科研经验，启发后续研究

重大科学问题的研究是一个长期的积累过程，需要资金、人员、设施等的全力支持，而在科研经费有限的条件下，自然科学基金就成为科研探索过程的重要经济基础之一。

新车型的自主开发、设计与制造能力是衡量一个国家汽车发展工业水平的重要标志，而汽车车身制造技术更是现代制造技术在产品上的集中体现，是影响汽车质量、生产成本、能耗和排放等的重要因素，在整车开发中占有特殊地位。因此，围绕汽车研发领域内的重大科学前沿问题，湖南大学车身先进设计制造国家重点实验室以汽车车身设计制造应用基础研究和原创性技术探索为核心任务，开展了具有基础性、前瞻性和战略性的研究工作。1998 年，湖南大学工程学科成为重点建设学科，被“211 工程”国家立项，至 2006 年，该学科先后有多位教授申报的项目获得了自然科学基金的支持。

2006 年，该校从新加坡引进了韩旭教授。他在从事科研短短三年之后，就获得了湖南省自然科学杰出青年基金资助。后来，他申报的“混合数值法求解层合压电壳体结构中的瞬态波动问题及其应用”项目又获得了国家自然科学基金面上项目的资助。由于有了自然科学基金的资助，科研进展顺利。在这一项目中，他提出了开发层合压电壳体结构中瞬态响应的高效的数值模拟技术和分析程序系统，不仅数值计算方法的开发将为基于瞬态响应的压电材料特性的无损检测和人工智能结构的研制提供高效的正问题求解器，同时该研究也将为科研人员在更加精确的无损检测设备的研制上提供一个全新的思路。更为重要的是，在研究过程中，科研人员还得到一些启发，从而扩展了后续研究方向，如非线性反问题的正则化方法研究，复合材料板和壳的不确定性弹性波动数值算法研究；复合材料结构的载荷识别等，推动了科学研究的深层次发展。

“汽车车身先进设计制造国家重点实验室”主任李光耀教授就曾先后主持国家杰出青年基金项目、“工程与产品现代设计理论与方法”国家自然基金重点项目以及“金属成型过程中的大变形畸变问题的无网格法分析”国家自然科学基金项目等多项基金项目。

由此看出，自然科学基金不仅通过扶持科研项目促进科学问题解决，从而在解决重大科技问题的起步阶段发挥着重要作用，同时也是科研人员积累经验，得到启发，进而拓宽研究领域必不可少的条件。

三、稳定优秀人才，奠定科研基础

自然科学基金也是稳定优秀人才，奠定科研基础的重要保障。由于有了自然科学基金这一稳定的资金支持，科研人员不仅可以从为争取经费而追踪无意义的热点问题等浮躁风气中解脱出来，沉下心来进行稳定的创新研究，同时也具有更大的从事风险性探索研究的勇气，从而使各高校培养了一大批优秀人才和创新团队，为科研问题的突破创新奠定了坚实的人才基础。

湖南大学“汽车车身先进制造国家重点实验室”在钟志华院士等一批科研领头人的带领下，该实验室先后承担了多项国家和省级自然科学基金项目，共获得国家、部、省级以上的科研成果奖 13 项，取得了一批具有自主知识产权的创新成果与产品，锻炼了年轻人，培养出大批优秀人才，形成了一支创新意识强、学术水平高、在国内外有一定知名度的创新研究团队。团队的 45 名固定人员中，具有正高职称（包括教授和教授级高工）及副高职称（包括副教授、高级工程师）人员所占比例高达 73.3%，其中包括中国工程院院士 1 人，国家杰出青年基金获得者 3 人，湖南省芙蓉学者特聘教授 1 人，博士生导师 20 人。

四、促进学术交流，走上国际舞台

除了科学前沿的全方位拓展以及纵向学科的分化与深入等推进式研究手段之外，基础研究的发展还需要通过不同思维方式、不同文化背景甚至不同国家在研究资源、研究手段上的多渠道、多形式的合作交流开阔视野，启发思维，从而实现科学研究的全球化。自然科学基金很好的提供了这种交流平台，使高校的科研人员能够走出去，同国内外的专家、学者切磋探讨，相互借鉴和学习，让各种不同的思想碰撞出新的火花。

有了基金的资助，能使科研团队加强了与海内外学术界的联系，并与国内外高校及研究院所开展相关学术交流及合作研究，从而及时了解并掌握本领域及相关领域最新的国内外研究成果、研究思想与方法，为重大科学问题的研究提供有益的参考。

自然科学基金是高校科研开展的重要保障，通过资金、学术、人才等方面的强有力的支持，自然科学基金为重大科学问题的研究搭建了一个完善的发展平台，助推了它的顺利起飞，让“雏鸟”逐渐成长为能展翅高飞的“大鹏”，在科研的天空里自由翱翔。

参考文献：

[1] 唐晖，童桦，唐慧君．关于国家自然科学基金管理的思考．湖南大学学报，2007（4）．

[2] 杨如鹏，于波．努力提高我国科技源头创新能力——访国家自然科学基金委员会主任陈宜瑜院士．求是，2004-10-19.

[3] 傅光耀，刘伯权．自然科学基金与高等院校学科建设．西北建筑工程学院学报（社会科学版），2000（1）．

论高校基金项目研究与研究生教育的互动机制

湖南师范大学　喻小红

自然科学基金项目是高校科研的主要阵地，研究生教育是高校高层次人才培养的主要标志，也是高校重要的科研力量。高校集科学研究与人才培养为一体，其教学、科研、人才和知识之间的关系可以表述为：教学与科研是手段，培养人才和创新知识是目的，受过教育的人才推动科学研究，科学研究反哺人才培养，其内在的联系形成一个良性循环，构成高校的整体环境。“教学工作科研化，科研工作教学化”是当今高校教学与科研积极互动的集中表现。[1]如何促进高校自然科学基金等基础研究与人才培养的有机结合、充分发挥国家自然科学基金的基本职责、积极拓展基金功能的新兴领域、培养高创新素质的科教人才、充分发挥高校研究生的科研力量、推动自然基金的研究、构建促进基础研究与研究生培养相结合的理想平台，是值得研究的重要课题。

一、科学基金项目研究对研究生教育的促进作用

1. 提高研究生教育师资水平的重要途径

当代高校教育强调培养研究生的创新精神、创新意识。但是，如果从事研究生教学与指导的教师没有坚实的理论基础，没有足够的科研积累，不能理论联系实际，又谈何启发和诱导研究生的自主创新。因此，提高研究生教育师资水平至关重要。自然科学基金研究，则是高校教师获得最新知识的最直接、有效、迅速的途径。进而不断地完善教材，充实教学内容，进行教学改革。自然科学基金项目也是研究生导师遴选的重要条件之一。国家自然科学基金项目级别较高、竞争激烈。对于教师来说，申请到科学基金项目在一定程度上反映了其对所研究领域的学科洞察力和学术水平。因此，自然科学基金项目也是晋升职称和评估研究生导师的重要指标。

2. 培养研究生人才的重要保障

首先，教师通过自然科学基金的科研活动，不断探索适应新时代研究生培养的途径和措施。其次，教师承担的自然科学基金课题，为提高研究生的科研、实践能力和团结协作的精神创造了良好的条件。自然科学基金项目从题目到内容都紧扣科学技术发展的前沿和社会发展中亟待解决的问题。因此，自然科学基金项目的选题具有挑战性，能够激发学生的创新欲望；研究中采用的科学思想和方法具有创新性，有利于培养研究生的创新思维；基金项目的验收强调的是创新点，为研究生的创新活动提供了相对宽松的环境。这些都有利于研究生创新能力的培养。与此同时，研究生通过参加基金课题，可以了解国际最新科技动态和实际发展需要，站在高起点上易出成果；研究生在课题的研究过程中，通过翻阅大量的文献资料，独立承担部分研究内容、撰写论文等，其科研能力也得到有效地培养和锻炼，为完成毕业论文提供了很好的选题；通过参加老师的课题研究，有意识地加强了研究生团队协作精神的培养，为其今后走向社会打下了基础。

3. 推动学科建设与发展的重要手段

学科建设是高校发展的基础，是高校建设的根本和核心，是高校核心竞争力的重要体现。开展基金项目的研究可以发现并逐步凝练新的学科方向，聚集优秀人才，培养研究人

员梯队，取得一批研究成果，推动科技平台建设，促进研究生学位点的形成和发展，提升学校整体学术地位。

4. 对研究生的感召力和影响

教师从事自然科学基金研究会使学校具有较高的声望，这意味着学校具有较高的吸引资金和优秀研究生的能力，而较多的资金和优秀研究生又是取得高质量教学的重要基础。从事自然科学基金研究、取得成就的教师对研究生具有更高的感召力，他们的思想观念、道德风范、科学态度、敬业精神对研究生的道德提升均起到潜移默化的作用。[2]

二、研究生教育对自然科学基金研究的推动作用

1. 学位点是自然科学基金项目的重要依托基地

自然科学基金项目研究的完成，必须有一定的科技平台，既包括满足研究所需的仪器设备，也包括从事研究的学术梯队。高校培养研究生的学位点为自然科学基金的顺利开展创造了良好条件。据统计，有99%的自然科学基金项目是在研究生学位点依托单位——大学和科研机构完成的。

2. 导师是基金项目的主要申请者和承担者

基金项目要求申请者具有一定的学术水平和见解，这在某种程度上决定了基金项目的申请者和承担者大多数为研究生导师。《2003～2006 年国家自然科学基金资助项目统计资料》表明，92% 以上的项目负责人是具有高级职称的研究人员且大部分都是研究生导师。

3. 研究生是从事基金项目研究的生力军

我国研究生一直是从事自然科学基金课题研究的强大生力军。在自然科学基金研究中，研究生承担了大量的基础实验、野外调查、资料收集等基础研究工作，有的还独立承担部分研究内容、撰写论文等研究性工作。调查显示，研究生完成基金课题的平均工作量占课题总工作量的 54.7% 。[3]

4. 基金项目研究与研究生教学互相促进

仅有科研意识、科研能力和科研成果，却不将之应用于教学，单纯地为科研而科研，就失去了高校科研的意义。将科研成果应用于研究生教学，充实和优化了教学内容；研究生教学还可使自然科学基金项目的科研成果得到进一步传播，充分发挥自然科学基金的价值。其次，研究生教学实践能使教师对基础知识更加融会贯通，促进自己对基础知识的了解和反思，从而使自己的研究活动有了更坚实的基础，在教学中与研究生的互动，研究生活跃的思想有利于开展自然科学基金项目研究。

三、构建基金项目研究与研究生培养的互动机制

1. 构建科技创新与研究生培养的体制

目前，许多高校都承担着培养人才和科技创新的双重任务。国家自然科学基金和研究生教育分别承担着发展基础研究与创新研究和培养高级专门人才的重任。从培养人才的目的出发，两者之间存在着直接的互动关系。从广义上看，“人才培养”既包括对学生的教学过程，也包括对科研人员综合素质的培养过程。自然科学基金等创新性研究的关键因素是人才，高素质人才的培养使知识的传播、延续和再生得以实现，并且为自然科学基金事业的可持续发展提供重要载体。同样，如果没有自然科学基金等一流的科技创新，就无法培养一流的高素质人才，也就不可能有高素质的现代研究生教育。所以，高校应努力寻求能够使“研究生培养”和“科技创新”更加紧密结合的科研体制。

2. 构建“以研究为本”的研究生教育

通过科研、教学和学习的互动来推动研究生教育的发展，已是世界上许多一流大学的成功经验。为此，我们构建以研究为本的研究生教育，教学的重点是以研究和探索为基础，使研究生成为研究群体中一个活跃的组成部分。在一个探究的环境中，实现这样一种全新的教学方式：研究生的学习基于研究，学生与教师一样都是知识的探索者，是通过积极探索进行学习的参与者；教师通过承担自然科学基金项目提供使学生参与科研的机会，将最新的科研成果转化为教学内容，将研究生吸引到自然科学基金项目研究领域中来。这样，自然科学基金等项目研究本身就会成为一个效率很高和非常有效的教学形式，成为一个主动的学习模式，成为密切融合教学、科研和学习的整合工具。

3. 激励、引导研究与教学的改革

学校应制定具体政策，激励从事自然科学基金项目研究的科研人员向研究生教学尽其所能提供教育教学改革的资源支撑，包括新知识、新概念、新实验。如鼓励导师结合自然科学基金项目研究为实验教学制定综合性和探索性的实验方案，对将自然科学基金项目研究成果运用到教研教改方面有突出成就的教师实施奖励和鼓励等措施。

4. 创新研究成果向教学转化的机制

建立高校基金项目研究成果向研究生教学转化的机制，及时把基金项目研究成果充实到研究生教学内容中去，编写出新教材，开拓出新实验，并注意对基金项目研究成果进行理论上的概括和体系化的加工，在此基础上创建新的学科及边缘交叉学科，开出新的课程。同时，在政策上明确把基金项目研究成果向研究生教学的转化作为高校基金项目研究成果推广的重要内容而纳入其体系，并在物力、财力等方面予以保证。

5. 完善教学与研究的评价体系

要想从根本上促进研究生教学与自然科学基金项目研究的互动，就必须将对研究生教学质量和自然科学基金项目研究活动的评价体系统一起来并加以完善。在保证研究生教学与自然科学基金项目研究合理评价的基础上，建立促进研究生教学与基金项目研究有机结合的科学的评价机制，对教学与科研的评价给予同样的重视，尽量做到客观、公正、合理。可以在评价研究生教学质量高低的指标中引入自然科学基金研究的学术活动要素，如任课教师对该课程中有关热点问题的介绍和研究动态跟踪情况，教师是否有相关的研究成果。其次，在评价教师的自然科学基金项目研究活动中引入教学性因素，如有无明确且相对稳定的研究方向，研究方向与所任课程的关联性，研究生参与教师科研的数量和质量，研究成果与研究生教学的结合性，研究成果导入课堂情况等。通过考评指标的调整，引导教师自觉地实现教学与科研的有机结合，从而实现良性循环，即：从教学（实践）中发现问题—科研选题与立项研究—研究成果回到教学（实践）。[4]

参考文献：

[1] 徐桂秋，等．高等学校科研与教学的关系的认识与实践［J］．辽宁教育研究，2004（9）：42-43.

[2] 喻小红，等．探讨大学科研与教学的良性互动［J］．长沙铁道学院学报，2007，8（1）：229-230.

[3] 胡天军，等．国家自然科学基金制与研究生培养制度的互动关系分析．北方交通大学学报（社会科学版）．2003，2（3）：56-59.

[4] 宋志国，等．科研与教学冲突的危害、成因及对策［J］．社会科学家，2005（5）：591-592.

湖南省自然科学联合基金新模式探讨

湖南师范大学　王青春

湖南省自然科学基金联合基金的设立、运行与发展，是我省自然科学基金创新管理模式的体现，其特点是将基金的导向性作用与社会投入相结合，旨在利用省自然科学基金评审、资助和管理系统的优势，充分发挥高校人才雄厚、学科齐全、基础研究条件平台完备的优势，为解决我省经济社会发展中出现的科学问题提供动力与支持。省自然科学基金联合基金自实施以来，进展情况良好，发展势头明显，为向更广阔的空间发展打下了很好的基础。所以我们也期待省自然科学联合基金在推动高校科技工作、加快区域科技与经济相互促进发展的同时，也能有新的突破。联合基金在成功地引进高校资金之后，能否再次引入地方政府、社会企业主体等的资金投入，以此走出高校投入的单一格局局面，向更广泛的投入目标迈进将是联合基金发展所面临的问题。

一、积极参与，把握定位，探索联合基金新模式

提高自主创新能力是高校科技工作发展的宗旨，2006 年教育部、科技部联合下发了《关于进一步加强地方高等院校科技创新工作的若干意见》，确定了地方高校科技创新工作的指导方针。湖南省自然科学联合基金的创立与实施，充分体现了地方政府加强科技创新工作，全面落实科学发展观，促进并加快我省区域创新体系建设，同时成为带动我省高校参与联合基金并推动我省地方经济和社会发展的重要措施。

近年来，省自然科学基金委员会为发挥科学基金导向性作用，探索实施了联合基金模式——以引导社会与高校科技资源共同支持面向湖南省应用基础研究。联合基金作为省自然科学基金的重要组成部分，主要是利用科学基金的制度优势，吸引和凝聚全省优秀的科研人员，针对本省区域经济、两型社会发展的重大关键科技问题开展研究工作。吸引高校、地方政府、企业等对科技创新的支持与投入，将是未来省自然科学联合基金最为重要的公共战略政策。特别是吸引大企业并使之自觉成为联合基金的科技创新的根本动力，从而带动我省企业自觉成为技术创新、科技成果产业化的主体，同时使企业的科技技术创新真正走在前面，将是未来联合基金的努力方向。

1. 湖南师范大学在省自然科学联合基金项目的地位、作用与发展现状

湖南师范大学是最早加入联合基金会并成为会员单位之一，自 2004 年以来，我校取消了校级一般项目，将这笔资金投入到省自然科学联合基金项目上来。我校实行学校先垫付的方式，2004 ~2007 年学校共投入 90 万元作为省自然科学联合基金项目资金，项目立项后每个项目资助 2 万元。自 2002 年以来，我校共立项资助省联合基金项目 59 项，投入经费总额 118 万元。措施实施后，我校成果不断涌现，人才累积效应逐步显现，为创新研究培养了大量人才，促进了基础研究队伍的健康成长。自 2003 年以来，我校省联合基金项目成果论文被 SCI 收录 73 篇、EI 收录 45 篇；2007 年省基金联合基金项目产生的实用新型专利数已授权 2 项，获国家软件著作权登记 2 项成果，申请发明专利 1 项。

2008 年我校新立项资助的国家自然科学基金项目中，其中有 4 项是由省联合基金项目资助的，在数理科学、化学、生命科学领域获得国家基金立项资助的主持人有天文学陈松

柏副教授、基础数学罗治国教授、手性化学伏再辉教授、生命科学段巍副教授等，他们都是2005年主持承担并完成省自然科学联合基金项目的。

总结近年来我校省联合基金的实践有以下几点体会：一是抓住机遇，我校在省基金办一开始成立省联合基金时就抓住了这个机会，并且把它作为一项制度在学校贯彻执行；二是明确省联合基金项目定位，把它与高层次的国家级项目联系起来一起抓；三是注重投入，坚持持续稳定地投入，学校把自身的投入与省基金的政策结合起来，愿意承担自己的责任与义务，而不单单是等待省财政拨款。因此，稳定了一批学科建设人才，同时既育出了创新成果，也培养了人才，有力地扩大了科学基金的影响，可以说，省自然科学联合基金项目在我校的实施效果达到了双赢。

我们可以看到省自然科学联合基金项目实施后，由于有省基金委的好政策，学校本身每年有稳定的资金投入，尽管投入的资金量不是很大，但我校省自然科学联合基金项目经历了从无到有、由弱变强、不断有创新性强的项目后续获得国家立项资助，这样就形成了一个稳定持续发展的结果。在这一发展过程中，省自然科学联合基金项目在学校科研工作中也逐步发展壮大起来。

2. 高校建立并发展联合基金势在必行

省自然科学联合基金是在省基金项目这同一管理制度操作体系、不同投入主体下的同质同级别省级项目。在省基金办的统一管理下，通过省基金项目指南的引导，高校提高了研究工作的起点，同时高校教师通过承担高层次项目研究带动产出高水平的研究成果，为后续承担国家级项目夯实了前期研究基础。因此，建立并发展省联合基金，是高校顺应形势，解决高校教师承担高层次科研项目问题的有效途径。

省自然科学基金一般项目受控制规模、资助率低以及学科布局等原因的限制，总有一些优秀的申请项目得不到资助，而且各高校又都因自身发展的需要，既要突出优先发展领域，又要兼顾学科发展，也不能支持这些申请项目；同时有的高校为了引进人才，给人才发展预留空间，需要拓展项目空间，也需要联合基金项目的支持，解决本校教师科研项目的发展问题。因此，省基金联合基金项目应运而生，如果高校不去积极争取投入，那就是放弃竞争，坐失良机。

3. 联合基金的品牌效应势不可挡

联合基金项目就像一颗颗珍珠，牢牢地吸引着高校教师的眼球。项目就是竞争力，就是发展后劲，是高校科研又好又快发展的保障和希望，无论是人才、团队、学科、基地平台建设，哪一个也离不开好的项目。

（1）从湖南师大的情况来看，联合基金开拓了科研工作新局面，优化了科研项目的资助结构，推进了科研项目向规范化和高效益发展，使之更加富有针对性、时效性。学校最初设立有校级项目，校内申请、校内评审，没有指南引导，大体上都是切块，没有竞争力，水平停留在自我重复状态。随着省联合基金项目的确立，全校科研水平得到了极大地提升，我校科研实力得到增强，把原来投入校级项目的资金投入到省联合基金项目上来，其获得的投入、产出效益是不可同日而语的。

（2）实施联合基金计划项目是一项制度创新，坚持发挥市场经济对科技资源的配置的基础性作用，充分运用市场竞争与合作机制提高科技创新的效率和效益，加强基础研究原始创新，引导社会对科技的支持与投入，将是未来战略性投资的一大特色与优势，这种特色与优势同时也会加剧高校之间、高校企业之间的竞争与合作。

（3）联合基金项目提升了研究起点，它鼓励对全省社会、经济、科技发展有重大需求的科技问题进行申请，引导高校具有挑战和创新精神的科研人员寻求富有创新的课题。

二、认真组织，坚持标准，保证联合基金项目申请书质量

为了推动我校教师积极参与我省应用基础研究工作，进一步为地方科技发展做贡献，也为了积极参与主持省基金联合基金项目，我校特别制订了相应的管理措施。

1. 在资金投入上，我校每年30万元持续稳定的资金投入，使我校省联合基金项目得到了快速、稳定、可持续的发展。

2. 在宏观管理上，学校一视同仁，把省联合基金项目与一般项目视为省级项目同等扶持。同时，在申报、立项与资助政策上，采取了向重点学科、重点实验室、重点研究基地、年轻学术带头人倾斜的灵活政策，发挥了省联合基金项目在人才、学科基地、条件平台建设中的示范作用。

3. 在实施效果上，我校自2002～2008年以来省联合基金项目共立项资助59项，不仅产生了一批高质量的论文，而且联合基金立项资助的项目中后续有21项获得国家自然科学基金项目立项资助。

由此说明，我校在省联合基金的政策扶持上是得力的，采取的措施是恰当的，追求的目标是长远的。我校高层次项目的数量与质量得到快速提升，这与省联合基金的支持是紧密相关的。省基金联合基金的设立不仅极大地提高了我校教师申报省基金的积极性，可以说，省联合基金已经成为我校省级项目中不可缺少的一部分，同时也产生了一批高质量的科研成果，而且后续项目如国家自然科学基金、“863”项目等高层次项目的立项是与省联合基金资助与支持紧密相关的。

三、创新机制，逐步试点，促进联合基金做大做强

首先，省联合基金目前还只在部分高校校内实施，其效果表现在联合基金项目成果突出，后续获得的国家级项目水平高，科研人员申报热情高，这些都是联合基金的巨大的品牌效益在起作用。同时也说明只要在基金定位、目标导向以及组织方式上把握好基金特有的原则，维护好基金的品牌，那么，它就像巨大的磁石一样吸引着全省高校及科研院所的科学家、工程师，使他们参与申请、评审、中标、组织管理等过程中来。因此，今后联合基金还要吸引更多的高校参与，以便拓展更广阔的空间。

第二，时不我待，抓住机遇，参与竞争。河北省联合基金、贵州省联合基金已走在前面，河北省自然科学基金成立钢铁联合基金，这一政策措施被称做是河北科技系统打开解放思想“总阀门”的一项成果，是该省科技工作创新体制机制的一种新尝试，在项目经费投入上，由河北省科技厅、省基金委与唐钢按1：2比例投入，这必将推进河北高校、科研和企业形成优势互补，研究力量高度聚集，知识创新与技术创新的紧密结合，促进技术跨越和基础研究的社会化，为钢铁产业的发展提供有力的科技支撑；“贵州茅台科技联合基金”由贵州省政府根据茅台的发展和贵州的实际决定设立，其中，贵州省科技厅出资200万，茅台集团公司出资800万，共1 000万元设立“贵州茅台科技联合基金”这种模式，将针对以茅台酒为代表的贵州酒业发展的关键技术和共性技术的攻关进行联合资助，重点支持酿酒有机原料育种与栽培、名优酒香气成分及功能性成分形成机理及作用机理、生物发酵工艺创新、酒业深度开发与综合利用等关键技术的研发，增强贵州省酒业的市场竞争力和品牌效应。为贵州酒业的可持续发展提供科技支撑。为此，我们认为：①应更好地发挥项目指南的引导作用，在充分体现我省两型社会特点这个社会发展需求的基础上，针对相对具体的科学问题开展联合研究；②加强与省政府、地、市政府及企业高层的“顶层设计”，发挥基金的引导与协调作用；③更好地发挥联合基金的捆绑作用，把高校教师与企业科技人员同时吸引到联合基金中来，把联合基金打造成校企合作与交流的创新平台；④建立完善的联合基金资助体系，不仅培育项目，也要培养人才，做到既出成果又出人才，为地方政府、高校、企业等输送各类高水平人才，所以联合基金也应该为打造高水平人才做出规划与安排；⑤吸引更多的高等院校、科研院所及国内外相关企业等进入联合基金，使这一创新模式得到拓展，创新机制得到完善；⑥引导社会资源加大对湖南省应用基础研究的投入，加强与国家有关部门、地方政府、高校以及企业的合作，联合开展对我省应用基础研究的资助工作。这既是发挥科学基金导向作用的重要体现形式，更是推进国家创新体系建设不可推卸的责任。把联合基金的投入主体扩展，联合基金资金投入扩大，联合基金的效应做强，直至联合基金面向全国或部分地区，使我省联合基金快速发展成区域联合基金或成为国家级联合基金，最终推动我省基础研究向纵深发展，向更广阔的目标迈进。

参考文献：

[1] 教育部．科技部关于进一步加强地方高等院校科技创新工作的若干意见．教技 2006（3）．

[2] 陈宜瑜．坚持解放思想 推动科学发展为提升国国家科技竞争力做出更大贡献．中国科学基金，2008（4）：193-197.

[3] 朱蔚彤，陈钟，刘权，何鸣鸿．积极探索国家自然科学基金与地方政府联合资助的新机制．中国科学基金，2007（1）：51-52.

[4] 我省设立自然科学基金——钢铁联合研究基金．河北日报，2008-06-09.

[5] 贵州设立茅台科技联合基金．科技日报，2006-02-27.

论科学基金的“聚能”与“提速”作用

湖南大学　唐　晖　童　桦　陈　丹　向　晶

高等院校是我国基础研究中的一支主力军。湖南大学作为“985 工程”重点建设的高校，一直都重视自然科学基金在科学研究中的重大作用。自然科学基金为湖南大学的实验室建设和学科发展起到极大的促进作用。

一、促进资源整合，为实验室建设“聚能”

实验室是高校科技创新体系的重要支撑，通过组织高水平基础研究和应用基础研究、聚集和培养优秀科学家、开展高水平学术交流，实验室在推动重大科技问题解决的同时，也成为高校实现科技创新的重要途径。因此，为了实现自主创新能力的凝聚与提升，湖南大学以自然科学基金的资助为契机，重点整合了学校的科技资源，加强了重点实验室的建设。学校一方面凝练学科方向，整合学科资源，优化学科布局，健全学科建设管理体制；另一方面也加强了学术队伍的培养力度，通过完善资金资助体系、校园信息网络等支撑性平台的建设，为培养高水平人才提供了有利的条件，从而实现科研整体水平的提高。

科学基金的资助是高校建设重点实验室、实验基地不可缺少的经费来源。在自然科学基金持续的资助下，湖南大学对原有的“985”平台——“化学生物科技创新平台”、“现代结构与桥梁科技创新平台”、“汽车先进设计制造技术创新平台”等进行了重点建设，使学校的科研资源和科研力量得到进一步的整合和优化。同时，由于国家和湖南省自然科学基金的扶持，该校化学生物传感与计量学、汽车车身先进设计制造、国家高效磨削工程技术研究中心等三个国家重点实验室的也得到了快速建设与发展。

重点实验室为科研人员创造了良好的科研条件，使其获得更多优秀的科研成果，而这些成果又为实验室争取更多的科研课题、更多的自然科学基金项目奠定了坚实的基础。自然科学基金与实验室建设之间的这种良性循环效果，体现了项目自然科学基金在多个层面促进实验室建设的重要作用。

二、促进学科发展，为科技创新“奠基”

学科建设是高校教学、科研、产业等工作的基础，是体现高校办学水平、办学特色和社会声誉的重要标志。学科建设涉及学科带头人的确定与培养、学术队伍建设、实验室建设、科研活动及其成果，以及高层次人才的培养等方面内容，其建设水平通常以学科专业点的建设、高水平的学科带头人和学科性研究基地为衡量标准。

纵观科学技术领域的重大发现及突破，社会各方面的每一次进步以及任何一项新兴产业的诞生，都和某一学科的发展与创新密切相关。没有独具特色和创新的学科，要实现科技创新，尤其是原始创新是不可能的。因此，为提高高校的科研创新能力与水平，把学科建设作为龙头事业进行规划和发展应该成为各高校的必然选择，而自然科学基金作为推动学科发展的利器，也应成为高校工作的重点之一。

自然科学基金对科研具有指导效用、推动作用。由于自然科学基金面上项目指南的制定，重大项目建议的提出，以及具体项目的申请、评议、批准及验收都是在严格的程序之下，依靠专家、学者和科学家进行科学民主的决策过程，因此，对于政府拨出的基金项目专款资助，基金工作能够切实根据国家科技发展战略，瞄准世界科技前沿，突出国家目标，紧紧围绕国民经济和社会发展中的重大基础性科技问题开展深入研究。

根据学校国内一流学科较少，多学科的综合优势和学科群的集成优势尚未充分发挥，新兴学科和交叉学科发展较慢的现实，在国家自然科学基金项目的申请和管理上，湖南大学确立了“有所为，有所不为，重点突破，整体提升”和“梯度推进，点面结合，特色发展”的思路，使现有优势学科和特色学科尽快发展成强势学科，并以此带动科学研究、人才培养和学科建设的协调发展，进一步优化学科结构和布局，全面提升学科综合实力和核心竞争力，保持支柱学科优势，建设强大的基础学科，大力扶持弱势学科，积极促进新兴交叉学科，坚持分类指导区别对待，为建设世界一流大学奠定坚实可靠的学科基础。

三、优化梯队结构，为科研提升“添翼”

科学基金项目由于多属于学科前沿课题或跨学科的新课题，具有很强的探索性、创造性和合作性，因此在优化学术梯队方面有其自身的优势，最根本的是其具有较好的运行机制，为人才发展提供了广阔的平台，从而有助于推动高校科研创新与提升。

湖南大学化学化工学院的博士生导师陈金华教授，主要从事纳米材料电化学与化学电源、电化学催化等方面的研究工作。2003 年他获得了湖南省自然科学基金，2004 年又获得了省自然科学杰出青年基金的资助，他说，这些起步资金使他摆脱了“巧妇难为无米之炊”的尴尬，并使他的学术思想得以实现。经历了顺利的开局之后，更多的国家自然科学基金不仅使他个人迅速成长，而且惠及他的学术团队，使之如鱼得水，在“燃料电池”、“电化学超电容器 、“电分析化学” 等研究方面取得了一系列有价值的研究成果，在 The Journal of Physical Chemistry B、Langmuir 、Biosensors and Bioelectronics 和 Carbon 等 SCI 收录源刊物上发表研究论文 70 余篇。除此之外，他还开发了一批直接甲醇、直接乙醇燃料电池阳极电催化剂和氧还原电催化剂，以及一批基于碳纳米管的 DNA、葡萄糖、氨基酸、乳腺癌细胞 MCF-7 等生物传感技术和亚硝酸根、溴酸根等化学传感器。

自然科学基金为学校整合科技资源，建设实验室“聚能”，扶持研究实验基地迅速发展，稳定实验室人才队伍，为构建开放共享和水平较高的科技平台提供了经济保障。同时，自然科学基金也是推动学科发展的利器，为高校发展提速，为开拓新领域提供了基础，为优化基础研究队伍起到了积极作用。

参考文献：

[1] 王来贵，潘一山．国家自然科学基金资助对学科建设的推动作用分析．中国科学基金．
[2] 陈越，温明章，薛岚等．科学基金为学科持续发展营造有利环境．中国科学基金．
[3] 宋长青，冷疏影．关于充分利用面上项目优势推动学科建设的一些思考．中国科学基金．
[4] 贺春禄，李浩鸣．科学基金为“千年学府”发展提速．科学时报，2007-01-30.

【经验体会】

狠抓基础研究　提升创新能力

——中南大学基金管理工作纪实

中南大学　何建军　黄菊芳　欧阳俊

自然科学基金具有"鼓励创新、科学民主、平等竞争"的良好机制和"依靠专家、发扬民主、择优支持、公正合理"的评审原则，它在稳定和建设高等院校、科研院所基础研究队伍，推动科技事业发展方面起着极其重要的作用。10多年来，湖南省自然科学基金在全省高校发现和培养了一大批优秀人才，造就了一支高素质的基础研究队伍，有效地提升了我省高校的办学实力和整体水平。

自然科学基金创立以来，中南大学积极参与自然科学基金的申报，在自然基金管理工作上摸索出了一条特色之路。

一、基本概况

自2000年组建以来，中南大学在各方面都取得了快速发展。现设有29个学院，拥有25个国家重点学科，5个国家重点实验室和国家工程研究中心，5个国家级人才培养基地和教学基地；现有两院院士15人，博士生导师485人，正副教授3 472人，"长江学者奖励计划"特聘、讲座教授12人，"芙蓉学者计划"特聘教授8人，全国"百千万人才工程"人选16人，获得"国家杰出青年科学基金"11人。学校具有很强的基础研究、应用研究和科技开发能力，2007年进校科技活动经费逾6.5亿元。

该校广大教师积极参与湖南省和国家自然科学基金等各类基金项目的竞争，平均每年申报基金项目1 500项左右，中标260项左右，获经费6 500万元左右。

长期以来，该校大力提倡开展基础研究，鼓励科技源头创新，鼓励以基金项目研究为纽带，探索培养和稳住一支精干的基础研究队伍的有效途径，促进知识创新与技术创新相结合，将基础研究的理论成果广泛应用于国民经济、国防事业发展的重大实践中。近年来，该校广大科研人员充分挖掘潜力，发挥学科优势，寻求学科交叉，探索新兴学科生长点和新兴学科领域，取得了令人瞩目的成绩。

二、主要成绩

1. 基础研究不断迈上新台阶

基础研究是学校科技工作发展的源头，是学校培养科技创新人才的重要途径。多年来，中南大学在基础研究方面不断加大对基础研究项目的组织力度，继续采取提前做好申报准备、全面开展申报动员、精心组织标书论证、及时跟踪项目绩效的管理模式，从而保证学校基础研究年年迈上新台阶。

2007年，该校基础研究项目再获佳绩，共获国家自然科学基金144项，经费4 465万元。无论是项目数还是经费数都遥遥领先省内其他高校。特别是继2003年度该校获湖南省首个国家自然科学基金创新研究群体科学基金后，2008年以黄伯云院士为指导、杜勇教授为学术带头人、熊翔教授等为骨干的创新研究群体科学基金"特种粉末冶金材料应用基础研究”又获准立项并获得首期资助经费500万元（2008年我省获国家自然科学基金创新研究群体3个）；资源加工与生物工程学院姜涛教授获国家杰出青年科学基金资助，获资助经费200万元，至此学校获得国家杰出青年基金资助者已达11人（截止2008年我省获国家自然科学基金杰出青年基金获得者为24人）。此外，该校作为第一承担单位的“战略有色金属难处理资源高效分离提取的科学基础”“973”项目获准立项，项目经费为3 000万元。目前，该校作为第一承担单位的“973”计划项目共6项（截止2008年我省作为第一承担单位的“973”项目为7个）。

2. 基础研究论文继续攀升

在学校制定的一系列有效政策的引导下，近年来，中南大学各类科技论文的绝对数量和各项指标相对排名年年均有不同程度的提高。据2007年科技部中国科学技术信息研究所公布的数据，中南大学共发表国内和国际论文6 755篇，总数在全国高校中名列第七位，其中被SCIE收录三类论文777篇，EI收录论文857篇，ISTP收录论文273篇，CSTPCD收录国内论文数4 864篇。SCI论文被引411篇968次，国内论文被引8 940次，居全国高校第9位。与上年度相比，该校论文在论文总数、国内论文、SCIE收录论文、EI收录论文、ISTP收录论文的排名均有所提高。

3. 科技成果喜获丰收

2007年，中南大学共获省部级以上科技成果奖65项，其中国家科技奖励4项。由钟掘院士主持的“铝资源高效利用与高性能铝材制备的理论与技术”获国家科技进步一等奖；桂卫华、李夕兵和陈政清分别获得国家科技进步二等奖。此外，李桂源、余志武、胡建华、邵旭东获湖南省科学技术进步一等奖，何清华获湖南省人民政府杰出贡献奖，邓建获教育部自然科学一等奖，陈晓红获教育部科学技术进步一等奖，等等。

4. 科技创新平台建设取得重大突破

科技基础条件平台建设是创新体系建设的重要组成部分。中南大学依托优势学科，通过整合资源、校企共建、学科联合等措施组建和建设了一批科研基地。2007年新增省部级科技创新平台10个。特别需要指出的是，该校与中国铁路工程总公司、铁道科学研究院联合申报的“高速铁路建造技术国家工程实验室”获得国家批准，实现了国家工程实验室的突破。该工程实验室将成为我国高速铁路建造领域应用基础研究、共性关键技术及先进装备研发的创新平台和技术辐射中心以及行业技术人才培养与培训的重要基地。

三、管理创新的措施

1. 掌握政策，提高技巧，积极组织基金申报

作为基金项目管理人，中南大学特别重视和熟练掌握国家基金委和省基金办的各项管理办法。在全校范围内，分校区或二级单位进行不同规模的申报动员工作，全面讲解基金管理的各项规定。在申报高峰期，通过电话、网络等全方位为申报人答疑，做到有问必答且有问能答，成为基金申请人的“活指南”。通过管理人员的不懈努力，该校申报项目的科研人员更加了解了基金项目的申报技巧，同时也大大增强了竞争意识和必胜信心。

2. 精心指导，严格开题，提高申报质量

自然科学基金的申报能否成功在很大程度上有赖于申报人的写作水平和文字表达能力。因为大量的申报项目只通过专家的函审和会议评审，而没有答辩的机会，也就是说评

审人除了看到申请人的申请书，基本上无法获得申请人的其他信息；而省基金的申报由于采取的是盲法评审，评审人更是连申请人背景材料也不得而知，因此标书的书写就显得尤其重要。尽管不是所有文字工作做好了就能让一份低水平的项目获得资助，但如果书写不认真、不详尽有可能让一份高水平的申报项目无法获得资助。

针对这些特点，中南大学在今年的项目申报组织过程中，对去年申请项目未获资助的反馈意见进行了全面的分析，反复总结成功的经验与失败的教训，结合不同院系、不同学科的特点，做成多种版本的多媒体材料，逐项讲解和指导申请人如何书写标书的每一个栏目。这一做法受到校内广大申请人的热烈欢迎，而且还多次在省内近 10 家兄弟院校推广。中南大学还多次在省基金管理工作会上作主题发言，介绍相关经验。

在组织项目申报时，该校还组织校内同行专家进行学术把关。申请项目在申报之前必须进行开题报告，报告人须向本学科内有关专家和同行们讲解其研究课题的国内外研究现状，立题依据，实验方法以及预期将取得的结果。专家们可根据其报告情况，当场提出修改意见并对项目是否值得申报提出直接见解。科管部门则根据学科或研究室、所负责人的意见决定是否同意将其列入当年申报项目之列。

3. 主动服务，形式把关，减少项目申报的非学术障碍

申报基金项目的成功与否，除了与项目书写的研究内容相关以外，标书书写的格式、项目组成员的构成、项目经费预算等也至关重要。因此，在申报基金项目时，中南大学认真组织科管人员对标书进行严格的格式审查，特别注意申请者所填写的内容是否前后一致，标书中各类代码、号码及数字的填写是否正确，而对于超项检查则采取慎之又慎的态度，力争杜绝因研究人员超项而导致的申请失败。

为加强申请人的责任感，从 2005 年开始，该校已逐渐形成了四道格式把关“防火墙”，即：建立“个人信息真实性承诺制”、“二级学院信息把关责任制”、“申报项目形式审查‘清单扫描’制”和“实行超项检查连带责任制”。由该校基金管理负责人首创的格式审查程序已在国家基金委组织的全国片会上广泛推广，同时《中国科学基金》及《科学时报》也对其工作进行了详细发表和刊载，受到基金委领导的高度赞扬。在这些措施的配合下，近年来，虽然该校申请项目逐年增多，但因为标书的格式初审不合格而被淘汰的项目却逐年减少。基金管理负责人也因工作突出先后两次获得国家自然科学基金管理先进个人，这在我省是唯一的一例。

4. 制定措施，创造环境，促进基础研究成果产出

为了加强基础研究项目管理，加大对基础研究的扶植力度，中南大学针对性地采取了一系列有效措施，如学校把基金项目的获得和完成的质量列入科研考核和晋升职称的重要条件，有的二级单位不但对获得基金资助项目给予1：1经费配套，还给予专门奖励等。此外，在基础研究论文管理方面，专门设立了高水平论文奖励基金，用于鼓励青年学者在国内外高水平刊物上发表文章。科技处还会同人事处制定一系列科技论文奖励激励政策，鼓励师生更多地发表高水平和高影响力的论文。这些公平、公正的机制，创造了良好的科研环境，为科研人员提供了施展才智的舞台，使优秀人才脱颖而出。

5. 认真总结，积极宣传，有效展示基础研究成果

为了扩大基础研究成果的影响，该校采取了一系列措施，重点是加大了对基础研究成果的宣传力度。他们利用多种手段，如校报、校园网、科技厅网、国家基金网、科技简讯

等在校内外加强基础研究宣传工作。同时还规定对基础研究成果必须每周一报。对基础研究成果宣传工作做得好的，年终给予奖励。

此外，该校还不定期收集基础研究成果，如先后发布了《关于征集国家自然科学基金研究成果稿件的通知》、《关于征集湖南省自然科学基金研究成果稿件的通知》等，对学校的基金成果进行全面收集整理，或编辑出版，或投向有关网站媒体。2007 年向国家基金委、湖南省自然科学基金委、校园网和校报等投稿 50 余篇，有效地宣传和展示了学校的基础研究成果。

该校还注重总结基金管理经验，并向《中国科学基金》等刊物投稿。2004 年以来，先后向《中国科学基金》投稿并发表基金管理研究论文 4 篇，在全省名列第一。

四、存在的问题及对策

目前，中南大学在基金方面取得了较好的成绩，但随之而来的也是新的更大的挑战，即：如何更上一个台阶，如何进一步提高中标率，获更多的国家级项目，怎样向一流的学校看齐等等。为解决这些问题，在如下几个方面需要重点开展工作：

1. 整合资源，挖掘研究潜力

从目前来看，一批较有实力的科研人员已获得了国家或省基金的资助，这一大批有实力的已获资助的科研人员在未结题的情况下不可能再申请下一年的基金类课题，这就给以后课题的申报增加了难度。因此在这种情况下，有效的整合资源，挖掘有潜力的人才，寻找新的突破口是非常重要的。

2. 加强培养，建立学术梯队

人才的培养是学校科研发展的关键所在，目前该校有的学科还缺乏有代表性或有影响的学术带头人，也没有形成结构合理的学术梯队，导致在申报基金课题时缺乏竞争性和基础。因此人才，特别是青年人才的培养是下一步的重点目标。就 2007 年省自科基金申请的情况而言，中南大学高级职称科研人员申报项目的比重过大，为中级职称的 1.7 倍；博士、硕士导师为普通教师的 1.5 倍；申请人年龄也偏高，45 岁以上的申报者超过 20%。这些造成青年人才竞争空间缩小，不利于年轻人才的成长和发展。鉴于此，该校今后将采取一定的限制措施，鼓励高职高龄、有一定工作基础和积累的科研人员向国家或部级其他领域分流，减少省基金的申报数量，扩大年轻人的发展空间，同时也有效地提高学校竞争省基金的中标率。

3. 加强扶持，形成优势学科

优势学科的形成能给人才的培养提供极大的空间。虽然该校工科和医科有几个学科在其领域是国内外领先的，但数量还太少，大多数学科还没有形成自己的特色和优势，这对该学科的发展甚至学校整体目标的实现都是十分不利的。

参考文献：

[1] 黄菊芳，胡明铭．减少非学术因素导致的基金项目无效申请．中国科学基金，2006，20（5）：305-305.

贯彻《条例》、《办法》　规范基金管理

——湖南大学自然科学基金管理工作探索

湖南大学　童　桦　向　鹏　唐　晖

设立自然科学基金资助体系与制度的主要目的是为了促进基础科学研究。基础研究是科技发展的先导和源泉，也是高校创新人才培养、研究基地建设、重大项目竞争、综合实力提升的重要支撑。作为基础研究的催化剂，自然科学基金对湖南大学在重大科学问题的研究方面一直起着关键性的扶持作用。同时对全校的国家重点学科、国家重点实验室、省部级重点实验室、国家级工程技术研究中心、教育部创新团队起到了重要的支撑作用。

湖南大学历来重视自然科学基金对基础性研究的支持与推动作用。近年来，学校对科研与自然科学基金管理的体制和机制进行了不断改革，采取了一系列行之有效的措施为基础研究保驾护航，并于2008年专门设立湖南大学科学基金管理办公室。“十五”以来，湖南大学自然科学基金管理工作在《国家自然科学基金条例》（简称《条例》）和《湖南省自然科学基金项目管理办法》（简称《办法》）的指导下，根据学校学科发展目标和科研的实际情况，形成了一套具有自身特色的管理理念和方法，实现了自然科学基金管理的规范化、科学化、高效化。

一、以《条例》和《办法》为指导，落实“十六字方针”

湖南大学在自然科学基金管理工作中，始终坚持以《国家自然科学基金条例》和《湖南省自然科学基金项目管理办法》为指导思想，按照其中的具体细则，制定了湖南大学自然科学基金管理的“十六字工作方针”即：大力宣传、有序组织、把握要点、严格审查。

1. 加大基金工作的宣传力度

由学校基金办牵头组织，通过召开会议、举办培训、发放手册、互动电子邮件等方式，宣传《国家自然科学基金条例》和国家和湖南省有关《基金管理办法》、《基金申请指南》、《基金项目指南》等指导性文件，使有关管理者和科研人员了解自然科学基金的定位。

（1）召开会议与组织培训交叉进行，加深对《条例》、《办法》的理解；

（2）发放手册与传送互动电子邮件双管齐下，提高对《条例》、《办法》的认识；

（3）积极邀请院士、会评专家及基金委领导来学校指导，对具体问题进行有针对性的指导。

每年组织项目申报时，基金办到各学院进行申请动员，全面讲解基金管理各项规定和要求，在申报高峰期，通过电话、网络和面对面的方式为申请者答疑，尽可能做到有问必答、有问能答。

2. 有序组织基金项目申报

（1）制定时刻表，准确把握时间结点。基金办把申请基金项目的动员工作时间从以前的每年年底提前到了每年7月，同时还根据基金委的工作计划相应制定了“湖南大学基金

工作时刻表”，并设置申请工作提醒制度和结题/进展报告提交工作提醒制度，确保当年任务按时完成。

（2）准确定位并科学组织申报选题。申报项目以前主要集中在工程材料、化学、数理和管理学科，近几年由于引进了一批优秀人才，信息学科的申报项目数量呈快速增长的趋势。为避免同一学科内申请项目的重复或同一研究方向申报项目过分集中，学校基金办根据《项目指南》配合学院进行项目组织论证，实行项目的科学申报，如把同一研究内容进行整合、相似研究内容合理分流、鼓励研究人员在新的交叉领域开展探索性研究，从而有效避免了内部竞争造成的损失。同时，还充分发挥已获得国家、省自然科学基金的专家作用，模仿国家基金评审方式，每份申请书请院学术委员会专家、校内同行提出意见，把好项目选题关。

3. 准确把握申请书撰写要点

基金项目的评审就是对申请书的评审，申请书质量的高低是能否立项的重要因素。学校要求申请者高度重视和准确把握以下两个方面：申请书必须满足《指南》和通知所规定的要求；申请书内容要有新的学术观点和研究内容，要反映出较高的学术水平和一定的研究深度。在行文方面，要求写作思路清晰、层次分明、重点突出；在结构方面，要求把握好研究目标、研究内容、研究方案三者之间的关系，注意研究内容是申请书的重点、创新性是项目的灵魂，把握创新性与先进性的根本区别。同时，还要合理设置拟解决的关键问题、研究方法和技术路线、预期成果、可行性分析、课题成员的科研时间和年度计划并做好预算，严格确保申请书的质量。

在项目审批完成后，学校基金办还根据审批结果总结出一系列影响成败的申报因素，并组织专人在各学院进行宣讲和讨论，及时分享经验教训。

4. 全面审查申报项目条件

在项目审查方面，学校基金办严格按照《条例》中申请与评审环节，对参与申报的项目实行三级审查制，即申请书必须经过申请者、校聘形式审查员、学校三方审查后方可上报基金委。申请者必须向学校和基金委签署承诺书，各学院向学校签署承诺书。审查内容包括申报基本信息的准确性，如个人信息是否真实，各类代码、时间等填写是否有误，附件是否完整和内容审查，如签字、盖章是否齐备，经费预算是否合理，研究队伍结构是否合理，研究基础是否完备，附件材料是否齐全等。

二、营造和谐有序的基金管理氛围，加强依托单位的主动责任意识

在自然科学基金管理方面，坚持保证信息畅通、注重服务质量、加强管理力度、重视交流学习，营造出了良好的管理氛围，使各层次人员的主动责任意识得到加强。

1. 保证信息畅通

信息的畅通是自然科学基金管理工作的关键，湖南大学基金管理办公室始终坚持及时、准确地做好自然科学基金委各类项目指南的宣传工作，确保各类基金项目的最新动态能够及时地传达给教师，并主动通过多种途径为在校教师收集基金项目的相关信息；同时，坚持按时、按质、按量地做好全校基金管理工作；在项目的具体实施过程中，特别注重按照不同阶段的不同特点对相关项目进行有针对性的跟踪和管理，保证了信息的上传下达和及时反馈。

2. 注重服务质量

在基金管理工作中，始终坚持“以服务求支持、以服务求发展、以服务求效率”的工作理念，与各级主管单位和科研团队保持着密切联系，在国家和省自然科学基金委等主管部门、学校和科研人员三者之间充分发挥了桥梁和纽带作用。为不断提高工作效率，基金办管理人员在工作中积极探索科学工作方法，大胆创新，充分调动院系学术委员会和教师的积极性，鼓励院系多召开学术研讨会和交流会，总结经验，为以后的基金申报工作打下了坚实基础。

3. 强化管理力度

在自然科学基金管理方面，基本建立了纵向落实路径，即基金管理工作人员与学院的主管科研负责人、科研秘书形成了三个层面的落实保障体系；在项目具体实施过程中，形成了横向管理流程，即组织项目申请、严格把关申请、督促中期检查、协助结题验收、项目后期跟踪。

4. 重视交流学习

学校基金办每年都有计划地邀请国家和省基金委的领导、专家来我校对口院校开展形式多样的讲座，针对申请时容易出现的具体问题进行讲解，对申请书逐项进行说明点评。基金办在专家、领导讲座的基础上，编制了《提高我校自然科学基金资助率的要点》手册，分发给各学院，对科研人员撰写项目申请书起到了指导作用。这一系列举措对提高自然科学基金申请书的质量起到了推动性的作用，还在一定程度上促进了学院和相关学部建立了良好的互动关系，加深了相关学部对湖南大学相关专业的了解。

在这种和谐有序的管理氛围中，湖南大学基金管理工作取得明显成效。国家“十一五”规划以来，学校获自然科学基金项目的资助金额以每年20%的幅度递增，近3年每年的资助金额都超过了“十五”期间5年的总和，“十一五”的头一年，资助额度达到了“十五”首年的5倍；在获的基金资助类别方面，以前主要集中在化学、工程材料、管理等优势学科，到“十一五”期间，申报学科范围大幅扩大，资助类别覆盖了基金资助的所有学科；在项目资助率方面，以杰出青年基金项目最为突出。2008年，湖南大学青年基金项目资助率达到了29%，超出了国家青年基金22.51%的平均资助率。

三、以国家基金管理联络网为平台促进交流，提升全省整体工作水平

国家自然科学基金委在湖南地区成立自然科学基金管理工作联络网以来，现有包括高等院校、科研院所、医院、政府相关机构等在内的56家注册单位，湖南大学连续两届当选为组长。近年来，在国家自然科学基金委员会的指导下，在湖南大学的支持下，通过学校基金管理办公室的积极组织和认真管理，这一网络组织结构形式充分发挥了纽带作用，推动了湖南地区的国家科学基金管理工作不断发展，进一步提升了湖南省自然科学基金的资助效果，使一大批省自然科学基金项目对相关国家自然科学基金项目起到了预研作用。

湖南大学作为湖南地区自然科学基金管理工作联络网的组长单位，始终明确和把握国家自然科学基金管理工作的定位，在增强学习意识、自律意识、责任意识、服务意识的同时，扮演着科学发展观的践行者、科学基金政策法规的维护者、国家科研投资的监督者、和谐创新环境的建设者的角色。在具体联络和管理工作中，对自然科学基金的各种条例、法规、办法等文件进行了多种形式的宣传，并在项目实施阶段督促各单位全面落实，取得了一定成效。

1. 多种形式促交流

认真贯彻执行《国家自然科学基金条例》、各类管理办法以及《国家自然科学基金“十一五”发展规划》，是提高基金申请质量、顺利执行基金项目、避免不端学术行为发生的重要保障。为达到广泛宣传的目的，湖南大学建立了高效实用的宣传系统，以基金委为中心，组长单位和联络网各成员单位共同形成了围绕中心的立体链接系统，在组长单位与基金委、各成员单位与基金委、组长单位与成员单位、成员单位与成员单位这四个层面上建立了广泛、紧密的联系。采取的宣传方式主要有召开会议、通报信息、开展讲座、组织调研等。

（1）召开会议。每年定期举行湖南地区联络网管理工作会议，传达国家自然科学基金委当年最新政策、法规；强调项目申请中的有关注意事项，各成员单位交流基金管理工作中的经验，提出问题、分析问题，研究解决问题的方法。另一方面，适时组织各种研讨会。2007 年 5 月，结合《国家自然科学基金条例》的实施，组织召开了“落实《国家自然科学基金条例》加强依托单位管理”研讨会，成员单位的基金管理及基金财务管理负责人参加了会议，就《国家自然科学基金条例》中对依托单位责权的要求、申请人的权利、义务以及《条例》与现管理办法的衔接等问题进行了探讨。2007 年 5 月，在国家自然科学基金委监审局指示下，根据国家自然科学基金委监督委员会“关于召开科学基金监督工作会议的函”的有关精神，针对少数科研工作者在科学研究中漠视科学道德、出现违背科学精神的问题，组织全省 15 个成员单位的基金管理人员及部分项目负责人共 60 人召开了学习研讨会议。各种会议的召开为各成员单位理顺思路、统一认识提供了良好的平台，为基金管理工作的开展打下了坚实基础。

（2）通报信息。湖南大学充分利用互联网，一方面在网络上及时转载国家自然科学基金委最新的消息、申报通知、重大成果报道等实现成员单位之间电子文件的实时交流；另一方面，及时给成员单位发放湖南地区联络网纸质学习资料《湘联通讯》，并转发国家自然科学基金委联络网内的各种纸质通知，印制《国家自然科学基金条例》手册、《国家自然科学基金委员会监督委员会监督工作会议材料》等材料，为各成员单位奠定了理论学习基础。

（3）开展讲座。湖南大学作为组长单位，经常邀请国家自然科学基金委学部领导、专家以及基金项目承担者来湘开展形式多样的讲座，请有经验的基金管理者和科研工作者与湖南地区科研单位展开面对面的交流，为他们答疑解惑，解决了很多项目实施过程中的具体问题。

（4）组织调研。湖南大学作为组长单位，还与湖南省自然科学基金委员会基金管理办公室联合组成调研组，有计划、有组织、分地区地去相关成员单位了解情况，先后赴南华大学、长沙学院、长沙理工大学、湖南科技大学、怀化学院等单位组织调研，达到了交流经验，共同提高的目的。

2. 共同进步，促进发展

湖南大学充分发挥组长的作用，与各成员单位实现了宣传的广泛性、实效性、连续性和成效性。通过组长单位多种形式的宣传，使联络工作网内的基金工作管理者和科研工作者及时了解了基金方面的最新动态，充分掌握了宏观方针、政策、相关管理办法，提高了各单位自然科学基金的管理水平。近几年，湖南省国家自然科学基金项目申报的数量和质量不断提高，对湖南省基础研究的发展起到了显著的推动作用。2006 年，全省有 39 个注册单位申请国家自然科学基金面上项目 2 082 项，有 16 个注册单位获面上项目 324 项，资助金额 8 153 万元，当年我省获得国家自然科学基金资助总额首次突破亿元大关；2007 年，全省有 43 个注册单位申报国家自然科学基金面上项目 2 167 项，有 20 个注册单位获面上项目 333 项，资助金额 8 554 万元；2008 年，湖南省获得国家自然科学基金资助总额达到 1.2 亿元。

为基础科学研究的发展，管好、用好自然科学基金，依托单位的责任重大、使命光荣。湖南大学作为依托单位，将一如既往地认真贯彻实施国家有关《条例》和湖南省相关《办法》，不断增强全局意识、自律意识、责任意识和服务意识，把科学发展观贯彻到科学基金管理工作的各个方面，推动科学基金事业又好又快的发展。

加强自然科学基金管理　推进国防科技自主创新

国防科学技术大学　党　岗　林玉亮　赵宪武

国防科学技术大学肩负着培养军队高级科技人才与指挥人才、从事先进武器装备和国防关键技术研究的重大使命，推进国防科技自主创新责无旁贷。近年来，国防科技大学在高性能计算、目标识别、微电子等事关国家和军队现代化建设的关键技术研究上得到了国家和湖南省自然科学基金的大力支持。自然科学基金为我校的国防关键技术攻关提供了坚实的支撑，为国家安全重大基础研究奠定了重要基础，培育了大量具有原始创新能力的军事科技人才，有力促进了高水平学科建设，使我校的国防科技自主创新能力不断提高。

一、把握战略全局，积极营造创新氛围

基础研究是科技进步的先导和源泉，是获取军事优势和战略优势的重要基石，是学校自主创新能力的重要体现。

1. 把握发展战略全局

学校党委高度重视基础研究工作，坚持把基础研究摆在支撑武器装备建设和国防科技持续发展、增强学校科研持续自主创新能力的战略位置，凝练和解决国防科技和武器装备发展中的重大基础研究问题，努力发挥好学校在基础研究中的生力军作用。

2. 大力加强宣传贯彻

自然科学基金作为国家创新体系的重要组成部分，代表着高校基础性研究的水平，是搞好学校其他科研项目的前提和技术储备。不断提高科研人员对自然科学基金的认识，积极争取科学基金支持，对大力促进基础性研究和应用基础研究的稳定发展，发现和培养高水平原始创新人才，促进科研和教学的有机结合都有着极大的推动作用。在推进自然科学基金的工作中，我们注重抓好自然科学基金的宣传和贯彻。一方面加强宣传贯彻各项规章制度，使学校科研人员不断提高对自然科学基金的理解和认识。例如，学校定期举办科研管理干部培训班，把自然科学基金管理工作作为重要内容进行宣传和培训。另一方面宣传部分优秀的自然科学基金项目负责人取得的成果，激励广大科研人员积极申报自然科学基金项目。通过宣传贯彻，使学校广大科技人员对于自然科学基金的认识不断提高，思想不断解放，科研人员对承担自然科学基金项目研究工作的积极性和主动性不断增强。

二、健全规章制度，促进管理体系高效运行

1. 完善管理规章制度

为有效促进学校基金管理工作高效有序地进行，学校在国家和湖南省有关自然科学基金管理规章制度的基础上，针对我校实际，制订了若干相关规章制度，加强工作协调和监管力度，保证基金管理工作良性循环和协调发展。学校先后制定了《国防科学技术大学项目管理办法》、《学校科研项目经费管理暂行规定》以及《国家自然科学基金资助经费实施细则》等规章制度，对项目申请、项目管理、财务管理、成果管理等都做了具体规定，使学校自然科学基金管理有章可循，步入法制化轨道。

2. 理顺管理运行机制

在学校党委统一领导下，学校建立了职责分工明确的自然科学基金管理工作组织体

系，明确了校、院管理人员和课题研究人员的责、权、利。科研部、校务部按照职责分工，组织实施项目管理和经费管理。科研部负责组织项目申报、签订合同、质量管理、结题验收和成果推广等工作；校务部负责经费划拨、预决算管理、组织指导会计核算、实施财务审计监督等。各学院具体承担科研项目的研究任务，负责项目的立项申请、计划安排、合同管理、会计核算和成本控制等具体工作，经费实行专户存储、专账核算、专人管理、专款专用。规范的管理制度和有效的运行机制，促进和保证了学校基金管理工作的协调发展和高效运行。

3. 加强管理队伍建设

良好的管理人才队伍是做好自然科学基金管理工作的重要保证。学校注重加强管理人员的思想政治教育，要求牢固树立为基层服务的思想，牢记服务之责，多办服务之事，努力为教师、学员“端盘子、搭梯子”。完善和落实自然科学基金工作人才队伍培训机制，每年制定培训和考核计划，加强与业务管理机构协调，充分发掘和有效使用各类相关资源，加快学校管理人才队伍建设的步伐。组织校院基金管理工作人员参加国家和湖南省召开的各类培训和经验交流会议，及时准确地掌握国家和湖南省的相关政策和规定，了解最新发展动态。这些措施大大提高了学校自然科学基金管理人员的专业素质和服务能力。

三、积极统筹部署，充分发挥各级主观能动性

1. 超前部署，加强谋划

学校每年在本年度基金申请工作完成后，都会结合学校科研计划，超前部署下一年度的基金申请工作，积极谋划下一年度拟申报的重点项目、重大研究计划、杰出青年基金、创新群体等项目，及时向基金委提出重点和重大项目的立项建议和申请，争取进入申请指南，提高学校承担重点和重大项目的实力。对于不够成熟但有潜力的项目，学校通过校科研计划给予 10 万 ~ 15 万元的先期资助，并专门设立青年基金项目，做好对优秀年轻教员的扶植培育工作，鼓励他们在条件成熟后再申报。

2. 个人申请，落实承诺

学校要求基金申请者要瞄准学科前沿，突出学术新思路、新观点，提炼出高水平的科学问题，提交高质量的申请书。专门制定了《国防科技大学国家自然科学基金项目申请承诺书》，切实落实项目申请人负责制。项目的申请和完成情况作为重要的科研业绩指标，成为研究人员职称评定、岗位资质的重要参考依据。

3. 系所组织，提高质量

学院下属系或研究所对本单位申请人申报的课题，从立项意义与创新点、研究内容和技术路线的可行性、申请经费的合理性，项目组人员组成等方面进行考核，对不合理、不准确的环节提出修改意见，指导申请人进行修改，提高申报质量，无异议后上报学院学术委员会。对于申报成功的研究人员，系、所从研究生招生、研究人员配备和实验条件等多方面给予配套支持。

4. 学院评议，指导修改

由于各学院学术委员会对本专业研究方向更清楚，充分发挥学术委员会作用将对提高学校申请项目获资助率起到至关重要的作用。学院学术委员会对本院拟申请项目，从项目研究的意义、项目是否具有前沿性和创新性、项目组人员组成是否合理等方面进行评议，提出修改指导意见。学院负责科研和财务的主管人员按照有关规章制度对申请书、计划任务书、年度进展报告和结题报告进行形式审查，经学院领导批准后报送学校科研部。

5. 学校审核，严格把关

学校科研部和校务部主管人员对申请书、计划任务书、年度进展报告和结题报告等进行进一步的形式审查，确保项目符合自然科学基金有关管理规定，核实后上报部、校领导审批，经批准后报送国家自然科学基金委或湖南省自然科学基金办。通过严格把关，我校的国家自然科学基金项目申报获准率连年超过全国平均水平。

四、注重整体效益，抓好项目全过程管理

1. 加强计划检查，确保研究进度

科学基金项目计划的执行情况，直接关系着任务的完成及成果水平。由于学校很多项目负责人不仅要搞科研，而且还承担着繁重的教学任务，对项目进展进度的检查是十分必要的。学校和学院主管科研参谋负责跟踪项目研究进展，每年定期监督和检查项目执行情况，平时经常深入课题组了解课题进展情况及执行任务中存在的问题和困难，帮助分析原因，及时协调，妥善解决。在各方配合协调下，我校项目均能严格执行国家自然科学基金委员会的各项政策和规定。研究计划、年度进展报告、结题报告、成果登记表、财务决算表等均能按时高质量报送基金委，按研究计划完成或超额完成，并取得了一大批高水平的科技成果。

2. 加强经费管理，强化检查监督

学校紧紧围绕项目的申报、立项、合同履行、结题验收等各个环节，建立了以项目为核心、以合同预算为龙头的经费管理模式，着力规范全方位管理。在管理责任上，明确项目负责人是科研项目经费使用的直接责任人，对经费使用的真实性、有效性承担经济与法律责任。在经费支出上，规定项目负责人和承研学院要按照合同预算、相关经费管理规定以及经费指标，编制实际可操作的年度项目经费具体开支计划，作为项目经费开支的直接依据。在管理手段上，以项目为管理核心，实现了经费支出按项目明细预算控制、往来款按项目归属管理，凭项目IC卡办理报账、结算和自动查询，大大提高了管理效率。学校财务、审计部门坚持每年进行科研财务检查和审计，各级财务部门通过完善经费管理责任制和财务内控制度，严把项目预算关、资金使用关、结算报销关和资产登记管理关，把经常性的监督检查融入到自然科学基金项目经费日常管理的各个环节，促进了科研经费规范管理。

3. 加强持续支持，培养创新人才

学校十分重视对“基金项目群”的支持，特别是注重对优秀课题组和优秀人才的持续支持，为杰出青年基金、创新群体的培养奠定基础。“千万亿次高性能计算机关键技术”科研群体是我校跨学院的“创新研究群体科学基金”科研团队，从事系列高性能计算机系统的研究、设计与应用开发，“十五”以来，该群体先后有3人获得“杰出青年科学基金”资助，承担了多项国家自然科学基金重点项目和数十项面上项目。杰出青年科学基金获得者胡德文教授自1993年获得两个基金项目，从事脑科学与认知科学的研究，其所在课题组先后获杰出青年科学基金、重点项目、面上项目十余项。加强对重点人才和群体的持续支持，对于培养杰出青年和创新群体起到了极为关键的作用。

4. 加强跟踪管理，充分发挥效益

基金资助的项目是基础性研究工作，主要目的是将取得的基础研究成果应用于国家和军队重点项目以及直接为国民经济建设服务。基金项目结题验收后，并不意味着全部管理工作的结束，开展项目阶段性成果跟踪管理十分必要。加强跟踪管理不仅要继续关注其论文发表、人才培养情况，鼓励支持项目负责人继续申请自然科学基金外，还要依据国家和军队发展的需要，根据项目取得阶段性成果的实际情况，促进有应用前景的基础性研究工作向应用基础研究、关键技术攻关、成果开发转化等方面的工作。学校十分重视承担的基金项目研究成果的转化工作，在申请选题时即注意预期成果的应用前景，在项目完成或取得阶段成果后，学校采取措施鼓励基金研究成果的推广应用工作，促进基础性研究的蓬勃发展。

抓好组织管理　提高申请质量

中南大学　朱　敏　钟　宏

自然科学基金申请书的撰写，是项目申请中最重要的一项工作。一般而言，同行评议专家主要根据申请者提交的申请书按照评审原则和相应的评审标准进行评价，从而提出是否资助的建议。因此，申请书撰写质量的好坏在很大程度上决定着申请的成功与失败。本文从组织管理的角度出发，就中南大学化工学院自然科学基金申报工作的一些经验进行了介绍，并对如何更好地进行申报进行了探讨，认为组织专家进行项目预评审和项目预答辩是提高申请书质量的重要举措。

一、积极作好组织动员工作

在项目申报前，学院首先进行组织动员，积极鼓励广大教师尤其是青年教师了解当年的项目申请指南，申报自然科学基金。邀请校科技处分管基金工作的领导进行关于基金申报的讲座，并聘请学校相关领域专家开设专题讲座，指导选题，以保证研究工作的创新性。

二、组织同行专家进行预评审

随着申请自然科学基金人数的增加，省自然科学基金进行了限项。为了提高学院申请书的质量以提高中标率，在自然科学基金申请截止日前一个月，学院组织同行专家对递交的申请书进行预评审，并将专家意见及时反馈给项目申请人，以便申请人对申请书进行进一步修改。同行专家主要对以下方面进行审阅：

1. 选题的创新性

创新是自然科学基金的灵魂，基金选题的来源，主要是作者从自己科研工作积累中产生。因此，在申请项目时，应注意从中提炼出具有学术内容的研究课题。只有通过提炼的课题才具有创新性。在申请自然科学基金的选题方向上，申请者要注意突出申请项目的创新之处。项目创新性应贯穿于整个申请书中，在立论依据、研究目标、内容、方法、技术路线、方案及解决的技术关键问题中，到处都要体现创新性。根据专家的评审意见，学院对缺乏创新性的申请书不予以申报。

2. 立项依据与研究内容的合理性

预评专家会对申请书的立项依据是否充分，尤其是所申请的项目是否具有科学意义进行评定。有些申请只谈及本项目的意义和国内外动态，但对于申请者本人为什么要从事本项研究，却片字不写。也有许多申请人强调自己的项目是填补国内空白，并把它作为立项的理由，这是对基金的错误认识。

有的申请人错误地认为研究内容越多就越容易获得通过，其实基金项目主要是要求解决一两个科学问题。如果内容过多、什么都做，就会因实施起来难以达到预期目标且重点不突出而落选。

另外，还要注意从学术角度进行项目的可行性分析。很多申请在可行性分析一节上仅仅简单地介绍人力、物力情况如何。这是不可取的。申请者更应该从学术角度对研究方案进行可行性分析，突出申请人的学术思路，阐明研究的设计方案、研究方法、技术路线以及能否实现预期的研究目标。

3. 前期工作积累

对于基金项目的申请，申请者的前期研究积累很重要。前期工作是研究实力的体现，其中所发表的与申请项目有关的高水平论文则是体现前期工作的关键。尽管前期做出许多工作，如果发表的论文与申报项目关系不大，则对项目的申报起不了很大的作用。如果预评审认为申请者缺乏相关项目的前期研究，学院会提醒申请人对项目组成员进行调整，补充有相关研究工作的成员。

三、对类似项目进行整合申报

由于学院申报自然科学基金的人员很多，为避免出现同一研究对象、相近研究内容、相类似的课题同时申报的现象，该院会及时转告相关项目申报人，就申报项目进行协调或整合，减少重复投标，以提高标书质量。

四、认真做好形式审查

众所周知，自然科学基金会对受理的项目申请书首先进行非常严格的形式审查工作，如果申请项目在形式审查阶段被筛就不能进入评审阶段，为此要认真做好基金项目的形式审查工作，其主要包括申请者自查和管理人员审查。

1. 申请者自查

项目申请人在上交申请书前要就容易出现的形式问题进行自查，主要包括以下几方面：

（1）相关信息的真实性和准确性。真实性主要针对申请人及其课题组成员的个人信息。准确性主要针对申请项目的资助类别、亚类说明、附注说明、申请代码与学科名称等。

（2）申请书的规范性与完整性。规范性主要是对申请书的行文要求，即要求申请人撰写申请书时，要在自然科学基金会提供的申请书格式及其写作提纲指导下，充分体现基础科学研究课题设计的学术程式与规范。申请书的完整性包括从封面至封底的所有内容，重点是签字、盖章、页码的连续性和完整性、附件及其完整性。要注意如引文格式与论文格式是否正确、是否存在错别字以及概念错误等。自然科学基金申请书是用文字形式表达的，良好的文字表达能力是提高申请书撰写质量的重要条件。

2. 管理人员审查

管理人员进行形式审查主要看合作单位是否盖章、申请青年基金是否超龄、中级职称申请人员有无专家推荐信、日期填写是否错误、是否超项、纸质申请书和电子版是否一致等问题。科研管理人员应对标书进行系统的形式审查。形式审查是科研管理人员的职责，科研管理人员必须严把项目申请的第一关。

五、组织专家进行预答辩

为提高自然科学基金的申报质量，中南大学化工院每年对申报自然科学基金的项目组织专家进行预答辩。由申请人就项目的主要内容制作 PowerPoint，院组织专家教授进行预答辩，进一步考察选题的创新性、项目的科学意义和学术价值以及对实施项目的技术线路和研究思路是否合理等。通过预答辩，申请者能及时得到同行和专家的帮助和指导，进一步提高申请书的质量。

总之，写申请书就是为了得到基金项目。申请人经过项目的预答辩，听取专家的建议，从而集思广益，把申请书写得更好，申请项目的命中率也会显著提高。

参考文献：

[1] 孟献平. 2007 国家自然科学基金申请与评叙［J］. 中国科学基金，2008（2）：93-95.
[2] 陈越，温明章，杜生明. 从自然科学基金项目申请看科学问题的凝练［J］. 科学通报，2006，51（7）：870-872.
[3] 苏睿，王敬义，许淑慧，等. 国家自然科学基金的申请与实施探讨［J］. 广西工学院学报，2005，16（2）：102-105.
[4] 傅裕贵，伍新玲，孙站成，等. 国家自然科学基金项目申请组织工作之管见［J］. 华中农业大学学报（社会科学版），2007（4）：107-111.
[5] 孙跃忠. 如何申请国家自然科学基金面上项目［J］. 护理研究，2002，16（4）：244-245.
[6] 曹水，张建伟. 申请国家自然科学基金课题浅探［J］. 海军院校教育，2003，15（2）：70-72.

浅谈自然科学基金申请书的几项撰写技巧

中南大学科技处　何建军　黄菊芳

湖南省自然科学基金为支持科技工作者在基金资助范围内自由选题，开展创新性的科学研究而设。其申请不同于其他招投标式的项目，要求申请人自己提出研究课题，然后与来自全省各科研单位和高等院校的众多申请者竞争。作为基础研究和应用基础研究，要求申请者不仅会“摆事实”，说清自己的工作性质，而且还要会“讲道理”，阐明自己申请项目的重要性，它能解决什么科学问题或学术问题。

一、常见问题

根据我们对2008年度湖南省自然科学基金申报统计，在形式审查不合格的92个项目中，申请书的表二填写不符合要求的有66项。其中均出现申请者或项目组成员姓名和单位名称、单位或合作单位未盖章的有8项；项目组成员未签名或由他人代签的项目有6项；所填学科代码有三级学科的未填到三级学科的有12项。通讯评审出现低分的主要原因：一是项目申请人对本学科发展的国内外研究动态、发展方向不太了解或不熟悉；二是申报项目研究的学术思想、研究方向、研究目标、研究方法等方面创新程度不高；三是项目评估预期成果的水平、经济及社会效益、应用前景不太好，难以形成自有知识产权成果；四是项目属重复申报，是在获得了国家基金资助的情况下，改头换面又来申报省基金资助；五是项目是开发或攻关类项目，不属于基金支持范围。

因此，要申报成功，就要保证申请书的质量，要在撰写申请书上下工夫。为了使申请者撰写好申请书，下面我们按2009新版申请书（表一、表二）的申请提纲逐项介绍相关问题。作为基金管理工作者对申请书的理解和如何撰写好申请书的看法，我们提出一些建议和应该注意的事宜，供申请者和依托单位的基金管理人员参考。

二、撰写技巧

1. 申请书“表一”撰写注意事项

（1）“简表”栏的填写

项目名称要确切、明了：要充分发挥项目名称的作用。项目名称一定要确切、明了，要阐明你的研究对象是什么，用什么研究方法，解决什么具体问题。

报送学科要准确：代码1表示投送学科，代码2表示相关学科，并不像考大学有第一志愿和第二志愿。由于交叉学科的项目逐渐增多，准确填写相关学科代码，会便于基金管理人员为申请项目寻找合适的相关学科同行评议专家。如果投送学科完全错了，就相当于考大学时报错了志愿，也许会错失一次申请机会。因此，申请人在写申请前一定要先阅读指南中的相关内容，再考虑怎样写申请。如果申请内容涉及多个学科，要比较各相关学科的项目指南，看一看你的研究重点与哪个学科更接近。

项目属性应明确：省基金主要资助基础研究和应用基础研究，不支持应用与开发研究。因此，如不是基础研究，就不会得到省基金支持。一般说来，基础研究要解决“为什么或是什么”的问题，而应用研究主要解决“怎么样”的问题。应用基础研究是指具有明确应用背景的基础研究或者在实际应用中提出的基础性问题。

研究队伍要精悍：关于项目组主要成员，一般一个面上项目有3～5人就足够了。主要研究成员一般年工作时间应在4个月以上，应该对项目的立项能提出自己想法，并参与具体研究工作，而不是一般仅提供数据和协助工作的人员。项目组成员必须亲自签名，不得代签。签名具有法律依据的作用，如果代签就会出现侵权问题。特别是与外单位合作项目，代签就会出现一些纠纷。

（2）“研究基础”的撰写

申请者和项目组成员与本项目有关的研究工作和已取得的研究工作成绩：工作基础指与本项目有关的研究工作积累和已取得的研究工作成绩；工作积累和已取得的研究工作成绩应该是申请人及其合作者的，而不是所在的单位、研究集体或者导师的工作和成绩。对于刚毕业的研究生，申请省基金，不会强求他们在新的研究领域有很多积累，但必须详尽地介绍他们过去的工作，让评审专家能够判断他们的研究能力。

申请者和项目组主要成员的研究工作简历：申请者简历包括申请者和项目组主要成员的学历和研究工作简历，近期已发表与本项目有关的主要论著和获得学术奖励情况及在本项目中承担的任务。申请者和项目组主要成员研究背景情况都要介绍，但不少申请书中只介绍申请者的情况，这不符合申请书的撰写要求。申请者和主要成员的背景情况介绍要具体，有关论著应提供署名（所有作者）顺序、论文题目、发表的刊物名称或出版社名、年、卷（期）、起止页码等信息，获得学术奖励应注明获奖者的名次（全部受奖人员）、奖励名称等级、授奖年等，论著被国内外同行专家引用的情况，以及申请者在国际学术会议作邀请报告的情况等。所提供的基本情况，务必客观和实事求是，否则将直接影响申请项目的批准。

具备实验条件，尚缺少的实验条件和拟解决的途径：工作条件包括已具备的实验条件、尚缺少的实验条件和拟解决的途径以及利用国家重点实验室和部门开放实验室的计划与落实情况。省基金主要资助研究活动的经费，不提供购置设备的费用。

（3）如何介绍申请者和项目组主要成员承担的国家或省级研究项目情况

承担科研项目情况是指申请者和项目组主要成员正在承担的科研项目情况，包括自然科学基金的项目，要注明项目名称和批准号、项目来源、起止年月、负责内容、与本项目的关系等。

对于申请者承担的资助项目情况，最好对其进展或完成情况有详细的说明。否则，评议专家无法对申请者以前完成和在研项目的执行情况进行评价。不要简单地用“已完成”、“顺利进行”表示。最好能注明获得什么奖励，发表多少论文，引用情况如何以及培养了几名研究生，研究生的现状等，让评审人一目了然。

（4）对申请者完成湖南省自然科学基金项目情况简介

对申请者负责的前一个已结题省科学基金项目（项目名称及批准号）完成情况、后续研究进展及与本申请项目的关系应加以详细说明。按照要求，需另附已结题项目研究工作总结摘要（限500字）和相关成果的详细目录。

2. 申请书“表二”撰写注意事项

（1）“项目研究内容和意义简介”栏的撰写：项目研究内容和意义应避免写得空洞，尽可能明了一些，需阐明申请项目研究的对象是什么，采用什么研究方法，准备解决什么关键性的科学问题等。

（2）“立项依据”栏的撰写。

立项依据与研究内容是撰写省基金申请书最关键的部分。这部分写好了，其他各部分就相当于锦上添花。立项依据应包括项目的研究意义、国内外研究现状及分析。作为基础研究须结合科学研究发展趋势来论述科学意义；作为应用研究须结合国民经济和社会发展中迫切需要解决的关键科学技术问题来论述其应用前景。这部分应注意以下几方面主要问题：既要介绍国外动态，更要介绍国内研究情况：有些人在申请书中多引用国外同行的工作而忽略国内同行工作。这样，评议专家会认为申请者对国内研究情况不了解，就可能会以“不了解国内情况”为由不同意资助该项目；国内情况应包括申请者自己的研究工作：不少申请者往往只介绍他人的工作，而不介绍自己的工作。可能有的申请者认为在研究基础中介绍，立项依据中就不介绍了。这样就显得立项依据不太全面、充分。申请者必须在这里简单介绍自己已有的工作基础，使评审人能比较全面地了解申请者；必须阐明申请人要从事本项研究的理由：有些申请书只谈及本项目的意义和国内外动态，但没有介绍申请者本人为什么要从事本项研究。申请者应该清晰地介绍究竟其在前期工作中发现了什么，别人的工作中存在什么问题，或者你对哪个科学问题有什么特殊想法等。否则，评审人难以判断申请者的具体想法，这样的申请往往难以通过评审；

参考文献：主要参考文献对国内、外的关键性研究工作都要有所显示，注意时间性。不必像研究生的开题报告列出一大堆文献，但太少了也不合适，容易让评审人误认为申请者了解情况不够。

（3）“研究方案”的撰写。

研究目标、研究内容和拟解决的关键问题：这是正文的重点阐述部分，应该注意以下问题：①研究目标应是解决科学问题和学术性问题：基金项目不是简单地去做一件具体的事，解决一个非学术性的目标，而是要研究和解决具体事件中的科学问题或学术性问题。②研究内容要突出重点：目前省基金项目的资助强度不是很高，一个基金项目只要求解决一两个科学问题。希望最后的研究结果要有力度，不要泛泛的什么都做。为了把研究内容叙述得清楚些，可以在每一个研究内容下把细节描述得清楚一点，列出关键的细目。以免因“内容过多，重点不突出”而被“枪毙”。另外，很多申请分不清研究内容和研究方法的关系，把研究方法当作研究内容，评审人会认为申请者思路不清，这样的申请书是很不理想的。③拟解决的关键问题要清楚：若项目申请书中没有填写此项，评审人就很难知道申请者是否了解项目涉及研究的难点，以至难以判断申请者完成本项目的可能性。如果申请中难点写得不清楚或者根本不对，评审人也会认为申请者缺乏能力完成本项目。所以，此项必须写，而且力求写得准确。针对提出的难点，合理设计研究方法、技术路线，申请的项目就有较大的把握得以完成，申请成功的可能性就会很大。

本项目的特色与创新之处：申请者必须阐明自己特有的研究特色。与可行性分析一样，研究条件的特色并不能完全表明申请者的研究特色和学术思想的新颖性。同样有了好的研究条件，有的人可以做出很好的研究工作，但有的人只是把它当摆设。学术思想的创新是很难的，只要你的学术思想有一点新颖性，或者把其他领域的好思想借鉴到其研究课题里，就可以增添申请项目的竞争力。

拟采取的研究方法、技术路线、实验方案及其可行性分析：①研究方法、技术路线要具体、清晰：不少申请书这部分写得比较含糊，每一步研究解决什么问题表述不很清楚。

能逐项写清是非常必要的，如用什么方法，对别人的方法进行什么样的修改，以及同行完全可以照样操作的试验步骤等。切不可把现代化分析“武器”全都用上，什么新，就“用”什么，比如：HRTEM、STM、AFM、AES等，用它们干什么，用途不明确，获取什么有用的结果也不明确，这样的申请书同样会遭否决。②要从学术角度提出可行性分析：很多申请书在可行性分析中仅仅简单地介绍人力、物力情况如何是不够的。申请中不仅要介绍研究组有几名教授、几名副教授，有多少博士、博士后，有各种先进的工作条件，单位有国家重点实验室等，还应该从学术角度对研究方案进行可行性分析，突出申请者学术思路方面的好想法，阐明设计方案、研究方法、技术路线能否实现预期的研究目标。研究队伍、研究条件和学术思想方面的综合优势才是基金项目能否取得成功的关键，三者缺一不可。

年度研究计划及预期进展：①研究计划要尽量具体一些：年度计划要便于评审人了解申请者安排的研究进度是否合理，尽可能详细撰写，应包括拟组织的重要学术交流活动、国际合作与交流等说明。②预期进展可给出一个大致的设想：基础研究不同于攻关项目，研究进度是可以根据研究进展情况进行修改的。通常，真正能出大成果的项目，可能会不断打破原计划，表明申请者在研究中有新的发现。仅仅能按原计划完成的项目，可称之为保险项目，一般不会出大成果。预期进展可给出一个大致的设想，也是便于评审人对申请项目进行全面地分析。

预期研究成果：基础研究的理论成果可以包括学术论文、科技奖励（特别是自然科学奖）和人才培养等。应用成果应以经济、社会效益衡量，但由于基金投入有限，大多数属于间接成果。①预期研究成果要与研究目标相吻合：不少申请的预期研究成果仅两行字，比如：完成本项研究后，在国内外核心刊物上发表论文若干篇，申请专利若干项，但发表哪方面的论文，申请什么样的专利交代不够清楚，有时与研究目标的关系也不很明确。②预期研究成果要有力度，有数量，更要有质量：预期研究成果不但要强调论文数，更要强调论文水平及其影响，这样的理论成果才能真正反映科学基金支持的作用。③正确理解专利的地位：基础研究成果推广应用了，申请了若干项专利，是会得到认可的，但不能把专利作为基金的主要研究成果。一般认为，专利只是一种知识产权保护方法，难以判断基金项目的研究水平，可以作为结题时的辅助结果，申请时不必过分强调。④拟培养的研究生：科学基金有培养人才的任务，但培养多少研究生，往往与项目负责人的研究经费多少有关，而研究生的水平是培养人才的关键。

（4）经费预算。

由于省基金主要是资助项目研究活动的经费，而不是用于研制和购买仪器设备的，原则上，用少量经费购置小型仪器，改造设备和改装实验室还是可以的。

湖南省自然科学基金与高校人才队伍建设浅析

湖南科技大学　曾荣今　文东胜　邵　芳

我国各省、市、自治区设立的地方自然科学基金，主要是资助本地区的基础研究和应用基础研究。从资助强度、支持领域、申报结果和研究深度来看，地方自然科学基金虽不能和国家自然科学基金相比，但从其发展历史来看，地方自然科学基金在所属地区的科学研究、人才培养以及团队建设等方面都发挥了重要作用，成为了国家自然科学基金的一个很好的补充。本文将以湖南科技大学为例分析湖南省自然科学基金对湖南省属高等学校的人才培养和团队塑造的影响。

一、湖南科技大学获省自然科学基金资助基本情况

下表给出了湖南科技大学从2002～2007年获得的湖南省自然科学基金资助的科研项目数、参与项目人数、主持者年龄分布、湖南省财政下拨经费以及湖南科技大学配套经费的情况。

湖南科技大学2002～2007年获得湖南省自然科学基金资助项目情况表

年　度		2002	2003	2004	2005	2006	2007	合　计
总项数		16	12	18	23	24	17	99
参与项目人数		97	72	104	160	142	101	676
各年龄段主持项目数	50～59	0	0	0	0	0	0	0
	40～49	3	1	6	7	12	8	33
	25～39	13	11	12	16	12	9	66
下拨经费（万元）		20.5	19.5	23.5	28.5	93	16	201
配套经费（万元）		34.3	30.5	37.5	41.3	116	34	293.6

二、湖南省自然科学基金对人才培养和稳定的影响

科学研究是高校教师的主要工作任务之一，科学研究水平是衡量高校办学水平的一个重要指标。因此，各高校都无一例外地把培养、引进和稳定高水平科学研究人才作为各项工作的重中之重。经过多年努力，湖南科技大学目前已建立了一支教授和博士都超过200人的科学研究队伍。这支队伍以中青年学者为主，部分人员已显现了较强的科学研究能力或较大的发展潜力。在湖南科技大学培养和稳定科学研究人才的过程中，湖南省自然科学基金提供了强有力的支撑。

科学研究需要适用的仪器设备和恰当的实验材料，并要与国内外同行不断进行学术交流，这些都离不开经费的支持。因此，研究经费支持是科学研究工作能顺利进行的必要保障。受研究基础和研究队伍等因素的影响，科学研究人员在其研究工作的起步时期很难得到国家和各部委的科研经费的资助。湖南科技大学的一批青年科学研究人员正是在他们最困难的时期得到了湖南省自然科学基金的资助，使他们迅速成长为所在院所的科研骨干。下面的三组数据可以充分反映湖南省自然科学基金在湖南科技大学科学研究人才培养方面所起的作用：

（1）2002～2007年，湖南科技大学共有99项科研项目获得湖南省自然科学基金的立项资助，其中主持人年龄在40岁以下的有66项，占总项数的66.7%。

（2）2002~2007 年，以湖南科技大学为署名单位的科技论文共被 SCIE、EI（光盘版）和 ISTP 等三大科技文献检索系统检索 686 篇，其中标注了“湖南省自然科学基金资助”的有 427 篇，占总数的 62 %。

（3）2002~2007 年，湖南科技大学先后有 33 人主持了国家和各部委立项资助的科研项目，其中有 30 人主持过湖南省自然科学基金资助的研究项目，占总数的 91 %，并且每个人所主持的国家和各部委项目都是其主持的湖南省自然科学基金资助的项目的延续和深化。

通过参与或主持省自然科学基金课题，很多教师的学历、职称都得到了提高。从而为湖南科技大学稳定科学研究人才的努力提供了很大的帮助。湖南科技大学在 2002~2007 年之间共晋升理科和工科专业高级职称 241 人，其中以主持或参与湖南省自然科学基金资助项目的研究工作作为科研业绩之一的有 187 人，占总人数的 77.6%；以主持或参与湖南省自然科学基金资助项目的研究工作作为首要科研业绩的有 105 人，占总人数的 43.6%。个人水平的提高加速了团队整体科研水平的提升。

三、湖南省自然科学基金对团队建设的影响

随着科学研究工作的不断深入，科研团队的重要性将日益显现：一方面，为了获得更多的经济支持来创造更好的研究条件，申报由国家和各部委资助的科学研究项目是许多科学研究人员的必然选择，而申报这类项目需要一支成熟的研究队伍。另一方面，许多科学问题涉及到多个研究领域，要解决这些问题就需要多个学科的研究人员的通力合作。下面从两个方面来分析湖南省自然科学基金对湖南科技大学的科研团队建设的影响。

1. 孕育了一批研究队伍

在 2002~2007 年间，湖南科技大学共有 37 项科研项目得到了国家和各部委的资助，其中有 32 项是主持了湖南省自然科学基金资助项目的主要研究人员，占总数的 86.5%。例如，李学军教授曾得到了湖南省自然科学基金的资助，此后于 2007 年得到了国家自然科学基金的资助并主持承担了“863”项目。

2. 催生了四个科研平台

湖南科技大学通过组合研究方向相关的科研人员先后申报并获准成立了“机械设备健康维护湖南省重点实验室”、“湖南省教育厅分子构效关系重点实验室”、“湖南省教育厅知识处理与网络化制造重点实验室”和“湖南省中小机电产品工艺设计中心”四个科研机构，对扩大学校的影响，充分利用学校现有的智力和物质资源激发新的科学研究工作的增长点起到了非常重要的作用。在这些科研机构的申报材料中，其成员所主持的湖南省自然科学基金项目都是重要内容。

因此，我们可以得到下面的结论：湖南省自然科学基金对湖南科技大学的人才培养和团队建设都起到了举足轻重的作用。我们也完全有理由相信湖南省自然科学基金对湖南省其他高校的人才培养和团队建设都具有非常重要的意义。

参考文献：

[1] 余浩，赵敏祥．地方自然科学基金战略目标定位研究．浙江工业大学学报（社会科学版），2003（2）：149-154.

[2] 冯鸿雁，肖广岭，苏俊斌．省级自然科学基金的目标定位与绩效评估．科学管理研究，2005，23（3）：49-52.

加强科学基金管理　推进创新团队建设

湘潭大学　蒋科兵

近年来，国家经济发展大提速。同时，用科技支撑发展方式转变、引领产业优化升级的使命也愈感紧迫。不可否认，目前世界综合国力竞争前沿已经明显延伸到基础研究和前沿科学，而自然科学基金对我国支持基础研究及前沿科学的资助力量是不言而喻的。

一、自然科学基金的重要作用

自然科学基金在推动基础科学和前沿科学研究中发挥了重要作用，主要体现在以下六个方面：一是坚持稳定支持基础科学研究，发挥着对科学发展的奠基和引领作用；二是坚持以人为本，发挥着培育科技人才的“摇篮”作用；三是坚持促进学科均衡协调发展，推动学科交叉和新兴学科发展；四是坚持促进知识创新与技术创新相结合，推动国家创新体系建设；五是坚持拓展国际合作渠道，营造良好的国际合作与交流环境；六是坚持加强制度建设和文化建设，推动科学基金发展和完善。自然科学基金始终把培养科研创新人才放在十分重要的战略位置，坚持以创新价值为准绳，支持发展了许多高水平的科研创新团队，以创新实践为标准培养了一大批创新人才，形成和完善了育才、识才、聚才和用才的良好环境及机制。

二、加强自然科学基金的管理

自然基金是“航母”，管理是“舵手”。如何管理自然科学基金，门道不浅。湘潭大学的基金管理始终坚持三个结合：第一，结合国家目标，明确科研方向。科研工作必须要有国家级的目标，因为承担的科研项目如果不是国家急需的，不是国际学术前沿的，就难出高水平的成果，也难出大师级的人物。第二，结合学科建设，组建科研创新团队。首先，强调科研与学科建设的紧密结合，通过科研来提升学科水平，支撑学科发展。科研方向必须按照学科建设的需要进行规划，科研力量要适当集中。其次，科研与人才培养的紧密结合，通过基金项目的支撑来培养一大批高水平的博士和硕士研究生。第三，结合岗位津贴，激励科研人员。目前，湘潭大学已经学校实行“岗位津贴”制，津贴与工作岗位紧密挂钩。将教师的科研工作与年度考核结果挂钩，对承担高级别项目、出高级别成果、获高级别奖励的教师给予适当倾斜。

近年，湘潭大学积极开展国内外学术交流，在校内形成一股学术交流的热潮。各学科在主动邀请国内外知名专家、学者来校访问、讲学，同时，也鼓励派科研教学人员参加国内外各种学术交流活动，与国内外顶尖学者“切磋”、对话等，不仅使科技人员了解到本学科领域发展最前沿的信息，掌握到相关的基础理论、新知识、新方法等，还常常获得兄弟院校及国内知名专家学者合作研究项目的机会。是我们一直坚持以服务为宗旨，不断提高服务质量时刻激励着科技管埋工作者。我们要求管理者熟悉上级部门的政策和各种规定，能对上报的材料无论是形式还是内容上都能给予申请者以指导。通过这些工作，我校教师树立了正确的科研意识、积极参与各项科研活动。它表现在：树立正确的创新意识，创新是科学发展的不竭动力，是科学研究的生命和灵魂；树立正确的选题意识，在立足于现有工作基础上，结合国家目标，确定自己的研究方向与具体内容；树立正确的过程意识，研究题目确定以后，在研究过程中切实按研究方案实施，并根据研究的最新发展，及时加以调整。逐步杜绝“申请时积极热情，研究过程、结题随便应付，结题后漠然置之”等不良现象；树立正确的个人风格意识，通过系列的科研活动形成个人思考与实践的特色，并在研究中强化特色，展现个人风格。

三、不断推进科研创新团队建设

在省基金的资助下，我校很多科研创新团队都顺利地展开了前期研究，为团队以后申报国家级重大科研项目、申报重点学科、建设科研平台夯实了基础。据统计，近年来，我校有 40% 的项目在获省基金资助后又获得国家级项目资助，其中包括：国家杰出青年科学基金项目 3 项、国家自然科学基金重点项目 4 项及国家自然科学基金面上项目 50 余项。通过湖南省基金的支持，我校先后获得了 2 个国家重点学科和 8 个湖南省重点学科，组建了 2 个教育部重点实验室、2 个教育部工程研究中心、4 个湖南省重点实验室和 4 个湖南省高校重点实验室；有 2 个科研创新团队入选首批湖南省高校创新团队。成绩特别突出的有以下几个团队：

1. 微分方程数值方法理论及应用研究团队

该科研团队的带头人为国家杰出青年科学基金获得者黄云清教授。该团队在省中青年科学基金和省自科基金的资助下，对微分方程高效数值算法理论进行了深入的研究并将研究成果应用于计算流体、材料科学、化工模拟、生物计算、最优控制和形状优化等实际问题，获得了极大的社会与经济效益，得到了国内外同行学者的高度评价。在获得省中青年科学基金资助后，黄云清教授还获得了包括国家杰出青年科学基金、国家“973”计划子课题、国防基础研究预研项目、教育部骨干教师、教育部“跨世纪优秀人才培养计划”基金在内的一系列项目支持。以该团队为主体先后获批了计算数学博士点、数学博士后流动站、计算数学国家重点学科、科学工程计算与数值仿真湖南省重点实验室等。2004 年，团队科研成果“混合有限元高效率算法及其在油藏数值模拟问题中的应用”获湖南省科技进步二等奖，黄云清教授个人获第六届“冯康科学计算奖”。

2. 薄膜和低维纳米结构研究团队

薄膜和低维纳米结构研究团队的带头人是国家杰出青年科学基金获得者周益春教授。他们团队在湖南省中青年科学基金和省自科基金的资助下，在特殊涂层和薄膜的制备、物理和力学性能分析、电沉积镍涂层、热障涂层、压电薄膜在制备、加工和使用过程中遇到的材料和力学问题等进行了深入的研究。将物理、力学、材料、光学、化学等专业的科研工作者结合起来，将实验与理论和数值计算有机地结合起来，将微观与宏观有机地结合起来，将基础研究和应用开发有机结合起来。这个团队由青年科研工作者组成，充满了活力和生气。周益春教授在获得省中青年科学基金资助后被聘为湖南省“芙蓉学者计划”特聘教授，并获得了一系列项目的资助，包括：国家杰出青年科学基金、国家自然科学基金重点项目和面上项目、国家“863”项目、教育部重大项目培育项目、教育部留学回国人员科研基金、教育部跨世纪优秀人才培养计划基金。以该团队为主体先后获批了一般力学与力学基础博士点、材料物理与化学博士点、力学博士后流动站、材料学博士后流动站、一般力学与力学基础国家重点学科、低维材料及其应用技术教育部重点实验室等。团队科研成果“金属材料的热破坏与热流变成形”获 2003 年湖南省科技进步二等奖，教学成果

“地方综合性大学材料学科硕士研究生综合交叉、跨学科培养模式的实践”获国家级教学成果二等奖，周益春教授获“国家教学名师奖”。

3. 化工过程模拟与优化研究团队

该科研团队的带头人为湖南省首批科技领军人才罗和安教授。在湖南省自科基金的资助下，团队结合国家及湖南省经济建设的需求，在乙酰甲胺磷生产新工艺的开发与工程化、乙内酰胺国产化技术开发、气固催化氯化技术及系列产品开发、溴系阻燃剂生产新工艺的开发与工业化、醇胺催化氧化催化剂及产品开发等领域形成了一批国内领先、国际先进的工程化技术。罗和安教授在获得湖南省自科基金资助后获 2 项国家自然科学基金重点项目、1 个面上项目、1 个国家“863”计划项目以及湖南省重大项目的资助。以该团队为主体先后获批了化学工程博士点、化学工程湖南省重点学科、化工过程模拟与优化教育部工程研究中心等。团队科研成果“环境友好生产乙酰甲胺磷技术”获国家科学技术进步二等奖、“湍流分散体系中流体颗粒的破裂和聚并动力学”获高等学校科学技术奖自然科学奖一等奖。

4. 低维凝聚态物理与功能材料研究团队

低维凝聚态物理与功能材料研究团队的科研方向主要集中在低维凝聚态物质的性能与制备的基本问题上，并将研究成果应用到与国家和地区经济建设有重要意义的低维功能材料领域。该科研团队的带头人为教育部长江学者钟建新教授。在省自科基金的资助下，他们在纳米量子结构生长、量子受限效应、电子与声子输运、光电转换机制、铁电与压电薄膜的性能与制备、金属层镀膜、合金相平衡与热力学性质、金属与合金薄膜涂层等方面都做出了全面而富有特色的工作，从而先后获批了凝聚态物理博士点、凝聚态物理湖南省重点学科、量子工程与微纳能源技术湖南省高校重点实验室等。团队科研成果“异量子动力学研究”获湖南省科技进步二等奖、“纳米管、纳米线的结构与性能及其功能器件研究”获湖南省科技进步三等奖。

5. 热浸镀锌过程研究团队

该科研团队的带头人为教育部新世纪优秀人才支持计划获得者苏旭平教授。该团队在湖南省杰出青年科学基金和省自科基金的资助下，在热浸镀锌过程的热动力学分析、工艺优化、合金热力学及材料设计方面进行了系统的研究，将热力学分析和表面处理工艺相结合，研究了与热浸镀锌密切相关的以锌基多元体系的热平衡和热力学性质，设计出一种在线监测连续镀锌锌锅中有效铝探测器，并成功应用于我国第一条汽车用钢板连续镀锌生产线——宝钢 1 550CGL 上，为汽车钢板国产化作出了突出贡献。苏旭平教授在获得省自科基金资助后，年连续获得 3 项国家自然科学基金项目资助、教育部新世纪优秀人才支持计划基金、湖南省重点项目等。以该团队为主体先后获批了材料学博士点、材料学博士后流动站、复杂轨迹加工工艺及装备教育部工程研究中心、材料设计及制备技术湖南省重点实验室等。团队科研成果“镀锌合金中有效铝在线检测系统及相关关键技术的开发与应用”通过了教育部鉴定，鉴定结论为国际领先，并获湖南省科技进步二等奖。

科学“引擎” 助力“纳米”

——湖南省自然科学基金为创新夯实基础

湘潭大学 李江宇

随着自然科学基金委全面引入和实施了先进的科研经费资助模式和管理模式，我国基础科学的良性发展也得到了保障。地方科研院校在湖南省自然基金的支持下，培养了大批科学骨干和大批创新型人才。

湖南省自然科学基金委员会积极贯彻落实国家中长期科学和技术发展规划纲要的部署，根据2006年发布的国家自然科学基金“十一五”发展规划，提出以“支持基础研究、坚持自由探索”为战略，贯彻“尊重科学、发扬民主、提倡竞争、促进合作、激励创新、引领未来”的方针，促进我省基础科学各学科均衡、协调和可持续发展。

现在，湖南省自然科学基金已经成为我省支持基础研究的重要渠道。重点资助具有良好研究条件、研究实力的高等院校中和科研机构中的研究人员。多年来，湖南省自然科学基金一如既往地资助了大批的科研骨干人员（包括刚刚起步的学科专业人才及青年人才），为我们的科研工作提供了极大的帮助。自然科学基金给了科研人员一个好的开始，使科学创新工作不断深入系统化并开辟新的生长点，使研究队伍和科研成果得到进一步提升。湖南省自然科学基金委带给我们广大科研人员的是心头阵阵的暖意。

纳米技术是以纳米科学为理论基础，进行制造新材料、新器件，研究新工艺的方法，被认为是21世纪最具有前途的科研领域。在各种形态的纳米材料中，一维的纳米纤维具有比表面积大、结构致密、缺陷数量少、材料韧性高、微型化和易集成化等一系列优点。一维的多铁纳米纤维具有存储密度高、缺陷少、弹性模量高等一系列优点，具有广泛的潜在应用价值，是极具发展潜力的科技产业。

随着材料制备技术的发展，制备一维纳米纤维的方法也呈现出多样性。在众多的制备纳米纤维的方法中，静电纺丝法目前是唯一能够连续且能大规模生产纳米纤维的一种制备方法。目前，理论计算纳米纤维的存储密度大大高于薄膜的存储密度，将纳米纤维制成存储器件仍处在试验阶段。在国际上，我们最先采用静电纺丝制备多重铁性纳米纤维，并对纤维的微观结构和宏观性能进行了较为系统的研究。最先发表在 Applied Physics Letters 上关于多重铁性纳米纤维的论文，2008 年 4 月获得 Institute of Physics 纳米技术网站（www. nanotechweb. org）的专题报道和高度评价。2008 年 5 月台湾的纳米科学网站对这一研究工作也进行了转载。多重铁性磁电纳米纤维材料将为磁电结构与元件带来进步，团队目前正专注于制备技术条件的最佳化，并设法将纤维整合到元件中，同时更加广泛的寻找结构与特性更好的多铁电纳米纤维材料。我们渴望湖南自然科学基金的支持，也有信心凭借我们出色的学科平台建设，能够让我们迈进省自然科学基金的自主行列。这是一种需求，更是一种决心。我坚信，我们的工作在得到湖南省自然科学基金的资助后可以取得更好的成绩。

湖南省自然科学基金是省基础研究的重要支持途径，是创新型研究的重要基石。基金创立多年来取得了重要进展，促进了湖南基础科学研究的深入。基金资助经费不断增加，项目申请量也在逐年增加，其总的发展态势越来越好。我们广大科学工作者要使科学基金成为“随风潜入夜”的“及时雨”，保护科技人才“细听蝉翼寂，遥感雁来声”的科学敏感，引导科技人才自由探索与创新，促进创新型国家建设。

21 世纪是科学发展的迅猛时代。科学前沿的不断推进，孕育着划时代的科学发现，将深刻改变全球经济和社会面貌。基础研究是推动这场科技革命的重要引擎。湖南省自然科学基金也必将乘着东风，在推动基础研究进一步发展、提升我省自主创新能力的进程中发挥更加重要的作用，为国家的科学研究做出更大的贡献。

国家自然科学基金提升地方高校科研实力

湖南师范大学　刘庆文

近年来，湖南师范大学这所地处内陆的地方性师范院校科学研究异军突起，呈现出一派强劲的发展势头，科研综合实力得到了较快的提升。

湖南师范大学坚持“依托学科、自主创新、重点跨越、引领未来”的科研工作方针。一方面依靠加强学科建设，打造优势学科，增强科技创新能力，完善研究平台建设，为开展高水平的科研工作，提高科研综合实力，提供强有力的人才、知识储备和科技支撑。另一方面，依靠所积聚的人才、知识和技术平台条件，围绕国家和地方发展战略目标，针对学科前沿和经济社会发展的重大科学问题和关键技术，积极推动项目申报工作，通过申报和承担各级各类科研项目开展创新性研究，提升科技创新能力和核心竞争力。

加强优势学科建设和促进科研项目申报工作既是湖南师范大学科研管理工作的重心，也是学校提升科研综合实力过程中具有重要意义的两个重要举措。

一、自然科学基金对科研实力提升的实证分析

在湖南师范大学各学科门类中，生物学科是一门具有较长发展历史的学科，具有较好的科研工作基础，是师大重点打造的优势学科。

湖南师范大学对优势学科的打造使生物学科不仅拥有“蛋白质组学与发育生物学”省部共建国家重点实验室培育基地，“蛋白质化学与发育生物学”教育部重点实验室，教育部“多倍体鱼繁殖与育种技术”工程中心等一批在国内具有先进水平，在国际上具有一定影响的科研技术平台，同时也拥有了一支结构合理，具有较强创新能力的学术队伍，在蛋白质药物工程研究，蜘蛛分类、生态及应用研究等领域具有特色和优势，取得了一系列的科研成果，产生了重大的社会和经济效益，为地方经济发展和高水平人才培养作出了重大贡献。

在打造生物学科，全面提升生物学科研综合实力的过程中，湖南师范大学一直非常重视发挥国家自然科学基金的作用。国家自然科学基金申报的管理则是科研管理工作的重中之重。自1986年国家自然科学基金设立以来，学科上下坚持不懈地参与国家自然科学基金项目的竞争，承担的项目数和经费数逐年增长，已成为基础研究和应用基础研究项目的主要来源。

申请和承担国家自然科学基金为学科发展带来了生机，为学科建设注入了活力，对人才、队伍的聚集，科研平台建设，科技成果产出等方面产生了积极的影响。该学科每年获得的各级各类科研课题数、经费数、发表论文数、产出科研成果、获得专利数等逐年增长，各项量化指标在国内同类院校名列前茅，已逐步发展成为在国内外具有一定学术影响，在一些特色研究领域具有国内领先水平的学科。

1. 科研项目和经费稳步增长

国家自然科学基金作为一种国家创新体系的先进制度，它的设立是为了支持和保障基础研究，促进科技进步。生物学科自1994年首次获得国家自然科学基金至1999年，其间共获得国家级科研项目11项，科研经费637万元，其中国家自然科学基金面上项目7项，

经费 63 万元。

进入新世纪以来，随着学科建设水平的不断提高，该学科获得国家自然科学基金项目的数量和经费总额逐年增加。2000 年以来，共获得国家自然科学基金各类项目 77 项，其中国家杰出青年基金 3 项，经费 360 万元；国家自然科学基金重点项目 6 项，经费 620 万元；国家自然科学基金重大研究计划子项目 4 项，经费 190 万元；国家自然科学基金其他项目 64 项，经费 1 277 万元。国家科学基金项目占所获得的国家级课题的 75.7%，经费约占 50%。

由此可见，在代表学科科研水平的国家级科研课题中，国家科学基金项目无论是绝对数量或是所占比例均实现了稳步、快速增长，绝对增长数量达 70 项，占国家级科研课题的比例也由 10% 增长到了 50%，绝对的经费增长达到 1 800 万元。国家科学基金项目课题数和经费的同步增长，对提升生物学科的研究水平，扩大学术影响发挥了重要作用。

2. 研究成果产出逐年增加

随着科研项目的增加和研究经费的增长，该学科的科研成果产出稳步增加，成果质量有较大提高。自 2000 年以来，共获得省部级以上科研成果奖励 16 项，其中国家科技进步二等奖 2 项，湖南省科技进步一等奖 6 项。其中 2004 年获湖南省科技进步一等奖的项目“蜘蛛毒素的结构与功能研究”先后获得了 7 项国家自然科学基金项目的资助；2003 年获得湖南省科技进步一等奖的项目“果蝇心脏发育的基因调控”先后获得了 5 项国家自然科学基金项目的资助。2000 年以来，本学科高水平科研论文数量增长显著，共发表各类论文 1 200 余篇，其中 SCI 论文 209 篇，标注受国家自然科学基金项目资助的 SCI 论文为 160 余篇，占发表的 SCI 论文的近 80%，这表明国家自然科学基金在本学科基础研究和应用基础研究中发挥着极其重要作用，对提高学科的创新能力意义重大。

3. 建设了一支高水平的创新团队

国家自然科学基金的设立是为支持和促进基础研究，同时也是为了发现和培养科技创新人才。近年来，在国家自然科学基金项目的支持下，该学科聚集了一批学术造诣精深、能带领整个队伍不断开拓创新的一流学术大师和核心带头人，涌现了一批治学严谨、有较高学术造诣、富于进取的学术骨干，学术队伍建设成效显著。目前拥有教授 40 人，包括中国工程院院士 1 人，国家级突出贡献专家 2 人，“长江学者”特聘教授 2 人，“长江学者”特聘讲座教授 1 人，国家自然科学杰出青年基金获得者 3 人。

在这支结构合理，具有较强创新能力的学术队伍中，获得国家自然科学基金项目的教授 29 人，占教授总人数的 72 %，其中 45 岁以下的 13 人，有 6 人先后获得 3 项以上国家自然科学基金项目；副教授 9 人，约占副教授总人数的 40%，其中 40 岁以下的 10 人；30 岁以下的博士获得国家自然科学基金 2 人。从以上的数据分析可以发现，国家自然科学基金有力地支持了本学科学术梯队的建设和创新团队的培育。而一支高素质的老中青相结合的科研队伍也极大地提高了学科的核心竞争力。

4. 构筑了高水平的科研技术平台

科研技术平台是学科发展和开展科学研究的重要支撑条件，是科研综合实力的重要表现。因此，建设研究方向明确，技术设备先进，组织管理有序的实验室是保证科研质量，提高科研水平，提升学科水平的关键。而国家自然科学基金项目在则在很大程度上促进了学科方向的凝练和研究手段的提升。“十五”以来，本学科的科研技术平台建设实现了质的飞跃，专业实验室由上世纪90年代中期7个上升为17个，这些专业实验室拥有明确、稳定的研究方向；拥有一批包括液质联用串行质谱仪、生物质谱工作站、蛋白质相互作用分析仪等在内的一批先进的仪器设备，其中十万元以上仪器50余台件，主要仪器设备总价值达到6 000万元。

高水平的科学研究平台为学科开展重大基础性研究和重大科技攻关课题提供了良好的硬件条件。例如"蛋白质组学与发育生物学"省部共建国家重点实验室培育基地，"蛋白质化学与发育生物学"教育部重点实验室，教育部"多倍体鱼繁殖与育种技术"工程中心等承担了占全学科近70%的国家级项目，其中国家自然科学基金项目30项，本学科所承担的所有的国家杰出青年基金项目、国家自然科学基金重点项目、重大项目专项均出自于这些实验室。

5. 促进了高水平人才的培养

开展国家自然科学基金项目的研究工作，为学科的人才培养工作也提供了更高的起点和平台。本学科2003年获得生物学一级学科博士点，同年获得生物学博士后科研流动站。90%的博士生导师承担有国家级课题，其中60%为国家自然科学基金项目，这为研究生参与高水平科研工作提供了更多的机会。

自2001年以来，学院研究生以第一作者公开发表各类论文550余篇，其中标注受国家自然科学基金资助的论文约300余篇，约占55%。这表明绝大部分研究生在读期间就参与了国家自然科学基金项目的研究工作，且获得了有价值的研究结果。同时，研究生在校期间有机会参与导师的课题研究，为其毕业后能尽快地开展高水平的研究工作打下了良好的基础。在我院已毕业的20名博士生中，有5人在毕业后2年内便获得了国家自然科学基金项目，其中4人获得了2项国家自然科学基金项目的资助，这些项目均是他们在读研期间参与的研究工作的延伸。

二、生物学科成功经验的启示

1. 提高对国家自然科学基金的认识

首先，在思想上要高度重视申报和承担国家科学基金的工作。基础研究和应用基础研究是本学科的主要特点，因此申报国家自然科学基金项目对于增强学科的科研实力，提升学科核心竞争力具有重要作用。衡量一个一流学科重要的指标之一就是该学科是否开展高水平的科学研究，是否拥有高水平的科研成果。自然基金项目既是检验学科实力的试金石，也是提高科研水平的助力器。为提高全体教学科研人员的认识，科研管理部门及学科负责人在各种场合以多种方式向教学科研人员宣传这种思想理念，使全体科研人员清楚地认识到，积极参与国家自然科学基金项目的竞争，努力提高项目的数量与层次，是提升学科科研综合实力的重要途径，必须成为全院教职工共同奋斗的目标。

2. 建立健全政策激励机制

建立完善的激励和导向机制，如在职称评定、劳务酬金分配、工作量核定等方面对国家自然科学基金主持者给予政策倾斜，切实提高学院教职工申报和承担国家自然科学基金课题的积极性。在政策的激励下，科研人员努力创造条件，积极参与申报国家科学基金项目，开展高水平的科学研究。自2000年以来，本学科国家自然科学基金的申报数逐年增加，近年来基本稳定在每年38项左右，较高申报率也为我院每年较高的中标率奠定了基础。自2004年以来，每年新增的国家自然科学基金项目均在10项以上。目前，申报和承担国家自然科学基金项目在本学科已经形成了“磨不推自转”的格局。

3. 加强信息交流工作

为了更好地适应科学基金管理不断发展的要求，做好科学基金项目申报与管理工作，本学科积极推动基金申报工作的信息交流。一方面通过做好信息资料传播工作，大力宣传国家自然科学基金有关政策、规定与管理办法，使科研人员全面、正确地认识国家基金，不定期地组织座谈会，为各科研人员交流申报经验提供平台。另一方面积极鼓励科研人员参加国际、国内学术会议，与国内外同行进行学术交流和信息沟通，了解国内外该学科的最新科研进展，为申报项目课题打下坚实基础。

4. 强化服务意识

科研管理部门应该强化服务意识，积极主动地为科研人员申报国家自然科学基金项目提供快捷、周到的服务。通过加强与课题组的联系与沟通，掌握即时的科研进展与动态，为课题申报提供有价值的参考意见。此外，科研管理人员应该在组织课题的申报中做好协调工作，如课题组成员的组织配备，重点、重大项目研究方向的确定，研究团队的组建，大型仪器设备资源的共享等等。细致周密的组织服务工作不仅加强科研管理人员与科研人员之间的互动，也使科研管理人员及时掌握项目申报以及项目管理过程中所存在的问题，不断地改进科研管理工作，保证了课题申报的质量和效率。

参考文献：

[1] 江虎军，冯锋，王钦南．谈国家自然科学基金项目的申请、评审和管理［M］．北京：中国农业出版社，1997.

[2] 孙根年，黄春长，任志远．论科学研究、学科建设和人才培养的协调发展［J］．高等理科教育，2006，3：74-78.

[3] 曾志平，艾建平，周蒲荣．国家自然科学基金在学科建设中的地位［J］．湖南师范大学自然科学学报，2007，30（1）：125-128.

基础研究的产学研结合之路

中南大学　刘　明　黄菊芳

21世纪是科技经济时代。基础研究作为知识生产和创新的源泉发挥了引领作用。在科学研究与技术发展链的线性关系中，基础研究、应用基础研究处于科技创新与进步的源头，成为科学试验与技术开发的先导。

长期以来，中南大学非常重视基础研究工作，经过不断探索，在基础研究和应用基础研究方面取得了快速发展。以本校信息科学与工程学院为例，2003～2008年，该院在数十项湖南省自然科学基金项目，特别是重点和人才等项目的资助与培育下，获得了一大批国家自然科学基金重点、人才和面上项目资助，其中获得重点项目3项，获国家杰出青年科学基金资助2项，获得面上资助项目40余项。学院还以特色研究和学科优势为先导，在基础研究，特别是应用基础研究的推动下，产生了一大批高质量、高水平学术论文，同时，显示了较强的科技创新和科技开发能力。近年来，在国家"863"计划、科技支撑计划、国家发改委产业化示范工程等国家级、省部级以及企业技改项目支持下，学院取得了一批具有自主知识产权的科学技术成果，其中获国家科技进步二等奖2项，省部级科学技术奖一等奖7项，其他等级省部级科技进步奖数十项。还有一大批科技鉴定成果、授权、受理专利和软件著作权数量位居全校前列。

学院科研工作取得的跨越式发展，为国家经济和区域经济发展提供了知识储备和强有力的科技支撑，并在基础研究如何走产学研结合之路方面有了一些初步经验和成功范例。

一、发挥学科优势，稳抓基础研究

中南大学信息科学与工程学院拥有国家重点学科"控制理论与控制工程"、"交通信息工程及控制"，拥有湖南省重点学科"计算机应用技术"、"检测技术与自动化装置"、"控制理论与控制工程"，获得"控制科学与工程"一级学科博士学位授予权、"计算机应用技术"、"计算机软件与理论"、"交通信息工程及控制"等二级学科博士学位授予权。

在优势学科和特色学科带动下，学院按照"基础研究以学院发展目标为导向，走特色发展之路，以解决国民经济和社会发展中的科学问题为重点，通过基础研究推动应用研究和技术开发"的指导思想，利用多学科和典型行业研究背景的优势，从优化控制、网络与信息安全、生物计算、新型电力电子传动等研究方向着手，面向国民经济的重大需求，同时，围绕湖南省科技发展迫切需要解决的基础理论和前沿技术开展基础理论研究。

首先，注重发挥科学基金类项目的基础性、自由探索性强等特点，加强了对基础研究项目的组织工作，尽量促进全院基础研究工作朝着一定的市场目标集中。"十一五"以来，国家目标导向的战略性基础研究引起了研究者的关注和重视，学院着力加强科学基金的政策引导和管理工作，注重基础研究的目标导向性，培育源自实际应用和企业重大技术难题的基础性科学研究项目。近年来，该院获得国家自然科学基金资助40余项，获得湖南省自然科学基金及教育部博士点基金及相关基金研究项目60余项，其中50%以上均以市场和政策为导向。

其次，注重在初期阶段对项目进行孵育式培养。由于地方自然科学基金和国家自然科学基金是现阶段的主要基础研究、应用基础研究项目来源，加上科学基金申报与评审方式相对公平、公正，科学基金受到了广大科研人员的青睐。承担国家自然科学基金项目的层次和数量往往被视为一所高校基础研究实力和水平的体现，为此，各高校都采取各种措施争取各类科学基金的资助，其中项目的培育显得尤为重要。中南大学信息科学与工程学院在培育机制上，一方面是搭建政策平台，着力构建学院青年骨干教师科学研究基金和湖南省级科学基金联动机制。学院于2005年第一批进入了湖南省科技厅建立的湖南自然科学联合基金，培育了一些好的项目，也培养了一批创新人才。通过学院基金培育的项目争取省基金或者直接争取国家基金的资助，通过省基金培育的项目争取获得国家基金的资助，层层递进，不断向前。对于已经形成成果并有可能向应用研究延伸的项目，学院则组织争取省、部级科技计划项目或其他科技计划项目立项，或被企业纳入科技创新和技术储备立项。

再次，利用海内外学者交流机会，构筑学术交流环境。学术交流是加强基础研究、培育优秀项目的重要环节。学院先后承办了2005年“第四届中日信息技术与控制应用国际学术研讨会”、2006年“第四届国际生物信息学大会”、2007年“第26届中国控制大会”、2008年“第七届中国图形学大会”、2008年“第九届国际青年计算机会议”等10余场国际及全国性大型学术会议。每场会议学院均有一大批教师和研究生投稿并与会交流。学院还不定期邀请来自美国、加拿大、德国、日本、澳大利亚及港澳等地区学者来校讲学，同时，以项目牵头，开展国际合作研究，如：桂卫华教授获得的中德合作科研（PPP）项目、阳春华教授与比利时合作研究项目，特别是王国军教授与日本筑波大学开展的研究，获得了国家基金委的国际合作项目资助，建立了合作研究基地，在机制上保障了国际合作研究的条件。这些都为学院科研人员提供了大量的与国内外知名学者面对面交流学习的机会，活跃了学术氛围，更重要的是帮助教师把握学科发展趋势，跟踪学术前沿，为提出创新性研究课题创造了优良环境。

这些措施极大地激励了广大教师特别是青年教师投身基础研究的热情，目前，学院获国家自然科学基金和湖南省自然科学基金的项目数持续稳定增长。

二、瞄准企业需求，提升创新能力

现代科学技术的发展使得基础研究与应用研究、开发研究及科学技术创新的关系更加密切。基础研究直接追求的目标是揭示和探索客观规律，本身不考虑特定应用目的，但有相当的基础研究成果具有较强应用价值，可向应用研究和技术开发纵向延伸，转化为现实生产力，由此看来，搭建基础研究、应用研究和技术开发等各个环节有机结合的平台尤为重要。

中南大学具有强势的工科背景，科学研究在面向国家经济发展的重大需求目标引导下获得了一大批重大科技成果。信息科学与工程学院的学科建设、科学研究在重大工业应用研究背景下发展壮大。学院在鼓励自由探索的同时，以面向国家、区域经济和企业重大需求为导向，积极扶植源于应用技术开发目的而开展的应用基础研究。通过对国家及区域、行业经济需求分析，从解决企业技术难题与制约企业发展的瓶颈问题入手，特别是对于部分有企业合作开发基础的科研队伍，引导他们从实际中凝练科学问题，培育以应用技术开发为目的的基础研究课题，将单纯满足教师们对自然现象和规律认识的兴趣，转向更加注重服务于人类社会发展和国力竞争的需要。从该院获得的科学基金资助实际情况看，国家和区域、行业经济发展需求对基础研究的推动力已经大大超过单纯的自由探索科学自身发展的吸引力。

基于这一情况，学院围绕国家应用技术和高新技术研究开发迫切需要解决的基础理论和前沿技术问题，在若干优势学科加强基础研究特别是应用基础研究，加强技术预见和前瞻性研究。如学院电气工程系完成的“矩阵变换器——绿色变频技术开发”项目，面向当前迫切的节能与环保问题，以学术研究和技术创新入手，通过湖南省基金的培育，在电能变换系统的集成与控制领域取得了一系列理论成果。为推进研究的深入和技术创新，先后获得多项国家基金、省科技计划等项目资助，从基础研究、应用研究到技术开发形成系列研发课题，先后发明了多项拥有自主知识产权的矩阵变换器技术。为了将该项成果产业化，中南大学信息科学与工程学院以中南大学升华科技有限公司建立的“产、学、研”合作平台为依托，联合开展新型绿色矩阵变换器应用研究工作，并计划定型研制功率范围从1KW～45KW工业矩阵变换器系列产品。目前该项目得到政府相关部门和相关行业及多家投资公司的高度关注，希望实现此类技术，打破国外的技术封锁和产品垄断，争取在国内快速形成优势产业，产生显著的社会效益和经济效益。

三、推动成果转化，实现校企联盟

中南大学在有色金属科技领域一直处于国内领先和国际前沿地位，信息科学与工程学院在有色冶金自动化与信息化领域学科优势明显，一直把提升我国有色金属工业自动化与信息化水平、促进有色金属工业科学技术进步与产业技术升级作为学院科技工作的重要目标之一。多年的实践表明，应用开发为主导的研究只有投入一定力量进行基础研究，才能提高研究水平，才能使科技工作有后劲。

基础研究作为知识创新的源头，成为高校科研工作的基础。2003年以来，学院积极鼓励和推动广大教师开展基础研究的热情，并获得了一大批湖南省和国家自然科学基金资助项目。该院以“面向节能降耗的有色冶金过程控制若干理论与方法研究”为代表的国家自然科学基金重点项目，提炼了我国有色金属工业节能降耗所面临的过程控制问题，开展有色冶金过程控制的基础理论与关键技术研究，为解决制约我国有色金属工业发展的能源与资源瓶颈问题提供理论依据和技术指导。学院在有色金属行业自动化及计算机应用领域获得了一批标志性成果，如：“智能集成优化控制技术及其在锌电解和炼焦配煤过程中的应用”、“大型高强度铝合金构件制备重大装备智能控制技术与应用”分别获得国家科技进步二等奖，并获得一批自主知识产权的发明专利和软件著作权。这些源自国家重大企业的科技创新成果，直接为企业带来了的巨大的经济效益和社会效益，为推动国民经济和行业科技进步做出了积极贡献。

与此同时，在一大批项目的培育下，一批创新型拔尖人才脱颖而出，还培养了一批批优秀的博士与硕士研究生。这些研究成果和优秀的人才队伍成为学院科技创新的重要资源。

学院积极倡导基础研究与应用研究并重，学术水平与技术创新并重，成果转化与产学研并重，为高校科技工作为国民经济和地方经济服务而不懈努力。为促进科技创新成果转化，不断探索转化机制和模式，学院根据自身特点和优势，积极组织教师深入企业调研，了解企业的科技攻关重点、难点及技术需求；积极申报以相关学科核心技术为支撑的国家、省部级工程技术中心，为推进产学研搭建平台，以科技创新成果为目标实现产学研结合。如：学院建设的教育部“有色冶金自动化工程中心”和湖南省“货币智能识别与自助服务”，根据国民经济与社会发展需求，以有色冶金自动化技术、货币智能识别与自助服务技术为主要研究方向，持续不断地对该技术领域的前沿性、关键性问题进行研究与技术创新，将科研成果进行系统化和工程化的开发，基本形成了集成研究、工程开发和生产应用能力，为产学研结合探索了一条行之有效的途径。还如“有色冶金自动化工程中心”发挥了学院“控制科学与工程”学科优势、集中了学院在冶金自动化领域的研究成果，为株洲冶炼集团、中铝中州分公司、西南铝业集团、涟源钢铁集团等大中型企业的科技创新、技术改造提供了强有力的技术支撑，在提升这些企业自动化与信息化水平的同时，创造了数十亿的直接经济效益，社会效益显著，为我国国民经济和地方经济的发展、行业技术进步以及产业技术升级做出了重要贡献。

参考文献：

[1] 陆文明，等．以基础研究带动应用研究，提升地方高校科技创新能力．科技科研管理，2007（10）．
[2] 吴洁．产学研合作中高校知识转移的超循环模型及作用研究．研究与发展管理，2007（4）．

申报新学科领域基金课题的策略

湖南师范大学　袁仕善

学科建设是学校发展的重要支柱，科学研究是学科建设的重要动力。而科学研究需要组建良好的学术团队，学术团队的发展需要科研经费作支撑。科研经费的主要来源是申报科研课题并中标立项。如何提高科研课题的中标率是每位科研工作者经常思考并高度重视的问题。年轻学科，尤其是新组建的年轻学科更需要提高课题中标率。只有在经费方面获得突破，才能为学科发展注入活力。结合本人几年来的课题申报经历，谈谈个人一些粗浅的看法。

一、申报课题要有勇气

许多课题对申报者均有一定的条件限制，有些条件甚至相当高。同时，课题申报的竞争激烈，资助比例相对偏低。许多科技工作者因为申报条件高或既往失败的经历而不敢或不愿申报，以至丧失课题申报的竞争机会，最终无法获得立项课题。在当今竞争激烈的科技市场中，课题申报者更需要有勇气。在自己的领域中，只要具备较好的研究基础，就应该大胆地去申报高级别的课题，相信评委的眼睛能给予科学公正的评价。记得我在博士后工作期间，因为自己敢于整合自身和课题组的研究基础，大胆申报课题，一举获得了省自然科学基金的资助。

二、申报课题要结合单位优势

敢于申报课题只是课题申报的一个前提，要想课题获得资助，还有诸多方面值得研究。其中一点就是要结合单位的优势。任何一所高校和研究机构，均会有一些有优势的地方，在课题申报中应该好好挖掘。本人所在的单位是一所省级综合性重点大学，但是所在二级单位的科研基础相对较差，学科团队较为“年轻”。单凭自己的研究基础，本人几次申报国家级课题都没有获得突破。但是，通过挖掘本院的研究特色，与研究基础较好、取得良好研究成果（获得省科技进步二等奖）的一个课题组进行交流，经过琢磨，以该课题组的工作为基础，结合自身的工作，大胆申报国家自然科学基金，得到了同行专家的认同，最终获得了国家自然科学基金资助。

三、申报课题要组建合理的研究团队

许多申报者很看重自己的研究，这当然是正确的选择。但是，在科学技术飞速发展的今天，知识和技术日新月异，科学研究更趋国际化。只有建立合理的研究团队，与国内外同行合作，才能使个人的研究开展得更好，研究进展也会更快，产生的社会效益也更大。作为各个纵向课题的管理者和评审专家，都十分看重研究团队。有些申请者为了达到人数，只顾自己的研究基础，不考虑成员的知识结构和研究水平随便组合，不能充分体现研究团队完成项目的整体实力，即使选题新颖，创新性强，也会因为可行性问题，即研究团队的整体水平而受到阻挠。本人在国家自然科学基金的申报中，充分考虑各项目组成员的知识结构和工作基础，充分发挥各成员的优势，合理分配所承担的工作，做到职称、年龄和学历结构合理，研究内容、研究方法与成员组成相协调，最终课题获得了资助。

四、申报课题要注重工作的积累

科技工作者的成绩贵在对科学研究的日积月累。没有科研工作的点滴积累，就不可能在课题申报中获得成功。年轻的科研人员要甘于参与课题研究，发表有价值的研究论文，结合自身经历，利用学科团队的研究成果，积极申报各级课题。一旦有项目获得资助，就可以根据自身的构思创造性地开展研究，为申报高一级的项目做好铺垫。不具备任何研究基础、不参与任何课题研究的申报者，是难于获得项目资助的。本人获得国家自然科学基金，除自己多年的相关研究经历外，还得益于省自然科学基金联合基金的资助。这一项目的研究使我熟悉了蛋白质组学的研究技术，以至在国家基金的申报中能凸显本人和课题组的研究基础，使管理者和同行专家对研究团队有信心，最终给予资助。

五、申报课题的选题要新颖

申报课题能否获得批准，选题的好坏至关重要。新颖是选题的第一要求。所谓新颖，就是尚无人涉足的学科前沿、老问题的新视角或新技术新方法的开发和运用等。尚无人涉足的学科前沿最具创新性，属于开辟新的研究领域或研究方向，甚至是创立新学科的研究项目，具有填补学术空白的价值。申报这样的课题，当然十拿九稳。另外，申报课题必须紧跟本学科的前沿领域。不系统了解本学科专业的研究动态，就不可能把握学科前沿，更不可能准确进行新颖的选题。当然，新颖的选题不能脱离主管部门制定的课题申报指南的选题范围。在去年的国家自然科学基金申报中，本人根据申报指南，紧扣预防医学领域中重大地方病的防治这一主题，从酶学和蛋白质组学的层面研究血水草生物碱对钉螺肝脏损伤的机理，可以说是钉螺研究的新内容，从而获得了资助。

六、申请书写作要严谨

申报的课题能否成功，取决于评审专家给予的评价。评审专家评价的唯一依据就是课题的申请书。因此，申请书写作要严谨，切不可草率敷衍。题目要有新意，立论依据不能过于庞杂，条理要清晰，逻辑要合理，文字简练而富有分量。研究的目标、内容、要解决的关键问题以及采取的主要研究方法，要逐一交代清楚。尤其是拟解决的关键问题、创新之处、预期研究成果等一定要明确。尽量将与申报项目有直接或间接关系的已有成果列上，彰显自己的研究实力。另外，经费预算要细致，并切合实际。有了好的标书，就容易得到评委的赏识，就可以大大增加中标的机会。

总之，课题申报者要注重工作积累，结合单位优势，组建合理的研究团队，树立申报课题的勇气，认真查阅国内外文献，紧跟本学科领域的研究前沿，依据主管部门制定的课题申报指南的选题范围进行科学选题，认真撰写好申请书。只要选题新颖，立论充分，技术路线可行，研究内容和目标明确，研究团队基础好，申请书写作严谨，就易于得到专家们的好评，就有机会获得资助。当然，由于专家的学术专长和所持的学术观点不一致，在评审过程中难免存在不同的看法，所以尽管有一份好的申请书，也可能在评审过程中被“枪毙”。但是，只要申请者持之以恒，勤于思考，敢于创新，一定会在高级别课题的申报中获得成功。有了高级别大项目的支撑，就给学科的发展注入新的活力，从而增强学科和学校的综合实力和社会竞争力。

关于自然科学基金项目申报的认识与思考

湖南师范大学　董国志

作为我国科学创新体系的重要组成部分，自然科学基金是科研人员发挥首创精神的大舞台，是资助基础研究的主要渠道之一。它以广泛的学科为基础，坚持自由申请，自由探索，在科研方向上积极发挥导向作用，鼓励和支持基础创新，重点资助具有良好研究条件与研究实力的高等院校和科研机构的研究人员开展创新性基础研究。

国家自然科学基金是我国一个管理较为规范科学、评审较为公正合理的科研资助计划体系。自然科学基金在推动我国自然科学基础研究，促进基础学科建设，发现、培养优秀科技人才等方面发挥了巨大作用，为提升基础研究创新能力进行了有益的探索，积累了宝贵的经验，为我国基础研究的发展和整体水平的提高作出了积极贡献。湖南省运用省财政投入的自然科学基金，资助自然科学的基础研究和部分应用研究，识才、育才、聚才，促进科学技术进步，为我省科技、经济和社会发展提供技术、人才储备力量。

作为高校科研管理工作者，笔者对基金管理机制、申报工作程序及诀窍都有一定的经验。下面就以湖南师范大学数学与计算机科学学院为例，对本院科学人员在自然科学基金项目申报工作上的经验进行总结和归纳。

一、国家自然科学基金项目资助概况

1989 年，湖南师范大学数学与计算机科学学院郭晋云获得我院第一项国家自然科学基金项目资助。郭晋云是学院“文革”后返校工作的第一位数学博士。郭博士的成功申请，极大地鼓舞院系科研人员的申请热情。自此，学院教师勇于科研创新，不断在学术道路上攀登高峰，在国家自然科学基金的申报工作中佳讯频传。截至 2008 年，学院共有 53 个项目获得国家自然科学基金的资助，其中面上项目 45 项，青年基金项目 2 项，数学类天元基金 4 项，对外交流与合作项目 2 项。尤其是 1999 年、2005 年、2006 年，我院在基金申报上的成绩非常引人注目，每年均获得 6 项国家自然科学基金面上项目；2007 年、2008 年，学院每年新增面上项目 5 项，另外还获青年基金 1 项及对外交流与合作项目 2 项。

纵观我院的国家自然科学基金课题申报，立项的科研课题越来越多，课题申报中标率逐年稳定，其中有 5 年的立项数为 6 项，这是学院国家自科基金申报史上光辉的里程碑；横向比较，学院与国内其他高等院校数学类国家自科基金的申报，我们也稍胜一筹。

成绩的背后，是科研人员辛勤耕耘。总结分析我院的国家自然科学基金申报工作，笔者认为有以下四点值得注意：第一，国家自然科学基金资助项目基础性强，非常符合我校及我院的科研特点，这是我们的优势所在，应牢牢把握这个优势地位毫不松懈；第二，在科学竞争中求生存的我们，要努力适应竞争的需要，发展和培养一些新兴重点学科，特别是计算机学科等其他偏向应用型的学科需要大力加强科研项目的申报，锻炼凝聚学术团队，挖掘培养科研骨干，将我院的计算机等学科做大做强，有所突破；第三，虽然目前我们拿到的项目总数比较多，但是项目主持人分布却相对集中，仅 23 人在我校获得主持国家自然科学基金资助项目的资格。在我校任教期间，其中有 1 人主持 5 次，5 人主持 4 次，2 人主持 3 次，3 人主持 2 次，从中可以看出，工作突出，成果优秀，有一定学术影响的专家可能会得到国家自然科学基金项目评委们更多的青睐；第四，我们在利用自身学科优势、把握申报项目技巧上还需要加强，对于年轻博士和正在成长的学术人才一方面要练好内功，不断提高自身的科研水平，另一方面要敢于申报国家自然科学基金项目，不断累积申报经验，提高申请书撰写质量，以求获得突破。

二、自然科学基金项目申报面临的挑战

虽然我院在国家自然科学基金项目申报方面已经取得了较好的成绩，积累了不少经验，但是仍然存在较大的不足和可持续发展的瓶颈，这就要求我们不断开阔视野，大胆创新，目标明确，勇于拼搏，以求在未来激烈的竞争中立于不败之地，以求学科建设的可持续发展。

目前，学院在自科基金申报上所面临的挑战，主要有下面几个方面：

①数学作为自然科学的基础学科，每年可供申报的项目数十分有限，现在国家自科基金数学口面上项目每年约 200 项。虽逐年略有增加，但是“僧多粥少”的局面还会延续。在全国众多的申报单位中，我院一年获面上项目 6 项已是占据总数的 1/40 ~ 1/30，要在项目数量上的突破难度可想而知。因此，要实现基金申报的可持续发展，必须要另寻突破口，培养新的“项目”增长点，尤其是在学科交叉方面，如数学与信息的交叉类项目、信息科学项目及其他学科交叉类项目等。

②我院科研人员在年龄结构和学科结构方面，存在科研队伍趋于老龄化、科研人员之间缺乏实质合作、各学科之间缺乏学术交流等问题，导致我院科研人员很难组成联合攻关的学术梯队来进行重大项目的科研攻关。据统计，我院获国家基金资助的教师大部分年龄都在 45 岁以上，因此，中青年学术骨干，特别是青年人才的培养和成长是当务之急，以确保我院在国家自然科学基金申报中形成的优良传统能够得以继承。此外，学科没有形成拳头，虽然研究方向较为齐备，但是缺乏一支能够紧密合作的核心团队去攻克学科中的重大难点课题，更不用说在数学相关领域的交叉与融合方面承担重大科研课题。这也是我们为什么不能在国家重大、重点课题上取得突破的原因之一。

③申报课题科研人员心态不稳。部分科研人员包括某些教授在内，对申报自然科学基金缺乏应有的信心和耐心。据调查，有人心里打算申报，但是一动手写标书就感觉到了困难，便中途放弃；或者有人在标书完成得差不多的时候，由于信念不够坚定，错失“临门一脚”；或者有人干脆对国家基金采取一种不能“望其项背”的消极态度。其实国家自然科学基金项目并非高不可攀。因此，从另一个意义上，作为科研管理人员，要在思想上给予其高度重视，认真做好宣传和动员工作，制定相关激励措施，尽量将其落到实处。例如：通过举办国家自然科学基金项目申报及管理学术报告会，对获得国家自然科学基金资助的项目给予一定比例的经费配套，给予承担国家自然科学基金资助项目的负责人研究津贴等方式，甚至对申报基金的老师也给予一定的奖励措施，鼓励中青年科技人才不断积累研究经验，积极申报国家自然科学基金项目。

④相对于国家自然科学基金，科研人员对于湖南省自然科学基金申报工作却还不够重视或者说存在偏见。如：有些教师觉得省自然基金项目数太少，缺乏信心；有些教师认为省基金申报和评审不尽规范，特别是评审公正性值得怀疑，种种不良心态都导致科研人员积极性不高。不可否认，与国家自然科学基金相比，省自然科学基金在资助强度上有差

距，资助体系还有待健全、评审程序还有待完善，但是其对于人才特别是青年学术骨干的培养，对于优势学科的形成，对于学科的长远发展和提升一直发挥着十分重要的作用。因此，科研管理者应在省自科基金的申报工作方面加大宣传和鼓励力度，制定相应的激励措施。对于研究工作已经起步，但是申报国家基金尚还欠缺实力的教师，省自科基金的资助无疑是他们研究工作的基石。

科学基金与学科建设、人才队伍建设是密切相关，相互促进的。通过科学基金的资助，一批有创新性的课题得以顺利开展，进而达到凝练科研队伍，培养学术人才之目的，并由此提升了学科方向的科研实力，产生大量高水平的科研成果。出色的学科、凝聚的团队加上顶尖的学术骨干，在基金项目的申报中更具竞争力，从而使优秀课题和学科发展有更充裕的资金储备。这是一个良性循环发展的过程。

在自然科学基金的帮助下，我院的科研条件大为改善，科研成果的数量和质量有了大幅度的提升，特别是数学学科得到飞速发展，人才梯队建设有了长足改观，一批学科带头人、学科骨干正迅速成长，全院科研实力不断增强，科研发展势头良好。正如我院有突出贡献的国家专家陈传淼教授曾感慨到的那样："我们这些人都是在自然科学基金中泡出来的，若没有基金的帮助，后果是不堪设想的。"（陈传淼教授先后主持国家自然科学基金面上项目 7 项，"973" 子课题 1 项，发表学术论文 80 多篇，出版专著 6 本，多次获省部及国家级奖励和表彰）

作为科研管理人员，虽然笔者暂时无法也无力去申报基金，一旦我院教师申报项目成功，我们就如同自己申报成功一样的高兴和激动，这是一种感同身受的喜悦。所以，在工作中，怎样激发教师的积极性，怎样提高科研人员的项目申报成功率就是我们科研管理工作者值得思考的课题。笔者不辞俗陋写此文便是希望能够在我院现有的良好基础上开拓创新、继往开来，为取得更多、更大、更好的成果尽一份绵薄之力。

参考文献：

[1] 毛晓翔. 关于《国家自然科学基金"十一五"发展规划》的思考与分析［J］. 中国高校科技与产业化（学术版），2006（S1）：15-17.

[2] 余庆来. 申报国家自然科学基金项目申报的实践与思考［J］. 中国科学基金，2005（6）.

[3] 蔡庄. 浅谈高等学校申报国家自然科学基金项目的管理［J］. 东北农业大学学报（社会科学版）2006，4（2）：60-61.

自然科学基金助推学科发展

湖南师范大学　禹旺兵

湖南师范大学物理与信息科学学院历来重视国家、省自然科学基金的申请和执行。多年来，该院科研人员基金项目申报积极、执行认真、成绩显著，已高水平地完成了一批研究项目，获得多项科技成果，发表了一系列高质量的学术论文，为学院物理学科的发展奠定了坚实的基础。

近五年来，我院获得国家、省自然科学基金资助项目30余项，其中国家杰出青年科学基金1项，省杰出青年基金1项，国家自然科学重点、重大资助项目2项。在自然科学基金资助下我院科研成绩显著。

一、获得了一系列科研奖项

近几年来我院科研成果成绩喜人，先后获得教育部科技进步奖二等奖，获得湖南省科技进步奖二等奖2次、三等奖1次，这些科研获奖大部分是在国家、省自然科学基金的资助下完成的。如：匡乐满教授在"原子玻色—爱因斯坦凝聚中的宏观量子效应及其操纵控制"等国家自然科学基金资助下，其科研成果于2002年12月获得教育部科技进步奖二等奖；荆继良教授在"用似正规模方法测定黑洞等致密天体的参量"等国家自然科学基金和"量子效应对黑洞熵的影响"省自然科学基金资助下，其科研成果于2007年10月获得湖南省科技进步奖二等奖。

二、发表了一批高水平学术论文

近五年以来，我院共发表SCI论文250余篇，其中PR系列及影响因子大于4.0的论文62篇，这些科研成果也大部分是在国家、省自然科学基金的资助下完成的。王小刚教授利用量子力学原理、第一性原理计算和热力学理论并与实验相结合，对金属氧化物的表面微结构和化学反应特性进行了系统的研究，在国际上首次提出了金属氧化物表面多种中断构型的可能性和典型界面分子氧吸附的相图，结果发表在国际著名刊物 Phys. Rev. Lett. 上。余洪伟教授利用引力扰动理论研究了 Phantom 宇宙学模型中微扰的引力反作用，得到宇宙大撕裂可以避免的结论，利用数据拟合的方法研究了观测数据对可变暗能量宇宙学模型和推广的（Chaplygin）气体模型的限制，得到了模型参数许可的取值范围，为最终找到能解释当今宇宙加速膨胀的暗能量模型提供了有重要意义的结果。2006年以来，余教授在国际权威刊物如 Nucl Phys. B.、Astrophys. J.、Phys. Lett. B、JCAP 上发表论文8篇，累计已被同行他引75次，其中单篇最高引用率为42次。海文华教授在国家自然科学基金"物质波包混沌及其控制"的资助下，揭示了冷原子系统中物质波的各种规则与混沌特征，探讨了混沌与物质波某些特殊运动之间的关系，如混沌对物质波的失稳、塌缩和恢复等运动的影响。重点探讨了如何通过参数调节控制物质波的规则与混沌运动，为实现激光相干操纵、原子激光的调制与输出和混沌编码通讯等应用目的打下理论基础。该科研成果发表在 PRA 的刊物上。

三、搭建了一个良好科研平台

在国家和省自然科学等基金和项目的资助下，我院科研平台建设取得长足的进展，我院理论物理于1996年被列为省重点学科，2001年被批准为湖南省“十五”重点学科，1999年其中的“非线性物理”被批准为国家“211工程”重点学科，2000年获得理论物理博士学位授予权，2003年获得物理学博士后流动站，2005年获物理学一级学科博士点，2006年该学科被确定为湖南省“十一五”重点学科，2007年该学科被批准为国家重点学科。我院“低维量子结构与调控教育部实验室”也于2007年批准立项建设。

四、带动了一批科研项目

我院科研工作者以国家和省自然科学基金资助项目工作作为基础，转入其他课题如国家“973”项目、教育部新世纪人才计划、教育部重点项目等继续开展工作。我院匡乐满教授在国家杰出青年基金项目“经典物理学与量子理论”的资助下，提出了一种能从量子数据库中精确地寻找一个或多个目标数据的量子搜寻算法。把量子搜寻算法和量子计算的物理实现相结合提出了合成量子态的新方法。该研究对量子光学中的新量子态构造和制备提供了新思路。该工作基础于2007年又获得国家“973”项目的资助。周光辉教授在省自然科学基金“微波场对金属纳米线的量子控制理论与方法”的资助下，利用非平衡格林函数方法研究了相互作用量子线的含时输运性质，发现了该体系量子噪声的新特征，并率先将该研究推广到含自旋—轨道耦合和外磁场的系统，揭示了电子透射率随外场强度变化的新规律。该工作基础于2006年又获得国家自然科学基金“微波场对金属纳米线的量子控制理论与方法”的资助。

回顾过去，自然科学基金对我院的学科发展有很大的促进作用。我院将不断强化竞争意识和创新意识，积极参与各类基金课题申报，争取多渠道获得科研经费资助，进一步加强对科研工作的组织、指导，集中人力、物力和财力，协作攻关，确保受资助课题按计划、有步骤的实施。对重点研究方向，特别是能形成特色和优势的课题，在学科间协作的基础上，选准结合点与突破口，争取在一些领域内取得重大进展。

申请国家自然科学基金青年项目的体会

湖南大学　方棋洪

国家自然科学基金作为目前国内最具权威性的基金，是我国支持基础研究的主要资金来源之一。参与申请的单位每年多达上千个，申报的项目也逐年增加。国家自然科学基金委员会在2008年度集中受理期间共受理申请项目76 530项，根据评审结果资助了15 105项，其中笔者的项目有幸受到资助。基于笔者和其他若干申请者的经历，本文从选题、申请书撰写和申请书以外的准备工作三方面探讨国家自然科学基金项目的申请经验。

一、选好题目是首要问题

国家自然科学基金资助项目主要支持研究人员在自然科学基金会每年公布的《项目指南》的资助范围之内自主选题，参与竞争。若打算第二年或几年以后申请项目，最好提前研究《项目指南》，确定申请课题的方向。甄选申请课题一般要提前半年以上，备有充分的时间反复筛选目标和创新点。选题时，要和填报的申请代码联系起来考虑。实际上，申请代码不同，即学科组不同，其竞争程度、评阅人和经费平均支持力度也不同。因此，要参考近年来各学科代码下的批复率来考虑选题。本来某些学科申请人已很多，竞争激烈，若无好的基础和很强的创新点，就很难争取到。申请人应当注意不同学部指南内容的“重叠”部分，因为不同学科可能会从不同的视角看待同一个问题。

选题忌讳项目名称重复，即便提出的研究内容与以前资助项目有所不同、有所创新，若名称重复就很难给人新意。所以在项目名称上，首先应给人全新之感。这就要求申请人在申请基金项目前，要查看国家自然科学基金委员会每年出版的《资助项目汇编》，若发现与已申请项目名称重复，则应尽可能从新的视角提出问题。除了题目要新颖，突出新思想、新构思、新理论、新概念、新方法或新技术，研究内容也要新，使评审人耳目一新。同时，既要能使他们看懂，还要能使他们了解一些新的东西。项目题目要大小适中。若选题大而偏泛，就不利于申请基金支持，反之亦行不通。申请书内容不要全部写成将来要做什么，但可以把已经做了还未投稿的研究项目写出来。这样写出来的申请书就会显得很有底气，让评审人觉得可信，同时又有预计的内容。

此外，选题还要结合申报人的基础和特长。科研难题很多，但并不是随便选一个就行，还要结合个人条件进行考虑。选题中要能提出合理、可行的研究途径，使同行专家认为，通过申请人的研究有前进一步的可能性。这就要求申请人有一定相关工作基础，这些一般是通过申请人发表的高水平论文让评审人认可的。因此，选题要结合申报人条件一起考虑。对于青年教师，可结合所在领域或相关领域提出一些题目，请知名专家给予评判，也可根据参加过的国内外学术交流和会议，从大家认可的挑战性问题中选定，还可以从各学科年度评论性文章中指出的前沿性问题中选定。本人今年申请的青年基金项目题目，就是在本人博士生导师和一位长江学者的共同指导下确定的。支持创新是科学基金的一个重要原则，所以项目及研究内容的创新性与超前性是选题时必须认真考虑的。

二、写好申请书是关键

申请书是说明文与议论文的结合写作文体，其目的是说服评审人同意申请计划。申请人应使评审人了解申请书的主要内容，使大同行能看“懂”，小同行能看出水平。撰写申请书时，应站在评审人角度，使之重点突出，层次分明，行文流畅，叙述简明具体，又系统全面，论点与论据充分，有逻辑性，立论令人信服。

申请书的写作始于题目。题目的拟定不是简单地给申请项目取个好听或者好看的名字，而是能否透过现象看本质，通过锤炼而抽象出一个到位的科学问题，使评审人能够确切明白申请项目要解决的问题。摘要部分是展现申请项目特色的地方，要把申请书的精华所在和问题的来龙去脉表达出来。比较好的摘要应该提供比题目更丰富细致的内容，结合项目特色和创新之处，进行概括性叙述，使同行更好地了解申请项目的进一步信息。

报告正文的第一项就是立项依据，包括研究意义、国内外研究现状。即申报人用准确的学术语言将选题的内涵阐述清楚。回答为什么选这个项目，有哪些充分理由，学术意义与学术价值是什么？这是同行评审人是否有兴趣继续读完报告的关键。此外，还要阐述如下问题：什么人在研究，研究了什么，核心科学问题是什么，别人如何进行研究，解决了什么问题，还有哪些问题没解决，哪些问题是别人想到了但没有解决的，申请人考虑怎样解决，哪些问题是别人还没想到的，申请人又是怎么来考虑解决的，这些论述对同行专家判定研究的创新性大小具有重要作用。立项依据的每一句话，都要经得起推敲，体现明确的目的和充分的理由。同时，申请人对申请项目所涉及研究领域的国内外研究状况必须充分地了解，对其学术前沿、进展程度、发展趋势、同行研究新动向等要加以阐述，通过分析国内外研究现状来回答创新性问题。对文献的综述要有个人的理解、分类和评价，这是同行评阅人判定申请人对问题的认识是否清晰的依据。另一方面，文献要有权威性和时效性，申请人的参考文献应多数为近3年国际知名期刊和会议发表的。若文献较多，最好选用该领域国际知名学者的研究结果和观点。论述中引用他人的观点和结论，要将出处标明清楚，使评审人知道哪些是申请人的观点。最后，一定要附上最主要的和最重要的参考文献目录。

拟解决的关键问题。指项目的关键、难点之所在，即问题得到解决后，项目就可以顺利开展下去，而不至于卡壳。所以，需要在随后的研究方案部分给出解决关键问题的方案以及对方案思路的可行性分析。

研究方案及可行性分析。应体现自己的特色，避免一般化，所采取的方案能确保内容的完成和目标的实现。由于此处只是初步构想，若获得批准，一般情况下又必须按照方案执行。因此，方案不一定要写得非常细致，但要有预见性，要慎重撰写。相同的实验手段在解决不同问题、研究不同内容，甚至在不同工作深度中，都会对方案的思路提出不同要求。因此，申请者应该对方案中所涉及的具体方法、技术路线等进行有针对性的考虑和构思，并给出可行性分析。分析的重点应放在方案的思路上进行，针对研究方法要有一定的具体描述，与现有水平相比，要从学术角度体现新的思路，使评审人看到申请人的思想火花。此外，还要根据课题研究的需要，结合课题组和学校的软硬件，论述能够完成该课题的保障条件。

项目的特色和创新之处，也就是创新点。所谓特色创新，即在本项目研究领域中申请者与国内外同行是不同的，也即前人未曾有过的新学术思想、新理论、新的研究方法、手段或应用性结果。这一条比较难写，写不出或者写不好，都会直接影响申请项目的成功率。

论述项目研究基础部分的目的是使评审人对申请人能否完成所申请课题有学术上的可

能性判断。因此，就要尽力展示让评审人对申请人产生信任的材料，包括过去的研究成绩和相关经验积累。其中很重要的一点，就是展示课题组的实力，特别是展示与国内外同行合作的支撑材料，材料应当完整、全面。同时，还应说明是否具备研究所必需的实验设备与条件，特别应说明是否具备必需的有关单位的配合，并在申请书中签字盖章或出具证明。发表的高水平特别是被重要期刊收录或被 SCI 检索的论文，要列有详细目录。

三、做好撰写申请书以外的几件事

①多与国内外同行开展学术交流。各学科要多组织国内学术会议，让同行认识、了解申请人的研究成绩和基础条件。青年教师要多参加国际性的学术会议来宣传自己，取得支持，特别应关注并结交目前正在承担基金课题的同行，他们很可能就是申报题目的同行评议人。

②选择支撑课题开展的、具有不同作用的高级职称人员和适量研究生。注意人员限项的规定，申请课题组中的每一个人都要了解并发挥自己的作用并作出贡献。

③若开展国际合作与交流，最好安排一定比例经费以体现此项目的国际水平。

④申请书要反复修改到挑不出毛病为止。建议请一位或几位熟悉评审人的同行专家读一读。

⑤申请人应该撰有质量比较好的论文。近年要在本专业或相关专业领域里最好的国际期刊上发表科研论文。

本文旨在抛砖引玉，希望能促进科研人员在申请国家级科研课题方面的经验交流、积累与总结，使大家的宝贵经验成为科研界的共同财富，以此促进我国科学技术进步，尽早实现科教兴国的宏伟战略。

参考文献：

[1] 焦楚杰．国家自然科学基金项目申请体会．中国科学基金，2008，22（2）：116-119.
[2] 姚淑云．把好五关提高国家自然科学基金项目中标率．中国科学基金，2007，21（2）：95-96.
[3] 吕群燕，张农，李东，唐郁．青年科学基金相关政策研究．中国科学基金，2008，22（3）：162-166.

国内外研究进展在立论依据中的重要作用

湖南大学　龙述尧

国家自然科学基金主要资助自然科学基础研究和部分应用研究。其资助方针是瞄准科学前沿，促进学科发展，激励原始创新。申请书是各相关领域专家评审的主要依据，也是获得资助的基础和关键。创新是基础研究的核心，重复研究或跟踪研究是没有竞争力的，因此申请人必须在全面了解国内外进展的前提下，结合自身的研究基础提出申请。本文重点论述申请书中国内外研究现状分析在理论依据撰写中的关键作用。

一、撰写立论依据

1. 背景简介

简单的叙述申请项目提出的理论或工程应用背景、理论意义或工程应用价值。这部分内容不宜写得太多，只要说明提出该申请项目的原因，提出该项目的理论（工程应用）背景，对促进本学科的进步和发展的意义。此部分的字数应在100~200字为宜。

2. 国内外进展概述

较详细地叙述国内外本学科发展历史和研究现状。国内外本学科发展历史只需叙述具有里程碑的几个发展阶段及其代表性成果即可，需着重叙述国内外本学科的研究现状，列出本学科当前研究中具有代表性的研究成果及其研究者。

3. 提出有待研究的科学问题

根据背景简介中提出申请项目的理由、理论或工程背景以及国内外本学科发展历史、研究现状，提出有待研究的科学问题和申请项目名称。

4. 简述申请理由和研究内容

由于下文将会详细地叙述申请项目的研究内容，因此，此处只要将研究内容的摘要部分写出，它是前面国内外研究现状自然的延续和必然的结果。这部分内容不必写得太多，切忌使用“国内外第一次提出”、“首先提出”、“国内外首创”等词汇。因为评审人从申请书的国内外发展历史和研究现状部分就能清楚知道该申请项目的前沿性、创新性和重要性。

5. 参考文献

要列出国内外本学科发展历史中具有里程碑式的著作，切忌遗漏国内代表性的著作和研究者，同时还要列出申请者在申请项目范围内已有的研究成果。篇数应控制在30篇之内。

二、对国内外研究进展的论述是立论依据的核心

申请人在准备和构思的过程中，要大量阅读相关领域的国内外文献，尤其是国外的文献。详细了解该研究领域发展历史以及研究现状，在该领域里哪些研究课题已经解决，是用什么理论和方法解决的，提出了什么新的理论和方法，在国内外具有影响力的代表性专家学者是谁，在该领域里还有哪些课题没有解决或只得到部分解决。申请人所提出的研究课题一定要着眼于没有解决或部分没有解决的范畴内，这样申请的课题才瞄准了学科前沿，才能促进学科发展，才能有所创新。

在充分了解国内外研究领域的发展历史与研究现状的基础上，再撰写申请书的立论依据部分。立论依据部分是申请书的核心，因此写好立论依据部分是获得项目资助的关键。正如前面所说的，充分了解研究领域的发展历史与研究现状，是写好立论依据部分的关键，也是写好申请书的关键。

三、申请成功项目举例

项目名称：无网格局部彼得洛夫—伽辽金方法及其在非线性力学中的应用

项目的“立论依据”：

由于有限元法具有通用性和灵活性等优点，在科学计算和工程中应用极为广泛，已成为当前科技工作者最常用的有效计算工具，解决了以前许多用解析方法和实验手段无法探讨的问题。但随着计算对象复杂程度的增加和应用工作的不断深入，有限元法逐渐暴露出本身难以克服的一些缺陷如自锁问题，所求解函数的导数精度低；又如在分析冲压成型、碰撞、冲击等大变形问题时，由于变形过程中有限元的单元网格发生很大变形，有些单元甚至发生有限元法无法分析的畸变，因此分析的每一增量迭代步都必须更新单元信息，重新划分单元，使得模拟或分析这一类问题时很费机时，有时甚至不收敛，使模拟或分析失败；再如分析裂纹扩展这样奇点问题和无限域问题，用普通有限元计算时精度低，分析时并不十分有效；对于三维复杂问题，最突出的缺陷是单元或网格生成等数据准备的前处理占用太多时间，虽然最近在英、美等国出现了功能强大的网格自动生成软件，但把计算模型转换成有限元数据仍然很费机时，且常常会引起大量的数据歧义、丢失和重复，还需大量人工干预。

针对有限元法的主要缺陷，多年来，一些研究者不仅致力于研制功能强大的全自动网格生成软件，不需或只需很少的人工干预就能够把计算模型自动转换成有限元数据，还致力于研制能根据结果自动精细网格的自适应技术软件。但是，这种解决途径仍然没有脱离单元或网格的概念。造成有限元自身难以克服的缺陷的主要根源，是将所研究的问题的区域划分成单元或网格。针对这一问题，自 1992 年以来，又有一些研究者致力于无网格方法的研究。无网格方法不需要在求解的区域内和边界上划分单元，而只需在求解的区域或边界上配置适当数量的节点。简言之，就是只要节点信息而不要单元信息。这样就大大减少了划分单元或重新划分单元的数据准备前处理时间。该申请项目研究的无网格局部彼得洛夫—伽辽金方法便是无网格方法之一。

在国外，尤其是在美国，近十年来无网格方法的研究非常活跃。截至 2002 年底止，发表有关无网格方法的论文约 3 000 多篇，其中绝大部分文章是关于光滑粒子流体动力学，再生核粒法和无单元伽辽金法。在国外文献中提出的无网格方法主要有：1977 年 Lucy 提出的光滑粒子流体动力学（SPH）法[1]，1992 年 Nayroles 等人提出的弥散元法（DEM）[2]，1994 年 Belytschko 等人、1996 年 Organ 等人、1998 年 Zhu 和 Atluri 提出的无单元伽辽金（EFG）法[3-5]，1995 年 Liu 等人提出的再生核粒（RKPM）法[6]，1995 年 Duarte 和 Oden 提出的 HP 云团法[7]，1996 年 Yagawa 等人提出的无网格法[8]，1997 年 Babuska 和 Melenk 提出的单位分解（POU）法[9]，1998 年 Zhu 和 Atluri 提出的无网格局部边界积分方程（LBIE）方法[10]和无网格局部 Petrov-Galerkin（MLPG）方法[11]，1999 年 Liu G R 等人提出的点插值法（PIM）[12]和点组装法（PAM）[13]等等。在上述各种无网格方法中，除 LBIE 和

MLPG 方法之外，其他无网格方法仍需在求解问题的整个区域内划分规则的背景网格以计算积分，因此还不是真正的无网格方法。而 LBIE 和 MLPG 方法则无需这种背景网格，是一种真正的无网格方法。

在国内，近几年来，周维垣、寇晓东以及刘欣、朱德懋、陆明万、张维，宋祖康、陆明万、张维等人提出的无单元法[14~17]开始了我国对无网格方法或无单元法的研究，并取得一些研究成果。周维垣、寇晓东[15]，张建辉、邓安福等人[18]，李卧东、王元汉等人[19~20]，何沛祥、李子然、吴长春[21]等已成功地将无单元伽辽金法应用于求解岩土工程、弹性地基板、筏板基础、电磁场及电场问题，流体力学问题，裂纹扩展和弹塑性问题中，解决了许多用有限元法难以解决或解决不好的工程实际问题。国内近几年来研究的无网格方法主要是无单元伽辽金法。截至 2002 年底止，国内发表的有关无网格方法的论文有 30 多篇，其中绝大部分是研究的无单元伽辽金法及其在工程中的应用。正如前所述，无单元伽辽金法仍需要背景网格用以进行积分，并且难以直接施加本质边界条件。

有鉴于此，申请者本人开始了无网格局部边界积分方程方法的研究[22]并获得了国家自然科学基金的资助（2002 年圆满结题），已取得一些重要研究成果。这种方法不需要背景网格，而且可以方便地直接施加本质边界条件，是一种真正的无网格方法。但是这种方法需要无限空间的边界元方法的基本解和单位域上的“友解”，对于基本解很难求出或根本不存在的问题，以及难于求出“友解”的复杂问题，采用无网格局部边界积分方程方法是不合适的。根据 LBIE 方法的这种缺陷，申请者研究的无网格局部彼得洛夫—伽辽金（MLPG）方法[23]不需要背景网格和单元信息，只需要节点信息也是一种真正的无网格方法。与 LBIE 方法相比，MLPG 方法也不需要基本解和“友解”。因此 MLPG 方法是众多无网格方法中较好的一种。

无网格局部彼得洛夫—伽辽金方法具有无网格方法所具有的优点，即只需要节点信息，不需要任何单元信息，精度高、收敛快，易于实现数值计算。而且特别适用于求解冲压成型、碰撞这一类的大变形非线性问题。在分析这类问题时，只需在每一增量迭代步更新节点坐标值，而无需重新划分单元或网格；也特别适宜于求解裂纹扩展这样的奇点问题，因为可以根据精度要求及任意复杂的路径增加或减少节点，而不会产生处理上的困难。同时，易于在工程中实现智能化的自适应技术，根据某种自适应准则如高斯点处的精度任意增加或减少节点数量。无网格方法也特别适宜于求解相变，流体动力学问题等等。当然无网格方法和任何一种数值方法一样，有其自身优点和最适宜于应用的领域，同时也有某些缺陷，例如计算机计算时间比有限元多。本项目研究无网格局部彼得洛夫—伽辽金方法的性质、计算结果的精度、收敛性和稳定性以及在几何和物理非线性力学中、裂纹扩展问题中的应用。

参考文献：

[1] Lucy L B. A numerical approach to the testing of the fission hypothesis. The Astron. J. 1977, 8 (12): 1013-1024.

[2] Nayroles B, Touzot G, Villon P. Generalizing the finite element method; diffuse approximation and diffuse elements. Comput Mech, 1992, 10: 307-318.

[3] Belytschko T, Lu Y Y, Gu L. Element-free Galerkin method. Int J Num Meth Eng, 1994, 37: 229-256.

[4] Organ D, Fleming M, Terry T, Belytschko T. Continuous meshless approximations for non-convex bodies by diffraction and transparency. Compt Mech, 1996, 18: 225-235.

[5] Zhu T, Atluri S N. A modified collocation & a penalty formulation for enforcing the essential boundary conditions in the element free Galerkin method. Compt Mech, 1998, 21: 211-222.

[6] Liu W K, Jun S and Zhang Y F. Reproducing Kernel particle methods. Int. J. Numer. Methods Engrg., 1995, 20: 1081-1106.

[7] Duarte C A and Oden J T. Hp clouds —— a meshless method to solve boundary-value problems. Technical Report 95-05. Texas Institute for Computational and Applied Mathematics. University of Texas at Austin, 1995.

[8] Yagawa G, Yamada T. Free mesh method, A new meshless finite element. Comput Mech, 1996, 18: 383-386.

[9] Babuska I and Melenk J M. The partition of unity method. Int. J. Numer. Methods Engrg, 1997, 40: 727-758.

[10] Zhu T, Zhang J D, Atluri S N. A local boundary integral equation (LBIE) method in computational mechanics and a meshless discretization approach. Comput Mech, 1998, 21: 223-235.

[11] Atluri S N and Zhu T. A new meshless local Petrov-Galerkin (MLPG) approach in Computational mechanics. Comput Mech, 1998, 22: 117-127.

[12] Liu G R and Gu Y T. A point interpolation method. In Proc 4th Asia-Pacific Conference on Computation Mechanics, December, Singapore, 1999, 1009-1014.

[13] Liu G R. A point assembly method for stress analysis for solid. In Impact Response of Materials & Structure, Shim V P W et al Eds, Oxford University Press, Oxford, 1999, 475-480.

[14] 周维垣，寇晓东．无单元法及其工程应用．力学学报，1998，30（2）：193-202.

[15] 周维垣，寇晓东．无单元法及其在岩土工程中的应用．岩土工程学报，1998，20（1）：5-9.

[16] 刘欣，朱德懋，陆明万，张维．平面裂纹问题的 h，p，hp 型的自适应无网格方法的研究．力学学报，2000，32（3）：309-317.

[17] 宋康祖，陆明万，张雄．固体力学中的无网格方法．力学进展，2000，30（1）：55-65.

[18] 张建辉，邓安福．无单元法（EFM）在筏板基础计算中的应用．岩土工程学报，1999，21（6）：891-695.

[19] 李卧东，王元汉，谭国焕．无网格法在弹塑性问题中的应用．固体力学学报，2001，22（4）：361-367.

[20] 李卧东，王元汉，陈晓波．模拟裂纹传播的新方法——无网格伽辽金法．岩土力学，2001（1）：456-459.

[21] 陈虹，林建华．用无单元法求解河道水流运动方程．计算力学学报，2001，20（2）：250-252.

[22] 龙述尧，许敬晓．弹性力学问题的局部边界积分方程方法．力学学报，2000，32（5）：566-578.

[23] 龙述尧．弹性力学问题的局部 Petrov-Galerkin 方法．力学学报，2001，33（4）：508-518.

加强科学基金管理　促进科研水平提升

湖南理工学院　王家合

近年来，湖南理工学院紧紧抓住高校科技创新发展的大好机遇，不断加强科技创新平台建设和人才队伍建设，深化科技创新机制和体制改革，促进产学研合作，推动成果转化和产业化。在此基础上，我院承担的国家和省自然科学基金项目从无到有，数量逐年增长，管理也日趋规范，自然科学基金管理与科学研究水平相互促进，实现了两者之间的良性循环。

一、自然科学基金管理的主要成绩

截至 2008 年，我院共获国家和湖南省自然科学基金项目 48 项。自 2003 年我院省自然科学基金项目数量实现零的突破后获得快速增长，2005 年以来，每年都获得国家自然科学基金项目，其中 2007 年获得 2 项，2008 年获得 5 项，还多次获得省科技厅自然科学基金管理先进单位、先进个人，省教育厅高校科研先进管理单位等荣誉称号。

从科研团队优势上看，我院现代分离技术及应用科研科技创新团队近年来在科研科技创新方面取得了比较突出的成绩。2005 年以来，现代分离技术及应用科研科技创新团队共完成科研项目 11 项（其中国家级 2 项，省部级 9 项），获省部级以上科研成果奖 2 项。现承担科研项目 14 项（其中国家级 4 项，省部级 6 项，总经费约 358 万元），发表学术论文约 120 篇（其中 SCI 收录 50 篇，EI 收录 40 篇，ISTP 收录 5 篇），编写教材 1 部。该团队承担的主要自然科学基金项目统计见表 1。

表 1　现代分离技术及应用科研科技创新团队主要科研项目（经费单位：万元）

项目名称	来源及编号	经　费	鉴定验收或应用情况	团队成员
中空纤维支载液膜双有机相手性分离药物对映体的研究	国家自科基金项目 20376085	23.0	已结题	唐课文
支载液膜双有机相手性萃取分离药物对映体的研究	省自科基金重点项目 04JJ20002	5.0	已结题	唐课文
对映体膜萃取高效分离理论研究	省自科基金项目	2.0	已结题	唐课文
分子识别中空纤维膜萃取分离天然产物活性单体研究	省自科基金项目 2004JJ3064	2.0	已结题	易健民
掺钇锆酸盐 - TiO：复合光催化剂的制备与可见光解水制氢研究	省自科基金项目 05JJ30018	2.0	已结题	阎建辉
双相（O/W）识别手性萃取分离对映体的研究	国家自科基金项目 20776038	36	2008.1 ~ 2010.12	唐课文
分子识别中空纤维膜分步萃取分离天然酯型儿茶素的研究	国家自科基金项目 20576029	32	2006.1 ~ 2008.12	唐课文
单一光学异构体拟除虫菊酯中间体制备技术研究	国家自科基金项目 20676028	28	2007.1 ~ 2009.12	易健民

续表

项目名称	来源及编号	经　费	鉴定验收或应用情况	团队成员
新型稀土掺杂的钛酸铋铁电工能薄膜材料的研究	国家自科基金项目 50774034	31	2008.1～2010.12	陈　敏
水氯镁石制备无水氯化镁新工艺及过程动力学研究	省自科基金项目 07JJ3096	10.0	2008.1～2010.12	周宁波
RESS过程中颗粒形态控制及传递特性的研究	省自科基金项目 07JJ3016	10.0	2008.1～2010.12	易健民

二、自然科学基金管理的主要体会

1. 建构科技支撑体系是开展自然科学研究的重要基础

我院合并八年多来，以7个省级和30多个校级科研机构为基础，初步形成了科技创新支撑体系，并协调发挥各自的功能作用。一是基础研究和应用基础研究体系，开展知识科技创新。主要包括已经粗具规模的4个省级重点建设学科基地和校级从事基础研究和应用基础研究的研究所和实验室。二是以工程科技为主的应用研究体系，开展技术科技创新。主要包括省级工程中心、省级普通高校示范实验室和学院的一些从事应用研究的研究所、研究中心和实验室，以及一些产学研基地和高新技术公司。支撑体系的初步形成，为提高学院的自然科学知识科技创新、技术科技创新和理论科技创新提供了坚实的平台。

2007年3月，经省科技厅批准，学院与湖南长岭石化科技开发有限责任公司共同建设“湖南省石油化工催化工程（技术）研究中心”。2007年，省科技厅给予工程（技术）研究中心50万元资助，市科技局给予50万元配套资助，共计100万元。按学院与湖南长岭石化科技开发有限责任公司签订的合同规定，学院将得到50万元资助工程（技术）研究中心实验室建设。在工程（技术）研究中心平台上，学院研究人员积极开展催化裂化等方向科研项目的实验室研究，并取得了一定成绩。将来，工程（技术）研究中心主要是靠通过该技术平台申报省级和国家级重点或重大自然科学基金项目获得资助经费来进行实验室建设和科学研究。

2. 加强人才队伍建设是开展自然科学研究的前提条件

近年来，我院充分认识到学科建设在教育教学中的龙头作用，进一步凝练了学科方向，调整学科布局，并尽可能地加大投入，构筑学科基地，在学科建设上也取得了一定的成绩。在此基础上，会聚了学术队伍，营造了有利于科技创新的良好环境。

学院大力实施“人才强校”战略，全面贯彻“立足培养，积极引进，提高层面，为我所用”的人才队伍建设方针，坚持引进与培养并重、引才与引智并举，构筑人才高地。近年来，我院积极引进高学历、高职称人才，有计划选送中青年教师攻读硕士、博士学位或进修深造，并结合学科专业建设需要聘请校外专家、教授常年任教。教师队伍的学科结构、学历结构和职称结构得到明显改善：正高职称专业技术人员92人，副高职称专业技术人员281人，具有博士学位的教师46人，具有硕士学位的教师380人；其中，省级教学名师3人，省级学科带头人及培养对象6人，入选省新世纪121人才工程15人，省级青年骨干教师及培养对象68人。人才的集聚为自然科学基金项目的申报和研究提供了坚实的中坚力量。

3. 服务地方经济和社会发展是自然科学研究的基本方向

我院近年来牢固树立“教学质量立校，科学研究强校”观念，紧密结合学科建设和人才培养，紧密结合地方经济社会发展需要，积极倡导、鼓励、支持教师开展自然科学研究。在科研方向上，坚持以应用性、开发性研究为主，重视基础性研究、原创性研究和科技创新性研究，突出为地方经济建设和社会发展服务。

为有效推动自然科学基金研究成果的产业化，学院先后与湖南汇智科技有限公司、三生化工有限公司签订了项目合作协议，这些合作项目都取得了比较好的经济效益和社会影响。目前，比较有成效的产学研合作项目主要是与湖南汇智科技有限公司、三生化工有限公司、湖南景达生物工程有限公司和湖南省血吸虫病防治研究所的合作。

与湖南汇智科技有限公司合作的“油浆固液分离技术研究及优化设计”项目已按计划顺利完成，并在陕西神木油田公司和山西一家化工公司成功投产应用，得到用户好评；与三生化工有限公司合作项目“清洁燃料型 FCC 助剂的研究及开发”进展顺利，项目组成员完成了项目合同中的第一阶段任务——催化剂的制备；与景达生物有限公司联合申报的项目获国家重点项目资助，资助金额为 280 万元，目前项目进展顺利，有望提前结题。

4. 提高科研服务和管理水平是自然科学基金管理的有力保障

科技处是科技创新管理的职能部门，所以，加强科研管理队伍的建设，强化管理人员的服务意识，提高科研服务质量，是科技创新和优化自然科学基金管理的有力保障。

合并建院以来，由科技处牵头，学院在学科建设方面统一规划，创新科技管理体制，实行分级管理、分类指导，重点抓好凝练学科方向，会聚学科队伍，构建学科基地，分层次建设一批重点学科，为自然科学研究搭建科技创新平台。与此同时，学院高度重视科研工作的制度化、规范化。近年来，我院从实际出发，逐步形成了一整套科研管理体制，强化科研激励措施，制定了《湖南理工学院纵向科研项目经费配套资助办法》、《湖南理工学院横向科研合作项目管理办法》、《湖南理工学院科研经费管理办法》、《湖南理工学院科技成果奖励条例》等一系列科研管理文件。2007 年底，我院又根据学院发展实际对各项文件进行了修订，并新制定了《湖南理工学院科研团队建设与管理办法》、《湖南理工学院加强课题培育、实施项目预研制度管理办法》等文件。这些政策措施为我院的科研科技创新工作又好又快发展提供了制度保障，有效地激发了全院教师从事自然科学研究的热情。

三、自然科学基金管理的奋斗方向

我院今后将进一步牢固树立“教学质量立校，科学研究强校”观念，紧密结合学科建设和人才培养，紧密结合地方经济社会发展需要，积极倡导、鼓励、支持教师开展自然科学研究；坚持产学研相结合，着力增强自主科技创新能力，加强科研平台建设，关注特色研究，加强应用研究，推进科技创新，促进科技成果转化，充分发挥人才、学科和科技综合优势，主动全面深入地为地方经济建设和社会发展服务。

1. 在科研方向上，坚持以应用性、开发性研究为主，重视基础性研究、原创性研究和科技创新性研究，突出为地方经济建设和社会发展服务

重点加大自然科学研究的力度，着力提升自然科学研究的实力和水平，形成 3 ~5 个在省内外乃至国内外有一定影响的研究方向。

2. 依托地方区域经济优势，主动服务地方经济建设

一是拓宽社会服务领域，提高社会服务水平。充分利用学院在化学化工、土木工程、

机械制造等学科的专业技术优势，在市场经济中寻找更多的机会，积极开创为地方经济服务的新路子，在服务实践中不断创新科技服务模式，提高服务实效，努力建立稳定、长效的服务机制，促进学院科研与区域经济的良性互动。二是充分利用岳阳作为全国化工名城的资源优势，继续深化现有技术合作项目的力度和广度。在学院与湖南长岭石化科技开发有限责任公司共同建设的“湖南省石油化工催化工程技术研究中心”的技术平台上，积极开发出具有工业化前景的项目。

3. 加强环洞庭湖区域科技服务

进一步深化血吸虫病的防治研究成果。“十一五”期间，进一步加强与湖南省血吸虫病防治研究所联合组建的“血吸虫病防治联合研究中心”建设，完成好“血吸虫病防治疫苗”的研制工作以及新型灭螺药物、治疗血吸虫病药物的研究工作，力争自然科学基金项目研究成果实现新的突破。进一步加强洞庭湖区域特色研究，加强旅游资源、文化资源的开发。进一步建设好“洞庭湖旅游经济研究所”和“洞庭湖环境与经济发展研究所”，组织力量对洞庭湖区的生态环境、旅游资源、农业经济等进行系统研究，力争推出一批在省内外有一定影响的研究成果，促进洞庭湖区域经济持续健康发展。

4. 加强现有湖南省工程技术研究中心建设

积极创造条件，为将省级工程技术中心建设成为高水平的炼化工程研究中心做好准备。加强院内科研力量整合，发挥校企联合优势，凝练学科方向，逐步形成3~5个在省内外有一定影响力的学科科技创新团队，争取在“十一五”期间新增2~3个省级科研基地。

5. 努力争取国家和省自然科学基金项目数量有新的突破

今后5年力争承担国家级科研项目不少于10项，省部级项目不少于50项，纵向科研经费达到600万元。同时注重提高课题质量和效益，争取出大成果、出精品，提高科研成果的影响力和转化率。

6. 推动科研成果及学术成果的发展与创新

今后5年力争公开发表自然科学学术论文2 000篇以上，其中SCI、EI和ISTP收录论文150篇以上，出版学术专著60部以上。并努力获取一批省部级以上科研成果奖，争取到2010年获得2~3项湖南省科技进步奖。

申报国家自然科学基金项目存在的问题与对策

中南林业科技大学　闫文德　张　江

近年来，国家自然科学基金委员会受理的自然科学基金申请项目逐年增多（如图1），但基金委的项目资助率并没有同步增长。2005年项目资助率为18.39%；2006年、2007年项目资助率分别为17.30%和17.85%，均低于2005年；2008年项目资助率有所增加，达到19.30%。可见，基金委的项目资助率这些年基本上维持在18.3%左右。另一方面，每年申报的项目数却呈直线上升（见图1），这实际是科技竞争越来越激烈在国家自然科学基金项目申请过程中的反映。如何能在激烈的竞争中脱颖而出，提高项目申请的中标率，是每一个申请项目的科技工作者所关注的焦点问题。

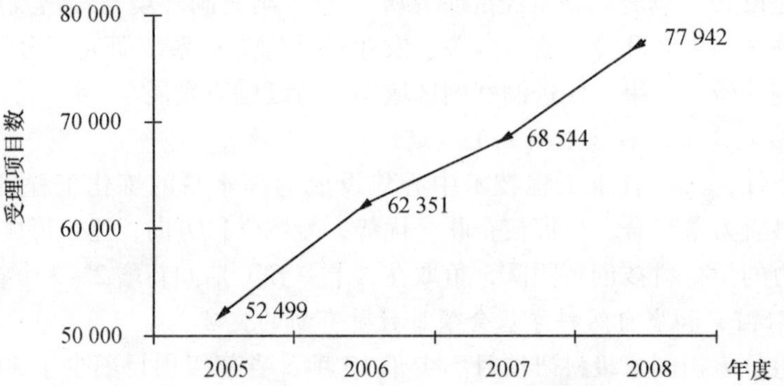

图1　近年来国家自然科学基金委受理申请项目总数

（数据来源于2005～2008年国家自然科学基金资助项目统计资料）

一、自然科学基金申报管理的新变化

2008年自然科学基金申请主要有三个新的变化[1]：

（1）资助格局调整。将青年科学基金和地区科学基金调整到人才系列，以减少对申请者团队和研究基础的要求，让有创新潜力的人获得重要的起步经费；同时，有利于凝聚优秀人才，促进区域协调发展，避免欠发达地区的人才流失。青年科学基金的资助政策扩大了资助规模，稳定了资助强度，争取资助率有比较大的提高。这正是2008年基金委项目资助率提高到19.30%的原因。

（2）接收时间调整，限制评审项数。集中接收时间比以往提前了11天，使通讯评议专家有了更长的评审时间，以保证评审质量。同时，继续对专家评审面上项目、青年基金和地区基金的数量进行刚性限制，同一学科送给一个评审专家的申请不能超过15项，全委不超过30项。

（3）复审程序完善。提请复审者不再需要通过依托单位提交申请，体现了自然科学基金评审的公开与公正。2008年基金申请政策的调整一方面有利于提高项目资助率，另一方面更能体现公平、公正的原则，因此对广大科技工作者通过公平竞争，提高中标率是十分有利的。

不论科研基金申请政策如何变化，科研项目申请书的撰写都是获取科研项目最重要的环节。在申报科研项目过程中，申请者没有机会向评审专家口头介绍自己的工作设想及研究思路，展示自己的工作水平和研究基础，只能以申请书或可行性论证报告的形式表达出来。因此，撰写项目申请书是项目申报过程的一个重要环节，申报的项目最终能否中选，很大程度上取决于项目申请书撰写的优劣[2]。如何提高自然科学基金项目申请书的撰写水平与质量、提高项目获准率是高校科研管理工作的重点之一，虽然国家及省自然科学基金的申请书不尽完全相同，但大的栏目和要求是一致的。现就自然科学基金项目申报中存在的问题做一阐述，并针对这些问题给出一些建议以供参考。

二、自然科学基金申报过程中的常见问题

1. 项目申请形式

很多项目申请人没有认真阅读当年的项目指南和各种管理条例，对基金的项目类型、各类项目要求、申报程序、评审程序、实施管理、经费管理及结题管理等不了解，常常出现诸如超龄申报基金、项目组人员参加项目超标、经费预算违反规定、项目申请手续不全等形式上的问题，导致在初审中就被淘汰。

如经费预算的问题。国家对项目经费的使用作出了明确规定，研究、管理、劳务、国际合作与交流等相关费用要按照所规定的比例进行分配。在进行项目申请时不能违背其分配比例，如面上项目国际合作与交流费用≤15%，如果超过了则被视为经费预算不合理，不会给予资助。第二是经费预算超出资助范围。有人认为所申请的经费一般都会被砍掉一部分，因此就多写了一些，但经费如果超出了当年的平均资助金额，申请同样得不到支持。

项目组成员在层次上一般呈金字塔形，高职称的人数少，避免出现超项问题，如国家自然科学基金就有副高职称以上者只能参加二项的规定。在人数上，大的项目一般不要多于8人，小的项目最多5人，太多不好安排和协调。此外，还要得到每一位参加者的同意，不能冒名代签[3]。

2. 项目申报内容

（1）选题。自然科学基金资助的范围是基础性研究，包括基础研究和应用基础研究，是揭示自然界普遍规律、基本原理和自然现象运动本质的理论性工作，一般不资助应用研究，不资助产品开发[4]。因此，选题时要充分了解国内外科技发展现状与动态，瞄准科技发展前沿或结合国家战略发展需求，开展具有重要科学意义或重要应用前景的基础研究，开展前瞻性、创新的探索性研究。在选题时首先考虑是否属于资助范围，同时能否体现研究价值。题目的大小要适中，要富有特色。能够突出与以往研究基础的不同和继续向纵深层次开展的探索，而不是重复、跟踪研究。项目名称要确切，主题要明了。在项目名称有限的字数内让评审专家能够明白申请者具体要做什么研究，用什么研究方法，拟解决什么科学问题等。申请者在填写学科代码时要贴近申请的主题，与申请项目内容相一致，避免选错评审范围，尽可能为自己寻找到合适的同行评议专家才能提高获准率。

（2）立论依据。常见问题主要有立论依据不足，科学意义和应用前景不大，对国内外进展了解不够，对选题的内容和意义阐述不充分等。

立论依据，就是为什么要做这项研究。它主要包括：申请项目的研究意义、国内外研究现状及其发展趋势、研究中出现的难题、预计突破的理论和实际问题等。立论依据要求所参考和引用的观点、资料必须是最新的（经典文献除外）。要让评审专家看过后有耳目

一新之感，认为抓住了当前科学前沿的重大问题和亟待解决的问题。

(3) 研究内容。常见问题为：研究内容太多、太分散、深度不够，重点不突出，关键问题不当或不明确，与研究目的不符等。

(4) 研究方案。常见问题依次为研究方案不科学，研究方案过于简单，研究方法不当等。

研究方法和技术路线不合理，一是研究方法手段过于一般化，无先进性和创新性可言；二是申请书中方法不具体，技术路线不清楚，特别是对可能遇到的问题和解决方法更是论述无力；三是方法和技术路线都很先进成熟，但因其涉及技术诀窍或是专利，申请人怕泄密，就故意写的含含糊糊，使得评审专家认为技术路线不清。实践中最大的问题是用空话、套话等空洞抽象的方式来叙述，使人看不出方法、路线及其特点，看不出先进性和可行性，以至怀疑项目的可行性。

(5) 研究成果。研究成果预测不现实或创新性不够。有的夸夸其谈说一年内就能发表几十篇 SCI 文章，这是不现实的。而且预期目标不能仅简单在权威或 SCI 杂志上发表几篇论文，一定要阐述项目完成时可能获得成果的内容，要预测对学科发展和人才培养的贡献。

(6) 研究基础。该部分包括现有的主要仪器设备、研究技术人员及协作条件等。研究基础是指针对该研究项目所做的基础性工作，如收集资料、初步分析实验、初步计算推理等，是指过去为该项目做了什么工作，达到什么程度和指标。实践中，出现问题最多的是把研究基础与近期发表的与项目有关的主要论著目录和科研成果名称、出处及获奖情况混淆起来，仅罗列发表的论文、著作及获奖情况等，让人难以清楚看出申请者为申请项目原来做了哪些基础工作，他们之间有哪些内在联系，以致影响评审者对申请者原工作量、工作能力的认识与了解。

三、成功申报自然科学基金的几点建议

自然科学基金申报成功与否有赖于申请书的质量，而申请书撰写的好坏与申请者自身科研素质、工作基础和技术储备等因素有关。因此，科技工作者，特别是学科带头人或项目主持人，要申请自然科学基金项目，首先必须明确国家经济发展的政策方针和近期科技工作重点、我国科技计划管理体系、本学科及领域发展前沿，进行科学定位，寻找合适的切入点，此外还要加强自身知识的积累和经验的总结，树立严谨的治学态度和实事求是的科学精神。

1. 严把形式审查关

申报项目前首先要认真阅读申报指南，了解其相应的管理办法，尽量避免原则上的失误。要与基金管理部门保持紧密联系，只有相互沟通才能更好地提高项目申报起点。申报单位管理部门特别要注重形式审查，以免浪费本单位的申请指标。

2. 内容上要做到“新”、“实”

科研选题是从事科学研究的第一步，也是关键的一步。选题的第一原则是科研选题要新，要符合项目申报指南，要体现投资者意志。自然基金特别是省级基金以资助应用基础研究为主，选题首先应紧紧围绕学科发展关键因素和生产当中存在的难点和重点问题，从基础研究的角度探讨其机理机制，而不必刻意追求高、精、尖[5]。

研究方案要合理，研究方法和技术路线强调要具体翔实，需要分步骤、分阶段依次写

清楚，让评审专家能够一目了然。要分析本项研究的可行性，提出达到预期目标的可能程度。一般基金都会优先支持那些有过前期研究的项目以及有相关研究的项目。最好有材料说明，需说明相关的实验条件，特别对那些实验中需要的条件要加以说明，对不具备的条件也要进行说明，并告知如何处理。如果满足申请项目需要的条件太多太大，需要别人帮助的东西太多，一般不可能获得项目，建议不要设计这样的项目。年度研究计划要合理安排，一般根据自己的需要来安排，不要随意做出。

要提出合理的预期目标和创新性评价。由于应用基础研究具有一定的探索性和不确定性，目标多以培养人才和发表高水平论文为主。对于预期成果，不要过分，一般根据经费的数量来决定。一篇核心期刊的论文一般需要投入经费3 000～5 000元，林学方面SCI论文需要投入10万元，而且也不是投入了这些经费就能得到相应的论文，因此成果的取得要合理，不要虚高。基础研究的成果主要是理论上的论文和专著。总的来说项目内容要新颖，要体现求真务实的态度，做到实事求是。

3. 进行预评审

高校科技处应组织有经验的校内外专家，对提交的基金申请书进行预评审，对项目的研究意义、研究内容、研究方案、特色与创新之处和课题组的研究能力等方面提出意见和建议。申请者对专家提出的意见和建议，可以有针对性的进行修改和补充[6]。

4. 重视申请书撰写中的表述方法

注意命题要准确、醒目、明了、贴切，能够体现出本项目的主体研究内容，尽量避免和减少抽象名词、形容词的应用，如“……的基础研究”，或“对……的研究探讨”；同时要避免大帽子扣小人现象，即题目过大，好似涵盖了该领域大多工作，而真正开展的研究内容却很小。

项目摘要是对整个项目精髓的提炼。摘要的撰写，一般应按照“本研究针对……开展……工作，用……方法，解决……问题，预期得到……结果，对……有指导意义或为……提供理论依据”的格式书写；当然，也可以按其他格式写，但要交代清楚3个问题，即科研和生产中的问题、主体研究内容以及通过立项研究达到的目的和意义。

在立论依据的叙述过程中，文字要准确，不能用“似乎”、“可能”等模糊语言和“有提高”、“有增加”等不准确的表达方式，尽量给出准确数字进行定量说明。英文要流畅，不用那些晦涩难懂的直译长句。注意英文缩写之前要给出英文全称，在叙述中勿出现太多的英文缩写，让人糊涂。每个观点的引证必须标注出处，列出的参考文献必须按规范书写。值得强调的是，申请者千万不要将申请书写成“研究工作很有意义→国际上的大致研究状况→没人报道或研究→所以要研究它”形式，这样的项目缺少深度[7]。

研究方案包括试验材料、实验方法、数据采集范围及分析统计方法和整体研究思路，最好利用框架图来表述整个研究过程和体系。

预期目标的撰写，通常采用通过研究得到……结果，明确……在……刊物发表论文……篇，鉴定成果……项，培养……名硕（博）士等。

研究的创新点主要阐明自己与他人研究的不同之处，或者是项目本身的特点和特色，而不能随意用“填补空白”或“能够达到……领先或先进水平”之类的词语来表述。

要文和题相符，是理论还是计算方面的研究要分清。有的申请者没有清楚其要做的事，或自己清楚，而没有写清楚。在文字方面，注意不应出现多于两个错别字，文字要通顺，标点符号要正确使用，不要让专家感到读起来费劲和不理解。

总之，如果确信自己选题具有创新性和完全能实现，就一定要认真撰写自然科学基金项目申请书，注意内容与技巧的统一，就可能获得自然科学基金的资助。

参考文献：

[1] 王翔宇，姜红，黄锦培，等．从同行评议看国家自然科学基金申请书的常见问题．中国科学基金，2007：242-243.

[2] 林清．怎样撰写好自然科学研究项目申请书．广西师范学院学报（自然科学版），2005，22（4）：78-82.

[3] 孙占峰．科学规范 求真创新——浅谈国家自然科学基金项目申请书的撰写．中国高校科技与产业化，2007（5）：42-43.

[4] 陈霞，李顺国，董文琦，等．自然科学基金项目申请书的撰写探讨．河北农业科学，2005，9（3）：111-113.

[5] 姜清奎．国家自然科学基金申请落选原因分析及对策探讨．科技与管理，2007，5：104-106.

[6] 江虎军．谈国家自然科学基金项目选题及如何写好申请书．中国生物化学与分子生物学报．2006，22（3）：262-266.

湖南省科学基金申报与联合基金项目管理

吉首大学　田启建

湖南省吉首大学创建于1958年，校址在湘西土家族苗族自治州的州府吉首市，是湘鄂渝黔四省（市）边区交界处唯一的一所省属综合性大学（湘西自治州分别与贵州省铜仁地区、重庆市黔江地区、湖北省鄂西土家族苗族自治州接壤），也是湖南省唯一进入西部开发范围的高校。办学50年来，吉首大学立足湘西，以服务地方经济、促进科技进步和社会发展为己任，建立了一批特色鲜明、特点突出的重点学科，如生态学、民族学、中国少数民族经济学、民族传统体育学等。这些学科的研究水平在湖南省处于领先地位，在国内学术界也得到了认可。

为积极配合国家西部大开发战略，充分利用学校的科研资源，促进学科建设，加快人才培养，吉首大学积极响应湖南省基金委的号召，于2003年建立了湖南省自然科学基金吉首大学联合基金。

自然科学基金资助项目已成为吉首大学基础研究的主体和科研经费的主要来源。由于有自然科学基金的支持，学校的基础性研究充满活力，保持和发展了学校的特色和优势，提高了学校的科研水平和学术地位，促进了学校的学科建设。在新形势下，地处边远山区、有“平民大学”之称的吉首大学要想在激烈的科学研究竞争中拥有一片立足之地，不仅需要有自己的优势特色学科和优秀人才，更要有高水平的科研项目作为支撑。笔者对吉首大学在湖南省自然科学基金申报、管理中的基本情况进行分析，以期为促进基金立项和管理研究提供依据。

一、学校获得省自然科学基金资助的总体情况

吉首大学是办在湘鄂渝黔四省（市）边区的具有地方性、民族性的省属综合性大学，集科研、教学和服务地方经济于一体，是湖南省最边远的一所高校。从2000～2007年，学校共获得省自然科学基金资助43项（包括面上项目、青年项目和联合基金项目），其中2000年1项，2001年3项，2003年11项，2004～2007年每年都获得7项（2003年比较特殊是我校执行联合基金的第一年，立项较多）。8年来共获得资助总经费达105万元。除2002年没有获得资助项目外，其他每年均有，并呈逐年上升而后趋于稳定的状态。

二、学校在省自科基金申报和管理中的体会

1. 加强基金管理机构建设、基金管理员培训，做好宣传服务工作

湖南省响应国家自然科学基金委号召实行了科学基金制，但吉首大学许多教职员工仍然不了解有关政策和科学基金制的内涵。由于科学基金委员会的工作是面向全省，与任何单位都没有隶属关系，每年只有通过发布项目指南、申请公告，制定相应的管理制度，编写各种汇编材料等方式组织项目的申请实施工作，学校地处边远山区，信息闭塞，缺少沟通，教职员工很少能有机会得到这些资料了解相关信息。因此，科技处基金管理人员的宣传服务工作必须贯穿于申请立项和项目实施全过程之中。为此，学校科技处专门设立了“自然科学基金办公室”，长年为广大教职员工提供全方位、全过程的咨询服务，并采取多种形式，对基金管理人员进行培训，熟悉自然科学基金项目的各项管理业务，以不断提高

自身的管理水平。同时，科技处还特别注重对学校自然科学基金管理工作中出现的带全局性、政策性的问题进行分析，探讨加强管理的新政策、新办法，不断完善自然科学基金项目的管理。譬如我校采用了成果收购的办法进行纵向项目经费配套，即结题后拨付配套经费，这样既能充分调动科研人员的科研积极性，又能起到督促作用，保证项目顺利结题。

2. 营造科学创新环境以加强前期申报管理力度和提高资助率

创新是自然科学基金项目的灵魂，只有创新性的工作才有竞争力，没有创新就没有发展。自然科学基金项目学术水平高、难度大、评审严格、竞争激烈，能否获得资助、资助率高低，关键在于选题。学校每年省自科基金申请项目数基本稳定在30~40项，要获得尽可能多的资助项目，必须提高资助率。为此，学校综合考虑各类因素，增加了人才引进力度，专门设立了人才引进科研经费和校级科研课题，资助有创新性学术思想的研究项目，为申请国家和湖南省自然科学基金打基础；同时，还加强在职人员的培训和知识更新，学校与多个校外机构建立了学术交流和技术合作联系，每年派出200多名专业技术人员外出学习、考察和参加学术会议。

在自然科学基金申报项目的选题上，我们注意发现、选择、组织有创新性研究前景的课题申请科学基金，结合自身和学校的优势，选准研究方向，瞄准国际、国内前沿，提出有新的学术见解和独到之处的申请项目，并采取情报检索查询、同行专家及学术委员会把关等措施，增强申请项目的竞争力，力求申请项目能以新取胜，以优取胜，譬如在已经获得资助的项目中，以湘西本地资源为题材的项目占了70%以上，主要包括植物资源研究、矿产资源研究、农产品加工基础研究等等。植物资源又重点集中在湘西最具特色的药用植物、珍稀藓类上面。

3. 抓好科学基金的中、后期管理，提高科学基金的整体效益以促进学科发展

科学、规范的管理是提高管理工作效益的关键，管理体制和管理办法是加强科学基金管理的保证。我们重点抓好基金项目管理过程中关键环节的管理，注重强化年度进展报告、结题报告等报表的及时性、准确性和严肃性；采取措施，提高资助项目研究成果、学术论文的标注率；选择取得高水平成果项目进行重点跟踪。此外，每年定期召开一次全校自然科学基金工作会议，分析总结本年度科学基金申请、执行、结题的情况，交流经验，表彰先进，动员下一年度的自然科学基金申请工作，要求主管科研的副院长、科研管理人员和科研骨干参加，并负责院系宣传工作，从而使自然科学基金的有关规定、管理办法为大家所了解、接受，密切沟通了管理部门与科学基金申请者受资助者之间的关系，加强了学校自然科学基金项目的管理，使科学基金项目管理做到了规范化、程序化、科学化，对保证自然科学基金工作的质量起到了积极作用。

在课题实施阶段，学校不仅对工作提出严格要求，而且从人员和物质上为完成研究任务创造良好条件。各级领导将课题的实施工作列入议事日程，加强指导协调和督促检查，发现问题及时研究解决，保证了课题计划的顺利实施。学校从紧缺的经费中拨出专款购买一些科研急需的大型设备，以确保课题按期完成。实行课（专）题负责人责任制。专题负责人向课题负责人负责，课题负责人向主管部门负责，明确分工，责任到人，经费到位。项目负责人把自然基金课题当作自己的一项任务，相互支持，协力攻关。实验中心、重点实验室等部门也积极主动提供服务，优先满足基金课（专）题研究工作的需要。

三、联合基金项目的申报与管理

1. 联合基金项目的载体功能得到充分体现

项目是科学发展的前提，基金是科技创新的源泉。吉首大学基金管理工作人员“咬”住联合基金项目不放松，不论是从项目挖掘到组织申报，还是从指导老师写标书到认真组织初审，工作人员均严格要求，取得了非常显著的效果。

首先，学校联合基金项目申报数量和立项数呈上升趋势，立项率非常稳定。5 年来，学校共申报联合基金项目 99 项，立项 33 项（包括 2 项指导性项目），经费 62 万元，立项率达到 33%。其中 2007 年申报 25 项，立项 7 项；2006 年申报 22 项，立项 5 项；2005 年申报 18 项，立项 5 项；2004 年申报 20 项，立项 5 项；2003 年申报 14 项，立项 11 项（2003 年是我校执行联合基金的第一年，比较特殊，立项较多，其中包括 2 项指导性项目）。

其次，基金项目广度、深度进一步提高，科学研究水平不断提升。2003 年，我校申报的基金项目主要集中在湘西主要资源的研究上，通过几年的发展，基金研究项目的论题涵盖了生命科学、工程材料学、数理学、化学、区域旅游学、经济管理学等多个领域。除此之外，我校所立项目中有四个课题的继续研究得到了国家自然科学基金的资助，研究水平达到国内领先。

2. 基金项目完成出色，项目成果水平不断提升

学校一手狠抓项目立项管理，一手狠抓项目质量管理，不断强化科研人员的科研责任感，培养科研质量意识，做好引导、监督、检查每一环节，有效增长了科研成果的产生数量，明显提高了基金项目的完成质量。5 年来，学校通过联合基金项目研究共获得专利 11 项，发表高水平研究论文 200 多篇，专著 5 部，获自治州科技进步一等奖 1 个，二等奖 4 个。已经结题的 20 个联合基金项目中，9 个获得“优秀”。在联合基金项目研究成果的强有力的支持下，2007 年 3 月我校林产化工工程省重点实验室在 2007 年度省重点实验室评估中被评为“一类（优秀）重点实验室”（全省获“优秀重点实验室”仅有 9 家）。

3. 项目服务地方经济建设意识得到强化，基金项目成果转化不断加快

我校坚持以服务社会为目标，在科技工作中做到“顶天”要高、“立地”要实，把科技工作与创新创业湖南湘西建设结合起来，树立服务地方经济的意识，不断促进科技成果转化与产业化，做到“论文写在大地上，成果留在百姓家”，力图取得经济效益和社会效益的双丰收。以此为指导原则，联合基金项目的大部分成果均被运用到当地的社会经济建设中，并作出了巨大贡献。

“大型野生食用菌开发”、“五倍子生态工程”、“猕猴桃优株选育”、“湘西晒红烟、烤烟新品种杂交选育”等基金项目研究为当地资源的合理开发提供了科学理论与技术支持，已取得了良好的经济效益；“富硒猕猴桃果汁饮料”、“高产优质北虫草子实体生产技术研究”、“杜仲翅果亚麻酸油”、“石煤钙化焙烧酸浸离子交换法提钒技术”、“纳米碳酸钙”、“虎杖白藜芦醇提取纯化工艺”等基金项目取得的成果已经分别应用于湖南老爹、长沙和益生物、益康生物、北京惠利至易高科技发展有限公司及怀化黎明化工、湘西恒峰新材料股份有限公司的生产中；“湘西大型经济真菌资源调查与开发研究”科研工作结束后，其成果先后以“真菌对农林加工副产品的生物学再利用”、“利用真菌对酒糟的生物学再利

用”、“真菌对农林废料、食品及工业废渣液的生物学再利用”等形式应用于张家界市蔬菜食品菌厂、湖南酒鬼股份有限公司、凤凰县食用菌开发公司；“牛肝菌的人工驯化”、“黄姜的综合利用”、“桐油加工新工艺”、“葛根素提取分离纯化工艺”、“脱咖啡因茶叶技术”、“培养苔藓植物，提高五倍子产量技术研究”等研究成果具有显著的经济效益和社会效益；“复合介质的力学性质研究”、“磁流变体的结构及力学性质研究”、“高容量氧化锡基锂离子电池负极材料的制备技术与表征”等研究也已经用于指导相关产品的开发生产；“绞股蓝属植物发育与皂甙类物质含量相关性的研究”为在湘西土家族苗族自治区进行绞股蓝示范基地建设和产品综合利用研究打下了坚实的基础，对于发挥地区优势，改善农业种植结构，提高农民的经济收入，具有重要的经济和社会效益；“显齿蛇葡萄中二氢杨梅素的提取纯化新技术与微胶囊化研究”，依托武陵山区丰富的显齿蛇葡萄资源优势，运用超声波、微波辅助萃取和超临界萃取并结合重结晶技术分离纯化二氢杨梅素，运用微胶囊化等现代食品工程高新技术开发二氢杨梅素微胶囊系列高科技产品，极大地拓宽了显齿蛇葡萄的综合开发与利用范围，将为湘西显齿蛇葡萄产业化开辟一条依靠高科技手段全面提升产品档次和价值的新途径，具有良好的科技效应、社会效应和经济效应；“山寨经济发展研究——以武陵山区为例”在研究山寨经济的形成与发展的基础上，探索山寨经济发展的路径选择、山寨特色经济发展、山寨经济的可持续发展、山寨经济的市场化发展、山寨经济发展的制度创新等内容，有利于民族地区山寨经济发展，增加农民收入，形成了一条山寨经济发展的新路径，为民族地区、山区、贫困地区建设社会主义新农村提供启迪和示范。

4. 凝练学科方向，促进科技平台建设

学科建设是高校发展的核心，科技平台是学科发展的依托、人才培养的熔炉和成果孕育的沃土。通过多年的努力，吉首大学现有本科专业 48 个，硕士点 19 个，省级重点专业 8 个，2 个国家特色专业，省级重点学科 3 个，省部级重点研究基地 6 个，国家级实验室示范中心 1 个，省级重点实验室 2 个，湖南省首批高校产学研合作示范基地 1 个，省首批高校科技创新团队 1 个。这些学科和平台的形成与联合基金项目的研究息息相关，通过联合基金项目的实施，凝练了我校的学科方向，搭建起了有效的科技平台，平台建设成绩显著。例如，联合基金项目中有 11 个生态学研究方向的项目，而生态学是我校四个博士点建设学科之一，足以证明联合基金对于学科建设的重要作用。

四、做好基金管理工作的思考

1. 挖掘基金研究项目源

基金项目是级别较高的项目类型，注重理论探讨，特别强调创新性。因此，基金项目研究必须有扎实的前期准备工作。建议学校其他各类项目的研究应成为基金项目的选题来源，成为发现基金项目科学研究问题的基地，这样基金项目才会有源源不断的题材。拓宽联合基金项目，学校需要多学科、宽范围、广人员、大面积进行基金申报工作，力争每年申报数达到 50 项，立项数超过 10 项。

2. 合理组建科研团队，培养优秀人才

科学发明的“最佳年龄区”是 25 ~ 45 岁，峰值是 37 岁左右。这是专业理论研究与实践工作最为活跃的时间。通过组织基金项目的实施，我校近几年培养了大批的中青年科研人才，并形成了几个有特色的团队。学校应充分利用这批人才和团队，进行科学研究，并继续引进和培养优秀人才。同时应该高度注重这些人员和团队的合理搭配，以寻求学科间的创新。

与此同时，加大创新群体和科技平台建设力度，为联合基金项目实施做好铺垫。做好重点实验室的申报工作，做好创新群体的申报工作，做好现有研究所和研究室的基金管理工作，进一步整合现有资源，要注重高层次、创新型人才的引进和使用，加强创新团队和创新群体建设，鼓励跨学科合作，为出大成果提供人才保障。

3. 对基金申报标书质量严格把关

我校近几年对申请书质量层层把关，但还是有一些漏洞。建议今后在基金申报时要超前部署，将标书请校内外专家评审，对选中的进行指导反馈，修改后再上报。科技处自科办则严格把握申请书的形式审查，用准确、整齐、认真的标书去打动评委。

4. 联合基金项目的综合管理

为鼓励联合基金项目实施，需要加强科技成果鉴定工作，加大成果报奖力度，还需加强基础研究报奖工作，加强联合基金项目的中期管理和考核，抓好项目的跟踪管理与服务工作，提高项目的完成质量；进一步加强成果转化，提高项目的社会效益。在加强联合基金项目成果转化的申报工作的同时，学校应组织科技人员积极参加各类联合基金成果的转化推介活动，促进科研成果的社会效益和经济效益最大化。

此外，注重学校联合基金管理工作的展示和宣传，树立良好的社会形象并扩大社会影响。拓展与加强对外联系工作，积极参加基金委组织的各项活动。拓宽联合基金的经费来源，鼓励企业、政府参与到基金资助中来。

湖南省自然科学基金促进我成长

中南林业科技大学　谢建军

作为一名从事高分子材料与工程方面的科技工作者，我在科研和学术上取得了一定的成绩，这与我的科研成长历程密切相关。回想自己的科研之路，虽然充满荆棘和坎坷，但也使我一次又一次的得到了坚持不弃而取得成功的喜悦。自然科学基金在我的科研事业中，扮演着不可或缺的角色。在实施基金项目过程中，由于我所主持及从事的科学研究不断取得进步，我不仅成为学校生物质高分子材料方向学术带头人和高分子材料与工程专业负责人，并被选为林产化学加工工程博士生导师，湖南省"121人才工程"第3层次人员。2007年，我在以往申请项目的基础上修改项目申请后继续申请湖南省自然科学基金项目"IPN超强吸水剂分子设计及其对重金属离子吸附分离机制调控"，并获得了立项资助。以此项目为依托，我抓住机遇，组织力量，在学术研究、人才培养、学科建设等方面取得了一些成绩。

一、基金项目提升科研与学术水平

湖南省自然科学基金的资助大幅提高了我的科研和学术水平，让我巩固了自己的研究方向并取得了一些较高水平的科研成果。这些研究成果包括今年已发表的相关核心期刊3篇学术论文和1篇英文论文。这些论文体现了较高的科研和学术水平。同时，在自然科学基金项目的实施过程中，年轻教师的学术水平和科研能力也得到了很大提高，他们发表论文的数量增加，论文质量从省级刊物提升到核心刊物。随着项目的开展，科研团队研究方向得到不断的巩固。研究方向的巩固不但得益于高级别科研项目的支撑，也受益于科研论文的公开发表和传播——高水平期刊是科研论文传播的载体，也是巩固自己研究方向的媒介和有力证据。

通过湖南省自然科学基金的资助，我带领团队取得了一系列科研成果，也提高了知名度和影响度，得到了成为省科技厅相关项目企业/产品的特聘评审专家的机会。在此基础上，多家企业邀请我合作开展科学研究，或聘请我为企业的技术专家或顾问。另外，我被国内外各种杂志如J Appl Polym Sci，Ind Eng Chem Res，和《化工学报》、《精细化工中间体》、《青岛科技大学学报》聘请为通讯评审专家。这也得益于基金项目的开展。

二、基金项目促进科研队伍与学科建设建设

湖南省自然科学基金的资助，培养与壮大了我们的科研队伍。自然基金项目的资助为科研队伍增添新力量创造了条件。学校研究生部和学科点为我提供了博士研究生招生的指标，吸引了有志于科学研究的学生报考我的硕士研究生，为我的科研课题组增添了新鲜血液，壮大了科研队伍。另外，科学基金选题本身所具有的科学性、探索性，可以更好地激发学生的学习、探索欲望和进行科学实验的热情，因而培养了他们的创新思维与创新能力。在基金项目的实施过程中，许多青年教师牺牲假期及平时的休息时间，加班加点为了项目的完成，克服各种困难，在大量实践工作中提升了科研能力，增进了团结合作的精神。

自然科学基金的立项资助也帮助我为学科的建设作出了应有的贡献。在2005年作为人才引进调入中南林业科技大学以前，我只是一名教授和博士生导师，林产化学加工工程专

业并未为我设置专门的研究方向。得到自然基金的资助后，不仅学科点增加了“生物质高分子材料”研究方向，并将我增补为该方向的学术带头人。在此之后，我所指导的研究生队伍不断壮大，为在国家林业局重点学科检查中评为优秀作出了应有的贡献。

三、基金项目提升项目负责人的管理能力

湖南省自然科学基金的资助还提升了我管理课题的能力。在项目的实施过程中，只有管理好课题组人员，调动每个人的积极性、主观能动性，才能按时按质按量完成相关任务。我认识到如何管理好课题组人员也是一门学问。在基金项目执行中，我的管理水平得到了很大提高。

在科学上没有平坦的大道，只有不畏劳苦沿着陡峭山路攀登的人，才有希望达到光辉的顶点。湖南省自然科学基金犹如给我插上一双有力的翅膀，让我在科学这条路上更加奋力地驰骋，奉献我的全部青春和力量。伟大的科学家爱因斯坦曾经说过：“真正有价值的东西不是出自雄心壮志或单纯的责任感，而是出自对人和对客观事物的热爱和专心。”湖南省自然科学基金的真正价值就在于它给予许多辛勤工作的科技工作者不断的关怀和鼓励。在它的支持下，许多有着梦想的青年科技工作者都能在科学的道路上奉献青春和热血，如愿实现自己的科学梦想。再次感谢湖南省自然科学基金给予我的科研经费支持，让我有勇气去抓紧未来的机遇，接受更严峻的挑战，向着科学更高的层次迈进。

湖南省自然科学基金助我走上科技创新之路

长沙理工大学　曾祥君

随着我国科技体制改革的逐步深入，科学基金制度促进了各学科领域的不断分化与渗透，科学基金制度的实施，为我们科研人员提出了更新更高的要求。加快科技进步的脚步，保持学科方向的先进性和稳定性，就必须有一批具有创新性和前沿性的科研项目来支撑。科研人员与自然科学基金形成了相互依存，相互制约的关系。科学基金是科技工作者实施科研计划的基础，作为高校的学科带头人和教育管理者，我成长的每一个阶段都得益于科学基金的大力支持。“书山有路勤为径，学海无涯苦作舟”，实实在在做学问，潜心着力去研究是我做人的原则。湖南省自然科学基金伴随并见证了我的成长，更将鼓励我的学术信念而勇攀学术高峰。

一、成功的第一步：项目获批

2001 年 3 月我于华中科技大学博士毕业后，分配到长沙理工大学工作。当时，由于没有实验室，科研经费紧张，科研工作开展困难。2001 年 6 月学校组织申报湖南省自然科学基金项目，我总结了博士学习阶段的研究成果，广泛查阅了国内外智能体（Agent）信息融合技术，走访了电力运行部门，了解电力设备状态检测现状，提出了进一步深入研究的方案，申报了湖南省自然科学基金项目“电力设备状态监测的面向 Agent 信息融合诊断模型研究”，获得 5 万元资助，为我创造了科研起步的先决条件。

2001 ~ 2003 年期间，我认真开展该项目的研究，采用智能体（Agent）设计了各种自治的、互相协作的智能传感器及故障诊断方法的软件模块，基于信息融合技术构造了电力设备状态监测的框架模型，实现状态检修日程的优化安排。并研制统一的面向 Agent 信息融合状态监测的软件平台，以变压器状态监测为例完成了实验测试。于 2003 年 12 月结题，被评为特优等级。在此期间共完成学术论文 38 篇，被 SCI 检索 2 篇、EI/ISTP 检索 20 篇；获发明专利 4 项、省科技进步二等奖 1 项、省电力科技进步奖 3 项。在此基础上，还实现了研究成果的产业化，完成配电网调谐产品的开发，并由长沙华源电力自动化设备公司生产，年产值近 5 000 万元；完成了面向 Agent 信息融合状态监测的软件设计，建立了电力设备状态监测的统一软件平台，现已在宁波天安集团应用，有效的提高电力系统运行与控制水平；主持申报并获得国家自然科学基金项目“配电网中性点接地阻抗柔性控制及信息融合接地保护研究”，并获省部级纵向课题 2 项、横向项目 3 项的喜人成绩。

在以上成果的支持下，2001 年我被评为副教授，2003 年被推荐为长沙理工大学电气与信息工程学院院长，并于 2004 年破格晋升为教授。

二、省杰出青年基金项目：成果的摇篮

在湖南省自然科学基金项目“电力设备状态监测的面向 Agent 信息融合诊断模型研究”研究成果的基础上，2004 年我申请并获得湖南省杰出青年基金项目“基于电压行波的电网故障 GPS 定位系统研究”的资助。

2004 ~ 2005 年，我认真开展杰出青年项目的研究，开发了一种原创性的具有广泛应用前景的高精度电网故障定位技术。该技术通过检测由故障点产生沿输电线路以接近光速的

速度传输到电网中各变电站的暂态行波信号，记录故障行波到达各变电站测量点的GPS同步时钟精确时间值，由故障线路两侧变电站测量到的GPS时间差计算故障点精确位置。开发的故障行波定位系统由各变电站的故障行波采样单元通过通讯网络与安装在调度的故障定位主机相连组成，实现对整个电网各种故障的精确定位，且可以用于电网相角测量。该项目于2005年12月结题，也被评为特优等级，共发表学术论文25篇，其中已经被SCI/EI/ISTP检索论文11篇；已申请专利5项，其中授权1项；并完成了电网故障行波定位系统研制，已在湖南株洲电网13个变电站安装运行，成为国内首个基于整个电网的故障行波定位系统，被鉴定为国际先进水平，产生经济效益上千万元。研究成果受到国内外专家的关注，受暂态保护研究先驱——英国Bath大学Johns A. T. 课题组Redfern M. A. 的好评，并专程来我校参观交流。

在该杰出青年基金项目研究的基础上，2005年我被评选为第一届教育部新世纪优秀人才支持计划入选者，并获“电网广域保护技术研究”项目，经费50万元，且被评选为“湖南省学科带头人”，并主持、申报获国家自然科学基金项目（50577001）“基于电网暂态信号产生和传输特性的暂态保护新原理研究”、国家中小企业技术创新基金项目“输电网故障GPS电压行波定位系统”、霍英东教育基金会第十届高等院校青年教师基金项目“电网故障广域行波保护与定位的关键理论和技术研究”。

三、加快人才队伍建设

在省自然科学基金的资助下，我主持了包括国家自然科学基金、国家中小企业创新基金、教育部霍英东教育基金、省杰出青年基金等省部级以上项目15项、企业横向项目12项，多次被鉴定为国际先进水平。通过这些锻炼，我们组建了自己的电力系统保护与控制学术梯队，现有梯队成员5人、博士生2人、硕士生18人，电力系统研究室面积150平方米，实验设备220余万元，在研项目300余万元。有了省自然科学基金的支持，我的科研项目在不断增加，培养的研究生人数在逐年递增，已毕业的10名硕士研究生中，在国家一级期刊发表论文30余篇，国际会议40余篇，并在国家“挑战杯”大学生科技作品竞赛、长沙科技创新大赛中，都取得较好的名次，还获得湖南省优秀硕士论文。

四、推动科研成果创新

所谓饮水不忘打井人。应该说，我所取得的成绩与省自然科学基金的资助是分不开的，正是因为湖南省自然科学基金在最关键的时候给予我支持，为我提供科研启动经费，方便我更好的开展基础理论和应用基础研究，使我在5年内从博士生成长为教育部新世纪优秀人才和学科带头人，不仅促进了我的成长和发展，也使我有了机会也有了勇气不断创新、不断进步，渴望在社会主义现代化建设中，在实施科教兴国的战略过程中，在我国和我省科技事业的发展中贡献更大的力量。

申请国家自然科学基金项目的体会

长沙理工大学　叶　泽

2004年我第一次申请国家自然科学基金项目，并获得了批准。从2005年起，我作为国家自然科学基金项目的通讯评审专家，连续三年参加了国家自然科学基金项目的通讯评审。此外，我还申请获得过两项国家社会科学基金项目的立项。每年年初，同事们都会与我一起讨论项目申请书。目前，已有4项获准立项。由于经常撰写项目申请书，同时也看人家的申请书，在不断比较、思考和学习中，对于如何申请国家自然科学基金项目，我感受颇深。

一、把握申请书的核心思想

就我自己的感受，申请书最重要的是要把问题说明白，把思路说清楚，把工作说具体。这个思想应该贯穿于申请书的始终。问题是什么，国内外研究状况、研究设想在什么方面有创新或者特色等，这些都应该是清楚和明白的。一份申请书只有万余字，有些人觉得不够写，有些人又感觉写不够。当然字数多少是次要的，把想要说的东西写得清楚明白才是最重要的。国家自然科学基金项目申请书的内容都是有规定的，一切要按照规定的要求来。这的确不是一件易事。难在哪里，我认为难在自己认为把事情说清楚了，而看申请书的人却看不出个究竟来。

因此，为了把申请书写清楚，首先是要把规定要求理解准确，比如研究方法、技术路线、创新与特色等，很多人可能掌握不准，写的内容与规定要求对不上，或者没有按逻辑关系来组织，显得比较乱。这方面其实只要多问、多交流、多看看别人的申请书就可以了，是纯粹技巧性的活。其次是把自己的思想按规定要求有条理地表达出来。这是最难的。假设你有了好的学术思想和选题，也有相应的学术水平，如何把申请书写好呢？如果有把握，就按自己想的写；如果没有把握，可把你写的东西反复讲给别人听，不在乎别人是否听懂，也不在乎他是否能够发表修改意见，你多讲几次，肯定会有极大的收获，原因在哪里？在于你在准备讲或者讲解的过程中，在不断地整理自己的思维，不断在想使别人听清楚你的思路是如何与别人不同，提高了自己，使自己的思想越来越有条理，越来越成熟。

针对这一点，我发现有两种现象值得注意：一是自己认为清楚、明白，可是别人看了却认为不清楚、不明白。俗话说，当局者迷，旁观者清。所以，只要别人敢于发表明确意见的问题，一般都是申请人没有搞清楚和明白的地方。另一种现象是刻意将问题搞复杂，认为越复杂，越能显示自己的水平，给评审专家一个做学问的感觉，从而评一个高分。我不知道其他专家怎么评，以我自己的做法，只有我看明白了，并且有把握说好的，我才会给高分；当然，明确不行的，也会给低分。对于我没有把握的，一般我会给一个中等分数。前一种现象涉及水平问题，后一种现象指出的是技巧问题。我个人尤其主张把内容写得清晰明了，为什么会有这种倾向，是因为我曾经看过一名浙江财经学院的教授写的申请书，就是这份申请书，给我留下深刻的印象，让我感受到简单明了的美和力量，使我对学问有了新的理解，以至后来不知不觉中我也这样要求自己和别人。许多重大的科学发现包括相对论、科斯定理等，说明白后其实都很简单。我后来按照这种思路去作口头发言，或者评价别人的发言，分析和评价重要理论文章，我发现，简单明了的东西同时也是最准确的，最有价值的。一份简单明了的申请书，往往也是最准确的和最有价值的申请书。

二、申请书应该是一个逻辑整体

用系统的观点分析，一份申请书在内容上是由许多不同的观点、思想和方法等按不同的要求在不同层次结构化而成的。系统的方法和逻辑思维能力因此显得十分重要。在具体写作过程中，整体构思后，前后左右不断地调整是必然的，这个过程能够反映申请人的写作能力。要做到这一点不容易。不同模块，同一模块的不同节，每一节中的每一句话都是按逻辑展开，并且相互照应的。许多申请书缺乏逻辑整体的感觉，不同模块之间就缺乏照应，更不用说前后句子的逻辑了。在评审中，我们经常看到：申请项目的标题本来是一个内涵较窄的问题，但是，在国内外相关研究成果的综述中，往往忘记了特定的内涵和外延，在一个十分广阔的背景下发表高论。这不仅是学问的基本功，也是语言的基本功，当然也不是有学问的人一定就具备更好的基本功。我们经常聆听大学教授的讲课或者发言，有不少的教授在许多场合让发言脱离主题，缺乏条理，讲话“又臭又长”，原因在于语言或者表达的基本功不到位。

此外，我还看到有些申请书出现两个极端。一种是各部分内容相互不搭界，至少是没有让人看到是有一条线串起来的。在一些细小环节上，前后概念、观点不一致，使得申请书看起来不是一个整体。另外一个极端是让人感觉重复很严重。因为申请书要求的内容主要是问题、思路和创新等，这些要素在不同的部分都要出现，有些申请人不善于根据规定内容所要求的视角写同一个问题，结果造成不同部分的内容看起来显得重复。这两种极端现象都是技巧问题，只要多交流、多思考和多学习，是容易解决的。

三、申请书是平时想出来的

国家自然科学基金项目申请书的项目论证内容好像只要求 8 000 字。很多人都说申请书写了很长时间。不到一万字的内容你写几个月，显然，你的时间主要不是在写，而是在想，在构思。为什么要把写申请书说成想申请书，主要是想强调三个意思：第一，要构思。先有了整体思想后才写，不要没有想清楚就写，结果越写越烦，弄得自己情绪上受不了。第二，想的时间可以任意提前，有利于事先做好准备，并且反复凝练。我自己的习惯是一个事情先放在脑子里，有事没事地想一下，如果有问题没有想清楚也不着急，先放在那里，在从事其他工作和与人交流的过程中，往往能够突然产生好的想法，我就这样把这些想法积累在那里，随着时间的临近，整体构思就慢慢出来了，而且在最后紧张的时间里，人也多少能够“急中生智”，产生一些新奇的东西，让你觉得积累的价值和收获。第三，平时要多与其他专家学者交流、沟通，吸收其他人的思想观念，成就自己。一般申请项目先确定一个选题方向，然后在与同行的交流中不断修正和提炼。我自己觉得，与同行专家交流是重要的，与非同行的交流也是重要的，往往一些研究方法、技术路线等就可以从非同行中得到启发。与高水平学者交流是重要的，与水平低于自己的人特别是年青博士的交流也是重要的。在大学里，我们经常讲要教授指导年轻老师，久而久之，形成了一个单向沟通模式，教授们不愿意或者拉不下面子与年轻教师交流，其实这是十分有害的。在经济管理学科领域，近几年毕业的博士至少在研究方法的掌握上要超过一些没有经过严格研究方法学习的教授们。即使年轻人不存在研究方法上的优势，在一般意义上，所谓“三人行必有我师”，与其他人的交流总是有益的。特别是对于项目申请这种需要创意或者灵感的工作来讲，通过与其他人的交流，吸收一些创意或者灵感，显得十分必要。

四、成功是积累的结果

这几年，我申报国家基金项目成功率比较高，根本原因是什么，我觉得还是抓住了一个好选题，并且扎实地做了几年学习和研究，有了一定的积累，再加上一定的悟性，在方法和技巧上有所注意，所以才有所收获。写申请书，我有长期的积累作为基础。学术上的积累不仅让我的材料写得比较翔实，更重要的是，我有信心、有把握把申请书写得清楚明了，把前沿问题、关键路线和创新点等写得精确。如果申请书写完后，心里感觉有底了，这样就接近成功了。我看到的有些申请书，不管自己在这个领域是否有研究的积累，片面地为了某个新的选题，到处拼材料，这样就不足取。

其实，有些材料我感觉是申请人有了一个好想法，但是，因为没有前期研究工作的积累，不能把整个申请书都写完整和完善，结果是有些部分写得比较好，有些部分却又特别差。事实上，申请国家基金项目最后还是积累决定的，因为技巧是可以很快提高的，而积累却不然。国家基金项目每年一次，一年没有通过，第二年接着再报。如果是技巧问题，一年不行，专家评审意见也知道了，花几个月甚至一年的时间提高技巧，应该是没有问题了。有些申请人每年申请，每年都不中，已经10多年，他还是怪技巧，指责不公平什么的，就是不检讨自己的学术积累够不够，这样就没有办法了。

以上几点感受是我自己思考和观察的结论，未必正确，供仅参考和交流。

自然科学基金　科研的推动力

——我与湖南省自然科学基金的八年

湖南科技大学　施式亮

我是一名从事教学和科研工作的高校教师，在安全技术及工程领域的科学研究工作取得了一定的成绩，现担任了湖南科技大学安全工程研究所所长、湖南省政府安全生产专家委员会委员、中南大学安全技术及工程专业博士生导师以及中国职业安全健康协会理事等职，同时还担任国家自然科学基金、省自然科学基金等基金的评委。回顾我所取得的科研成绩，无不与湖南省自然科学基金的资助和帮助密切相关，内心充满着对湖南省自然科学基金的感激之情。

2000 年，我第一次接触湖南省自然科学基金。那一年，我申报了湖南省自然科学基金面上项目“采空区煤炭自燃场及可视化基础理论研究”并获得资助，于 2002 年 12 月顺利结题。在该项目的资助和支持下，我和课题组成员在回采工作面采空区自燃场模拟理论与技术、非线性理论与应用以及回采工作面安全评价理论与技术等方面获得了创新性成果。特别是在该项目的研究基础和成果的支撑下，于 2002 年申报国家自然科学基金项目“矿井安全非线性动力学评价理论研究”并成功获得资助，依托该项目，我和课题组成员在矿井安全系统结构非线性特性、安全评价指标体系以及非线性安全评价与预测理论和技术以及非线性安全评价计算机仿真等方面开展了比较系统深入的研究，获得了预期的研究成果并顺利结题。

正是在湖南省自然科学基金的资助和推动下，我先后又获得了教育部重点科学研究项目和湖南省教育厅重点科研项目等。2006 年，我再一次申请并获得了湖南省自然科学基金对“煤矿瓦斯爆炸事故演变时空耦合非线性特性及控制理论研究”项目的资助，为我在煤矿瓦斯爆炸事故预防与控制领域的研究提供了资金和项目支持。在湖南省自然科学基金帮助创立的科研平台上，我于 2007 年申请并成功获得了国家自然科学基金第二个项目的资助，目前项目的进展均按照研究计划如期进行并获得阶段性的研究成果。

近年来，依托于湖南省自然科学基金和国家自然科学基金，我和课题组成员加强了与国内外同行之间的交流，多次参加 International Symposium on Safety Science and Technology 等国际、国内大型学术会议，两次获得“湖南省科技进步三等奖”。与此同时，我的科研水平迅速提高，并取得了较好的科研成果，在科研成果的推广与应用方面也取得成效，项目的研究成果先后在淮北矿业集团公司、萍乡矿业集团公司等多个煤矿进行推广，取得了较大的经济效益和社会效益。

湖南省自然科学基金也推动了我个人的进步，近年来，我先后担任湖南省人民政府聘任的湖南省安全生产专家委会委员、中南大学博士生导师、中国职业安全健康协会理事以及湖南省省情与对策研究会常务理事等职，为安全技术及工程学科建设作出了自己应有的贡献。我和课题组成员出版了《矿井安全非线性动力学评价》等 3 部专著，发表论文 60 余篇，其中 20 余篇被 EI、ISTP 收录。课题组成员的大多数都已经成为科研骨干。这些成果的取得与湖南省自然科学基金和国家自然科学基金的资助和支持密不可分。可以说，科学研究成就了我的人生梦想，湖南省自然科学基金则是我科学研究工作进步的推动力。

从第一次申请并获得湖南省自然科学基金资助至今，已经 8 年了，这一路走来，我无时无刻不感到湖南省自然科学基金给予我的关怀和支持。在基金的扶持和帮助下，我不但顺利地完成科学研究和教学工作并取得绩效，同时也将更加努力工作，争取在科学研究的道路上努力攀登，取得新成果，作出新贡献。

自然科学基金“转舵”的力量

湘潭大学　高协平

与大多数科研工作者一样，我在科学研究上所走过的道路是与科学基金的支持是密不可分的，内心深处始终铭记着对科学基金的深深感激。因为，科学基金促我成长。

1994 年以前，我的科研工作一直沿袭 20 世纪 80 年代读硕士时的研究方向，开展样条逼近理论的研究。实际上，国际上该领域的工作大致从 1990 年开始已经转到与经济社会发展精密相关的工程实际应用领域及前沿的小波分析理论及应用研究，而我并没有及时跟进。可想而知，我好不容易“啃”出来的成果很难被好的学术刊物接受。经过几年的彷徨、消极与郁闷的挣扎后，我痛定思痛，通过将近一年的阅读前沿文献与学习，决定利用自身原有优势，转到小波分析与神经网络的研究领域，并于 1995 ~ 1996 年前往清华大学做访问学者，师从中国科学院院士张钹先生学习，开始了属于自己真正的科学研究探索之路。

1996 年 8 月，我回到湘潭大学。由于研究领域的大转变，研究该方向的学术梯队基本空缺，研究经费缺乏，学术交流十分困难，眼看着刚起步的新方向又将面临夭折的危机。在科技处的鼓励下，我试着申报了湖南省自然科学基金项目“泛逼近的小波神经网络研究”。毕竟我们当时在该领域的前期成果非常少，我是在忐忑不安中等待申报结果的，并不抱多大希望。然而非常幸运的是，当年 11 月左右，我接到了项目批准的通知，那种激动和感激，大概他人是很难理解的。因为前期基础并不扎实，但湖南省科技厅基金委和评委的慧眼和前瞻，使我们的研究“起死回生”，峰回路转。从此，我们在小波和神经网络领域的研究正常开展起来。

对于这次难得的机遇，我们极为珍惜，积极组织研究梯队，认真开展学术讨论，购置了项目组的硬件设施，精打细算地用好每一分钱，终于使得我们的研究领域、学术梯队、科研成果进入了良性循环。1999 年开始，我们连续申请到了两届国家自然科学基金资助，先后争取到了湖南省自然科学基金重点项目、湖南省杰出青年基金项目等资助。团队也苦练内功，不负期望，取得了较好的科研成果。特别是小波神经网络的研究，我们做出了完整的科学分类，设计了多种高效的神经计算模型；在小波分析的理论研究方面，则作出了比较富有特色的研究成果，并在《中国科学》上发表。在长沙主办了首届“自然计算”的国际学术会议，与会的国外专家达到百余人，在加强国际交流与合作的同时，也开阔了我们的学术视野，扩大了团队的学术影响。

如今，我幸运地成为教授、博士生导师，是新世纪百千万国家级人选，湖南省 121 人才工程第一层次人选。回顾自己的成长经历，可以肯定的说，是科学基金扶我学步、助我成长。没有国家和湖南省自然科学基金的资助就没有今天我的成绩。在今后的人生征途上，我将更加努力学习，认真开展科学研究，盼望依旧沐浴在科学基金的阳光里。

湖南省自然科学基金构筑科研学术平台

湖南文理学院　曾伯平

1992 ~ 1995 年，我在中山大学生命科学院动物学专业鱼类研究室攻读水生生物学鱼类寄生蠕虫研究方向博士学位。1995 年 6 月毕业获理学博士学位并回湘工作。经过几年的探索和积累，我逐渐明确并形成了“动物寄生虫生理生态学”、“水生生物学”这两个研究领域和主攻方向。在对湖南四大水系湘、资、沅、澧，特别是对湘江水系黄鳝体内寄生虫重点、系统研究的基础上，2001 年，我申请了湖南省自然科学基金面上项目“洞庭湖区黄鳝体内寄生虫的感染与控制机理研究”，并获得了资助（01JJY2030）。这对我就像一阵阵春风、一滴滴雨露，在科研上给予了我丰富的营养和巨大的动力，激励着我不断进取。从此，我的科研和学术翻开了崭新的一页。

省基金项目的立项，促使我首先必须组织完成项目的学术团队，并进行合理的学术任务组织和分工。为此我组建了水生生物学学术研究与创新团队。目前，这个团队人员共 12 人，其中教授 5 人、博士 4 人、硕士 3 人。高素质、高水平的学术队伍对后来科研项目的申报和科技成果的转化起了关键作用。

省基金项目的立项，促使我必须考虑完成项目的条件建设，因此学校成立了水生生物研究所，并建立了相应的实验室和研究基地，客观上保障了我开展科研和学术工作的条件。

省基金项目的立项，还迫使我必须详细拟订完成项目的技术路线和方案，并及时整理研究成果、发现问题和解决问题，不断提升自己的学术和研究水平。

正因有了这一省基金项目的启动，2002 年，我申请了国家自然科学基金“黄鳝体内新棘衣棘头虫种群的生态即调控机理研究”并获得资助（30270229）；2003 年，我又与一年轻老师联合申报了国家自然科学基金青年项目“低剂量农药增强稻田蜘蛛控虫效能的机理及应用研究”也获得了资助（编号：30300041）。

有了这些前期的科研基础和经历，2004 年，我获得了省教育厅科技重点项目“稻田黄鳝人工繁殖及规模配套养殖技术研究”（04A038）；2007 年，常德市科技重点项目“黄鳝的半人工繁殖与稻田规模、效益、生态养殖技术研究”；2008 年，我再次获省自然科学基金项目“黄鳝体内新棘衣棘头虫种群建立机制及生理生态学研究”（No. 08JJ3038）。更宝贵的是，我在对基金项目的基础研究中，发现更具现实意义和更具前景的是对黄鳝的繁殖和健康养殖技术的研究，这也是目前在黄鳝养殖业中的难点和关键。因此，基金项目资助的基础研究正是我能兼顾应用研究的基石。省基金为我构筑起了兼顾基础研究和应用研究的科研和学术平台。

2009 年，我在前期研究工作的基础上将以“黄鳝的健康养殖技术研究”为题申报省科技厅的农业科技重点项目，同时努力争取相关企业的支持，力争迈出产业化关键性的一步。湖南省自然科学基金给我插上了一双有力的翅膀，让我在科学的天空中更加有力、有目的地飞翔。我先后在《动物学报》、《水生生物学报》、Journal of Helminthology、Korean Arachnology、《中山大学学报》、《华中农业大学学报》、《中国农学通报》、《蛛形学报》、《淡水渔业》、《水利渔业》等各类刊物发表科研论文 70 余篇，并且发表了“Seasonal population dynamics of Pallisentis（Neosentis）celatus（Acanthocephala：Quadrigyridae）in the intestine of the rice-field eel, Monopterus albus in China［J］. Journal of Helminthology, 2007, 81, 415-420.（SCI 源刊）”高级别的论文，其中《草鱼鳃上台湾棘带吸虫囊蚴内种群的月变化》获湖南省第九届自然科学优秀论文三等奖，《鳙鱼鳃上台湾棘带吸虫囊蚴的感染》获湖南省第十届自然科学优秀论文二等奖，《食蚊鱼鳃上台湾棘带吸虫囊蚴内种群的月变化》获湖南省第十一届自然科学优秀论文二等奖，《黄鳝体内胃瘤线虫的种群生物学研究》获湖南省第十一届自然科学优秀论文三等奖。

正因为有了省自然基金以及其他科研项目的资助，才使得我的学术成就日益增多，学术地位日益提高。我现为国家农业部科技专家，中国鱼病研究委员会委员，湖南省高校“动物学”重点实验室主任，湖南省动物学会副理事长，省青年骨干教师，湖南文理学院生物学科带头人，《水生生物学报》、《寄生虫与医学昆虫学报》、《湖南文理学院学报》等多家刊物的审稿人。

回忆这几年，我的研究从无到有，再到后来的发展，科学基金的资助起到了关键性的作用。尤其是对我们这类地方院校来说，要申报成功各类项目和要在科研上做出成效是多么的不容易。因此我在这里要感谢湖南省自然科学基金构筑了我科研和学术的平台。

“问渠哪得清如许，唯有源头活水来。”湖南省自然科学基金犹如这源头，为辛勤耕耘的基础科学研究者，源源不断地注入科学探索的新鲜血液，为科学探索服务。而对科学探索来说，湖南省自然科学基金一次次地被证明：它不仅仅是激励科研工作者的动力，更是引领未来的航灯。

后记

湖南省自然科学基金设立以来，为全省社会经济发展与科技进步作出了积极贡献，同时为在湘的科学工作者提供了一个科研探索与事业发展的新平台。为了进一步做好自然科学基金管理工作，更好地服务基金项目的申报者和研究者，湖南省自然科学基金委员会决定编撰、出版《湖南省自然科学基金管理研究》一书。

一年多来，在湖南省自然科学基金委员会的组织、指导下，《湖南省自然科学基金管理研究》编委会成员分别开展了管理文件收集整理、论文征集、初审与修改等方面工作，由向鹏、周文燕统稿。在此过程中，得到有关高校科学基金管理部门的鼎力支持，有数十位作者提供了他们在自然科学基金管理方面的研究成果和管理、申报过程中的经验体会；湖南大学科技新闻与传播研究所的研究生们参与了部分编务工作，在此一并致以谢意。

主　编

2009 年 9 月 10 日